铁血文库

潜艇战

WAR IN THE BOATS

[美] 鲁 赫◎著
沈乃财◎译

時代文藝出版社

图书在版编目（CIP）数据

潜艇战 /（美）鲁赫著；沈乃财译．—长春：时代文艺出版社，2016.5（2017.8 重印）

ISBN 978-7-5387-5087-4

Ⅰ. ①潜… Ⅱ. ①鲁… ②沈… Ⅲ. ①潜艇战—介绍 Ⅳ. ①E843

中国版本图书馆CIP数据核字（2015）第299448号

出品人　陈　琛
产品总监　郭力家
责任编辑　方　伟
助理编辑　程　飞
装帧设计　孙　利
排版制作　杨纪云

潜艇战

[美] 鲁赫 著　沈乃财 译

出版发行 / 时代文艺出版社
地址 / 长春市泰来街1825号　时代文艺出版社　邮编 / 130011
总编办 / 0431-86012927　发行部 / 0431-86012957　北京开发部 / 010-63108163
网址 / www.shidaicn.com
印刷 / 三河市京兰印务有限公司
开本 / 710mm × 1000mm　1 / 16　字数 / 267千字　印张 / 17.25
版次 / 2016年5月第1版　印次 / 2017年8月第2次印刷　定价 / 42.80元

图书如有印装错误　请寄回印厂调换

序　言

这仿佛是很久以前的事了，现在，世界已经发生了很多变化。第二次世界大战可能是最后一场“正规”战争，我的意思是，战争本身被认为是正常的，它就是人类活动的形式，王者最终的法则。然而事实并非如此，即使是在20世纪40年代，这个问题仍被争论。第一次世界大战曾被我称为“结束所有战争的战争”，这个高尚的理念已被证明是错的。那场战争实际上只是整个世界的第一幕秩序的终结，而第二次世界大战是彻底的终结，真理的种子已被种植在肥沃的土壤里。战后一代的任务就是让这些种子开花结果，去实现我们的父母和祖父母的梦想，那些尚未完成但却诱人的东西。

不久前，孩子求助他们的父母，问他们“战争”到底是什么，父母却很难回答这个问题。然而，真正的原因要从鲁赫这类人中寻找，因为是他们的行动使得二战成为最后的真正的战争。这是怎么一回事呢？

与历史有关的问题，他们记录的，留下来的这么多东西，可以说是问题的焦点。战争天生就是一个巨大的事件，要涉及其方方面面是根本不可能的，并且还受到人们观念和记忆的限制。人们记住的大多是他们喜欢的部分而不一定是全部事实，因为头脑在编辑记录的信息时，感觉是第一位的，而不是观察者实际上看到的。解决这个问题的方法是把一个优秀的观察者和即时的记录结合起来。

作为低级军官的鲁赫，他的视野通常被限定在潜艇的狭小房间里。然而这里有被大部分历史记录遗漏的信息，历史学家通常关注大处而非小处，他们通晓全局却忽略了这些细节处的价值。

事实是怎样的呢？不是做了什么、如何做以及何时何地由谁来做，而是……

生活在战争之中会有什么样的感受？这个问题可能会吸引人，但也会在未来的几个世纪里让人感觉迷惑不解。由于医学的发展，我们忘记了人类的长寿几乎是最近的进步，和即将到来的世界和平一样。我们对待生活的态度明显不同于一个世纪之前。包括我们对勇气的理解和感知，对长时间高压力下人的心理状态、男子气概的规则和生命价值本身的普遍不理解——所有这些事情在1943年都是不同的。

尽管只在一定程度上，但这程度大到扰乱我们对父辈和祖父辈的理解能力，就像与这本书类似的书的价值。我认识鲁赫大概七年了。这本书只是描述他的一个卓越生涯的开始，但其文才阐释了他后来的成就。一个熟练的观察员，对他来说每天都是新的东西。从最小的细节（比如厕盆如何没能承受住驱逐舰投下深水炸弹的冲击）到真正重要的事（我们是真正有效地使用潜艇吗？），鲁赫告诉我们这一切都是怎么一回事。

我经常告诉那些即将成为作家的人，没有一个不重要的事实。鲁赫也知道这个真理。历史事实是马赛克，一个巨大的由几乎无限个因素相互影响的某时某刻的场景所组成的马赛克，并且在潜水艇中的生活，让我们发现了很多真理，因为我们有大量的事实可供参考。但鲁赫最伟大的贡献在于，他深刻地刻画了作为年轻男人的父亲们的形象，告诉读者他们是谁、他们做了什么。我们现在可以了解到他们是如何塑造了世界，这个传递给我们后代的世界。

汤姆·克兰西（Tom Clancy）

前 言

1942年，我26岁，已经成为一名海军艇长，那时离我从海军学院毕业的时间也只有短短三年而已。当时我只是一个对战争热血澎湃并想要加入战斗的人，我很渴望自己能够亲身经历战争，也许还会记录战争的整个过程。作为一个二战期间在太平洋上服役的潜艇军官，为了能使别人更好地了解我的经历，我总会写日记，此书也是基于日记写成的。(很幸运，我的长官对此睁一只眼闭一只眼，并不过问）二战时期潜艇上的对白大多充满了有趣而又简明的术语，而且包含了太多对日本人的不屑，毕竟那时的日本人曾经试图杀害我们，而今天在这里绝无冒犯之意。

自然，大多数我记录的观测是我独自完成的。观测主要是在三种不同的潜艇里进行的（我们也把潜艇称为“船”）：一种是一战时最主要的S型潜艇，一种是二战初期的潜艇，还有一种是经过改良的潜艇。除此之外，我的记录里面还包括八次战斗巡航中几乎所有的任务和偶发事件，以及太平洋战争中我们的奇思妙想。也可以说，我的经历在绝大多数的美国潜艇战中比较有代表性，我希望这能使《潜艇战》这本书成为一本能全面描绘潜艇作战的书。

读者们应该明白我记录的这些并非从一个专业历史学家的角度出发，而是从一个年轻军官的独特视角。所以这本书的重点在于描写战争中的人们而不是单纯的历史。那时我对史蒂芬·科林的那本《红色的英勇勋章》很是着迷，它形象生动地描绘了一个士兵在南北战争中的心理变化过程，尽管是虚构的，却带给我无限的灵感，和科林一样，我也觉得战争中潜艇上战斗人员之间的冲突与矛盾要比战争有趣得多。

在二战中，美国有42艘潜艇沉没于海底，超过3500名士兵丧失了宝贵的生命。这个数目接近潜艇部队参战总人数的24%。这些年轻人，个个视死如归，英勇过人。按照日本16世纪的武士道精神，这些都是真正的勇士最重要的特质。

55年前，潜艇上的士兵是美军的精英，如今，他们仍然这么认为。

在这里，我想感谢美国海军少将卡尔·亨泽尔（退役），司令员；英国皇家海军罗宾·加森（退役）；美国空军上校贾尔斯·D.哈洛（退役）；美国海军行政文书上士A·J.登普斯特（退役）。感谢为我整理手稿的苏珊·麦基。

目录

第一章　生锈的旧下水管道

1942 年 6 月 22 日，S-37 号潜艇[1] 悄无声息地驶入布里斯班河，开始了它的第五次战斗巡航，这次的航程从一开始就显得谨小慎微，令人不安。就连艇长雷纳德上尉也对这样过头的谨慎也有些不太满意。这艘被艇员们亲切地唤作“生锈的旧下水管道”的家伙，将被派去阻止日军对澳大利亚的侵略。不过从美国潜艇部队司令弗朗西斯 · 洛克伍德少将令人疑惑的初衷来看，这艘老态龙钟故障频出的 S 型潜艇本来是要被送往所罗门群岛进行检修。要知道 S-37 号可是第一艘击沉日本驱逐舰的功勋潜艇——1942 年 2 月，它曾在望加锡城附近海域，完美地执行了一次袭击敌舰的作战任务，一举击沉日军“初潮”号驱逐舰。

这艘破旧不堪的 S 型潜艇，隶属于驻扎在新农场码头的 201 潜艇舰队。这个舰队曾被澳大利亚人视为抵抗日本侵略者的第一道防线。澳大利亚人盲目乐观地相信这支从马尼拉返回澳大利亚的潜艇舰队能吓退日本人，迫使他们放弃

1　S-37 号潜艇：属于美国海军的 S-1 级潜艇，是美国海军于 20 世纪 20 年代中建造的，在二战爆发时是美国海军潜艇部队中最老的型号，共有 24 艘参加了二战。水面排水量 903 吨，水下排水量 1230 吨，艇长 79.5 米，艇宽 6.3 米，吃水 3.9 米。动力系统：2 台柴油发动机（最大功率 1800 马力），2 台电动发动机（最大功率 1500 马力），最大水面航速 14.5 节，最大水下航速 11 节，最大水面续航力 7000 海里（10 节），最大下潜深度 75 米。武备：1 门 102 毫米甲板炮，5 具 533 毫米鱼雷发射管（艇首 4 具，艇尾 1 具），鱼雷备弹 12 枚。艇员 42 人。

在澳大利亚北部登陆的计划。

发生在 1942 年 5 月 7 日、8 日的珊瑚海之战以及 6 月初的中途岛海战可算是让澳大利亚人在生死存亡之际稍稍松了一口气。不过此后日军大批战舰在位于所罗门群岛西北部的达尔文港和拉包尔港集结，表明了日军将舰队推进至新几内亚南部海域的意图，同时美军也下令进行潜艇作战计划。历经两个多月，S-37 号到达布里斯班（澳大利亚东部城市），但它的 2 个柴油发动机都烧坏了，16 个主轴承也损耗严重，亟须修理。此后每次试图让它重回大海，都能发现许多严重影响潜艇航行的新问题，甚至动力系统根本不能正常运行。最终在格里芬号这艘专业潜艇修理船的帮助下，S-37 号才重新回到莫顿湾，以进一步查证它是否能够再次执行巡航任务。负责这次检测的是一名叫普士的军官，如果这次再发现严重的问题，S-37 号就很可能被重新遣送回港。如果普士在莫顿湾进行测试时，对 S-37 号潜艇的适航性基本满意，他就会返回格里芬号，向上级报告说 S-37 号可以继续执行海上巡航任务。这样一来，S-37 号就可以重回大海，一路开往北部的所罗门群岛了。

但实际情况不容乐观。

最初，测试的结果还是令人满意的，2 台柴油发动机马力不错，使得 S-37 号在海湾中的表现很完美。然后在下潜至 45 英尺（约 13.5 米）水下的时候，只产生了轻微的泄漏。在那之后，S-37 号缓缓地潜入 103 英尺（约 30.9 米）深处的泥泞海底，在那里，焊接在 S-37 号艇体上为了盖住主发动机下方的大量艇体凹痕的板材被捶打加固，这是为了确保 S-37 号的艇体坚固性，但是在深水中 S-37 号确实不堪重负。

“我们应该下潜到多深？”雷纳德艇长小心翼翼地问。

艾勒这位格里芬号上的资深潜艇修理工程师经过深思熟虑后，郑重地说：“135 英尺（约 40.5 米）。”

什么？ 135 英尺？这差不多超过 S 型潜艇测试时能达到的极限深度的一半了，然而，艾勒估计的 135 英尺是 S-37 号在它目前的状况下，能够达到的安全深度。当 S-37 号慢慢下潜至水下 135 英尺时，艾勒最担心的潜艇内的生锈的旧下水管道果然出现了问题，大量的海水开始涌入艇体。控制室下方的泵房内的排水泵涌出大量的海水，真不知道这么多的海水究竟是从哪儿来的。又传来报告说，鱼雷舱也进水了，鱼雷舱的外侧阀门有漏洞所以急需修理。最糟糕的是，2个有密封盖保护的潜望镜也进水了，源源不断涌入的海水迫使S-37号不得不返回潜望镜深度。艇长穿着雨衣，戴着防雨帽，在慌乱中，1号潜望镜准备就绪，艇长开始用它观测外面情况的变化。随即S-37号浮出水面，赶往新农场码头，雷纳德艇长不停地抱怨着："这潜艇就像霍根的山羊一样搞砸了一切。"还不时发出具有嘲讽意味的笑声，真是令人奇怪的反应。

中午的时候，S-37号停靠在格里芬号周围准备进行整修，从格里芬号的休息室里传来阵阵嬉笑声，人们在桅杆上靠着，在船上瞎混着，显然这些人对S-37号一点也不觉得同情，或许他们想让S-37号明天就滚出去巡航就好了。但作为一名技术军官，我必须加紧修理S-37号，最好在今天结束之前完成修理工作。

在开始从一个配修间跑到另一个配修间的忙碌整修之前，我开始请求艾勒的帮助，但他也像其他人那样嘲笑说："深潜号，让我们潜到135英尺吧！"自从阿尔瓦给S-37号取了"深潜号"这个绰号，很快大家就传开了，对我来说，这真是十足荒唐。

还是说说S-37号的情况吧。据说，一个20毫米的弹药筒被嵌入潜望镜上方的1号炮管，看起来这是S-37号为自己制造的麻烦。

S-37号的修理工作还在继续，我想起我待在艇上时，已经很久没看过书了，确实在巡逻的时候也没有什么好书。所以我跑到格里芬号上的图书馆，精挑细选拿了20本书，然后在一个士兵的帮助下把这些书带回了S-37号上。其中一本书的名字叫《空战的胜利》，作者是亚历山大·舍维尔斯基，这看起来很有意思，因为显然作者认为当今战争的胜负，取决于空军力量的强弱而不是陆军力量。但事实是，德国空军在两年前对英国和苏联发动空中袭击时，空军并没有对战争产生关键作用。但在中途岛海战前夕美军使用陆军航空队（美国空军的前身，当时美国还没有成立独立的空军）的飞机从航空母舰上起飞成功空袭了东京，这是否表明了决定整个太平洋战争胜利的关键，确实是在于美军的空军力量？

6月23日早上8点，经过简单修理的S-37号被派出去执行巡航任务。它跟随着S-38号潜艇下潜到布里斯班河里，在离开之前，我和我的同班同学——绰号是“哈利狗”的福布斯打赌说，S-37号一定先于S-38号到达南纬10°。10美元的赌资我是势在必得的，因为开航不到两小时，S-38号就因一个循环水压泵损坏而不得不返回港口。很显然，S型潜艇的性能都一样糟。

S-37号迅速潜到了150英尺（约45米）左右的深水区。这次并没有产生泄漏现象，所以它保持平稳的状态向着北部前进。遗憾的是，当泰克斯想把潜望镜升起来的时候，2号潜望镜的起重钢缆出现了故障。枯燥的导线拼接工作被指派给高斯基去做，庆幸的是，在他的努力下，2号潜望镜很快又恢复了正常。而此时，塔克斯兰德也用1号潜望镜确定了海湾外围已知雷区的准确位置。

当S-37号驶向北部的大榕叶岛时，巨大的海浪拍打着舰桥，艇身摇晃得非常剧烈。此时，我正在舰桥上执勤，虽然被海浪弄得全身湿透了，我却觉得无比亢奋，因为我们正奔赴真正的战场。

回想起来，1941年我们还在潜艇学院学习，学员们觉得美日之战即将来临，但是几周之内便会结束。因为那时，美军必须对日发动战争，以阻止日军对东亚持续不断的侵略行动。可以确定的还有，在一开始与日军交战时，美军舰队会向西推进，与日军舰队开战，并将它们全部消灭。这样一来就能够阻止日军继续向印度的东部岛屿侵略的计划了。我们坚信，美军潜艇部队作为美国太平洋舰队的精英部队，肯定能冲在最前方，给日军来一次爆炸性的重创。我们的潜艇会击沉不少敌舰，然后美军的航母和水面舰艇将圆满完成后续扫尾工作。

但是没有人告诉我们，在我们看来没什么大不了的日本舰队，却有着强大的观察力和模仿力，事实上他们已经拥有一支高效完整的海军。更让人难以置信的是，他们的潜艇可能还会对美国的船只造成伤害。我跟随S-37号驶向所罗门岛的真正原因是我想找到1部能安装在美军潜艇上的SD型对空警戒雷达，原来计划调拨给我的雷达现在可能沉没在了夏威夷西部海域。因为不久以前，就在我要抵达澳大利亚一个月之前，1艘日军潜艇用鱼雷击沉了装有SD雷达零件的美军运输船，这使我急急忙忙地从希卡姆机场飞向里斯本，想着通过

B-26 飞机运送雷达的工夫都白费了。

1941 年我离开了潜艇学校，又去了位于梅恩波顿大学的雷达学院，学习关于雷达的最新理论。那时，日军于 1941 年 12 月 7 日袭击了珍珠港。那次事件后，我转到了新泽西惠帕尼的贝尔实验室，这意味着我在学校里清闲的学生生活结束了。在接下来的几个星期里，我了解了适用于所用船只的新型雷达的理论知识。随后我又被调到了华盛顿的海军电子实验室，着重研究将要被运用到美国潜艇上的 SD 雷达。这是一个简单的装置，用来监测海面上的飞机动向，通过显示在屏幕上的回声波值，从屏幕上出现的曲线图读出目标数据，从而在一定范围内监测到接近的敌机。虽然不能产生很大的作用，但是根据我在潜艇学校学习到的知识来看，SD 雷达会对潜艇作战的一些现状产生显著影响。在夏威夷海域举行的舰队演练表明，当潜艇处于潜望镜深度时，空中的飞机可以很清楚地看到潜艇，在太平洋澄净的海水映照下，如果上方有飞机出现，处于潜望镜深度的潜艇将面临很大的危险。所以，想要袭击敌方船只的话，必须使潜艇处在一个适合的水下位置，至少从空中看是发现不了的深度。但是一旦有了 SD 雷达，潜艇就可以处在潜望镜深度甚至更浅处，只要距离飞机的范围超过 20 英里。因为 20 英里以内，飞机就可能探测到正在行驶的潜艇位置。

不幸的是，亚洲舰队的 S 型潜艇已经赶在稳步前进的日本军队之前，打出了一条前往澳大利亚的道路。而这些 S 型潜艇不会得到任何 SD 雷达的设备支持，直到第二艘运送雷达的美国运输船抵达布里斯班。

与此同时，我正在格里芬号上担任雷达维修师，每天除了编码信息，无事可做，无聊得很。所以当我听到运送 SD 雷达的船将要延误几个月抵达的消息时，我高兴坏了，情不自禁地哼起弥尔兄弟的歌曲曲调。毫不犹豫地，我去找长着胡须的格里芬号船长史密斯，在他的办公室里，我告诉他我想出海，直到有什么安装雷达类的工作需要时我才返回。

史密斯觉得我的请求有些逗趣，但是他同时也理解我的想法。“我不会责备你，毕竟一个年轻人对战争场面充满幻想。”他说，“如果经过的船只有空缺，我允许你调走。不过既然在接下来的几个月里，可能会有一支大舰队过来，你为什么要加入破旧不堪的 S 型潜艇呢？”他又神秘地补充道，“在结束下次巡航任务后，大舰队中的有些潜艇可能会被派到布里斯班接受改造。”

这些潜艇接近全新，而且要比排水量900吨的S型潜艇大得多，它们都是一战后建造的，而且几乎和德国正在使用的VII型潜艇大小相似。S型潜艇只有225英尺（约67.5米）长，相比之下，美国的舰队潜艇长度达到了308英尺（约92.5米）。再说，大的潜艇可以完成60天的巡航任务，它能够携带24枚鱼雷，还有72名艇员。实际上，在潜艇最重要的三项性能方面，它们都是S型潜艇的两倍。最大的区别在于舰队潜艇有空调，而S型潜艇没有，这点非常重要，因为执行任务的地方离赤道很近，天气酷热难耐。

在得知这些之后，我仍旧登上了这些停靠在格里芬号附近的被称作“生锈的旧下水管道”的S-37号，想看看他们是否还有空缺的工作职务。幸运的是，S-37号上还有一个空缺岗位，而且S-37号是可以修好的，它急需一个机器修理工，因为它预计于4月20日再次执行巡航任务。这样的话，我就能前往所罗门群岛，看看前期的战况。一番交涉后，我迫不及待地接受了雷纳德艇长的邀请，登上S-37号，补上了这个空缺。

但是S-37号花了比原计划多一个月的时间，让它充分具有适航性，以免再次执行巡逻任务不至于因为机械故障带来危险。同时，其他4艘北上巡航的潜艇也陆续返回了，其中2艘已经在S-37号离开莫顿海湾前，准备执行下次巡航任务，起航开往拉包尔。尽管如此，能在S-37号上担任舰桥上的瞭望哨，我还是觉得很高兴，想着前面还有不少敌方舰艇等着我们用鱼雷进行攻击，我感到无比振奋。

瞭望哨警告说，一些日本潜艇最近刚刚到达莫顿岛的北部。“不容许任何漏网之鱼”——这是对甲板上值勤的瞭望哨的态度要求。关于射击问题的意义产生了分歧，因为激进还是保守，是随着S-37号发动机性能的变化而变化的。

然后在下午两点多，喷雾阀出现了一些问题，这让S-37号的发动机暂时无法正常运转，因此被迫暂时使用电池电源运行。吸力恢复了，但还不知道当初为什么它会消失。听到这个，艇长咆哮着说：“虽然这么做不太好，但也没什么大不了的。”

当我轮完班后，正准备回去好好休息会儿。但S-37号摇晃得厉害，我实在无法在我的下铺好好休息，但我也不喜欢把自己绑起来固定在床铺上。

24 日，格雷迪报告说，第一天的海上航行，就已经耗费了 230 加仑的润滑油。按照这个速度下去的话，只能维持 11 天。幸运的是，格雷迪再次报告，他发现了输油管道上有一个漏油口，他已经修复了那个大洞，所以现在才明白漏油的原因，我们这才松了口气。

9 点到 12 点，我在舰桥上值班，每个人都穿着短裤和皮凉鞋，他们享受几个月以来难得的火热阳光。此时空气温度上升到了 79 华氏度。为了使值勤的瞭望哨保持警觉，塔克斯兰德想了个主意，让艳阳下站岗的人每次只值 3 小时的班并且三班倒。但即使是这样，也不能使我和鲍比 · 伯恩斯、比利 · 吉布森在不值勤的 6 小时中得到充足的睡眠。

当天下午，S-37 号继续保持下潜状态，艇员们进行了一系列的水下演习。在演习时，新来的艇员弄了不少乱子，也确实闹了不少笑话。但其实他们非常认真地投入演习中，他们赶到自己的岗位，仔细检查他们可能会用到的装置，而且当他们通过声动力电话机报告时，听起来像是很棒的水手。

艇长命令浮出水面，结束演习时，电蒸馏器开始将海水过滤制造淡水。

发动机舱的艾伯特报告说，电蒸馏器运行良好，这种蒸馏海水的方法在 S-37 号上是很新的方法，相比以前，这样不仅能有足够的水为电池降温，还能满足艇上人员基本的淡水需求。

晚上 6 点到 9 点，我在舰桥上进行水面观察。艇长来到舰桥上，带来了一张图纸，为了顺利穿过新爱尔兰岛和大不列颠岛之间的海峡，他绘制了路线图。据说拉包尔海域最近海战频发，并不太平，这预示着 S-37 号将经受一次大考验。然而，艇长没有表现出十分紧张的样子，他只是严肃地讨论了 S-37 号在进入最后一站时，可能遇到的反潜攻击。

25 日，海面风平浪静，炮手们也开始进行演习，演练的口令是“各就各位，鱼雷攻击！”许多人都穿上破旧的脏兮兮的卡其色大衣，或者是长长的但裂了口子的卡其色短裤，盖住了他们的膝盖。这些衣服原来是澳大利亚军队的制服，来自布里斯班的供应站，当时随便用几个袋子装着被运上了潜艇。这样的穿着使他们看起来像是贫穷多病的捕鸭者，又像我想象中的“托布鲁克大鼠”（和在利比亚的托布鲁克战斗的澳大利亚人一样）。穿着这些衣服的人在控制室整队准备进行演习时，都忍不住咯咯地笑，看来他们也不满意这些只在万圣节才会穿的看起来很傻的服装。

在此次演练中，作为一名潜水军官，我的任务是使潜艇迅速平稳地浮出海面，直到上升至足够高的位置时，及时将潜艇上舱门打开，这样枪炮手才能迅速冲上甲板使用枪炮，朝敌舰开火。艇长负责用潜望镜观测，当发现海面情况适合上升时，我就下令全速前进，升降舵手以 8 节的速度使 S-37 号平稳前行，我命令打开主要的潜艇压载箱。浮力不断增加，S-37 号开始上升，我立即下令：“平面为零！”

站立在舰桥顶部，舵手已经准备好将上舱盖上已经有些松动的夹头捶打固定，鲍比 · 伯恩斯，这位英俊的射击手，那时就站在舵手下方的梯子上。他正从狭小的控制室前方，透过玻璃眼观察。当黑色的主甲板快要被浪打湿的时候，他大声命令道：“打开上舱门！”然后 3 名艇员放上梯子，在下面扶着，他笨拙地顺着梯子爬上舰桥。我从控制室抬头看，他们正急匆匆地跑向弹药室，尽管他们用工具捶打修补上舱门，向里面输送他们从上方扛过来的 .50 口径（即 0.5 英寸，12.7 毫米）机枪的弹药，但还是无济于事。

操纵 102 毫米甲板炮的艇员被叫上甲板，在那里朝空空的海面开火，为了进行演练。同时，手持 .50 口径机枪的 2 名艇员挤在舰桥上的可吸烟区域的甲板上，架起机枪，练习发射了 20 发 .50 口径机枪子弹。之后，艇长命令“退出顶部”后，枪炮手们慌乱地顺着梯子撤了下来。事实上，一些人是跌跌撞撞着冲下来的，因为上方的一些人太过急躁，太想早点下来。

真是令人吃惊啊，这些平时对于 S-37 号巡航任务毫无兴致，总是无精打采的人，怎么会突然因为要向一个可能将 S-37 号击沉的反潜军舰开火，而变得这么严肃认真呢？

在这次 102 毫米炮的射击演练中，要求炮手把空的炮弹箱都必须保存好，返航后都要送回修理舰，这也证明美国做好了迎接一次长期的战争准备。

艇员在战斗演习中的态度变化是一个可喜的改观，S-37 号要想重新投入作战的话，艇员对于艇上长时间工作的不情愿态度需要得到改变。艇员们一直像一群签订了合同的工会工人一样，不会在超出他们5天工作日的8小时后再贡献一点力量。发动机舱的那些家伙对单调乏味的工作的反应也极为消极，他们往往在被烧坏的轴承面上做一些修复工作，让人感觉他们好像总是在工作，以求获得升职、充分的周末自由和额外的休息时间。尤其是我的机械师，他的工作很多，也对潜艇上的工作非常不满，并且威胁说要不干了。但此时，他哀鸣似地抗议道："鲁赫先生，你对一切都想得太轻松了，因为你还从来没遭到轰炸，没有遭受过深水炸弹的袭击或是没有食物填充肚子的考验。"然后，他挖苦我说，当深水炸弹开始真正接近S-37号时，不知道我还会不会宣称要成为一名真正勇敢的士兵。这话让我静下心来想象当我遭受一枚深水炸弹攻击时会做何反应，但我已下定了决心。即使那时我被吓得几乎无法呼吸，或者吓到我的腿软得不能动弹，我也不会露出丝毫的恐惧。

在我的同事中已经有相当大的意见分歧，艾博特也无法制止我们。当我问他为什么总是用这样一种痛苦又低效的方式去做一项工作时，他简略地说："因为15年前，我们在O型艇上就是这么做的，今天也要照这样的方式去做。"当我说我可以用别的更好更快的方式来产生光滑圆润的轴承面时，他哼了一声，在甲板上吐了口唾沫来表示他的不屑。向在甲板上的大伙大声说道："年轻的小伙（也就是指我），总是声称会有更好的方式来做事情，而其实他们自己还一无所知呢。"

我本来听说，海军军官学校培养的都是那些实际掌控着海军的大人物。但是艾博特军官对我的建议的回应却开始让我怀疑美国的海军就是由这样顽固不化的人掌控着的吗？这样的话，美国海军怎么能够在现代战争中取胜呢？

天黑后，泰克斯从晚上6点到9点在舰桥上执勤，他发现约1000码外的地方闪烁着光线，然后有一个瞬间出现了火焰般的白色光晕。泰克斯似乎认为这是1艘来自美国的潜艇。为了不做任何冒险，他让S-37号绕道而行，掉转方向全速远离那光源，然后他命令通信军官比利·吉布森，来到舰桥上，想确定下在什么情况下潜艇上会出现这样的火光。比利带着温和又自信的笑容，告诉他没什么，让泰克斯放心，可是泰克斯似乎还是不太放心。

再三考虑之后，泰克斯很明显能够得到证实，比利，这位初来乍到的年轻海军军官是否意识到了他的通信职责的重要性。他在处理一个军官的升职问题上，就是一个恰当的例子。S-37 号去巡逻之前，比利已经收集了大量常规信件，他知道除非大家不忙的时候才会去看看这些消息，于是为了便利大家，他做了一个挂墙信夹，挂在军官室的墙上。等到半夜，他的值勤任务结束了，他会去收听无线电通信器里的广播，以便及时了解当今美国在子女、财政、疾病问题上的一些情况。但是海军总部秘书处发布的文件引起了广泛关注，泰克斯读了以后，立马把我叫到舰桥上，告诉我我被提拔为中尉了。艇长也被晋升为海军少校。雷纳德艇长正在我旁边，他得知这一消息后，也满意地笑了。

想想升职后我会得到更多的工资，我高兴地想着我应该怎么去花这多余的钱呢，每年将比海军少尉的工资多出 2000 美元呢。作为一个海军少尉时，我已经得到月薪 125 美元的基本工资，加上 60 多美元的危险工种补助，再加上 18.75 美元的定量津贴，在潜艇工作，还能再加上 18.75 美元的粮食津贴和 40 美元的宿舍补贴（因为我结婚了）。总的算下来，3000 美元一年的薪酬还是不足以支撑我的妻子回到美国，她被迫住在她母亲家。

当我去舰桥值勤时，我有机会看了下文件，那上面写着鲍比 · 伯恩斯和比利 · 吉布森也都升为了中尉。看来真应该好好庆祝一下了。

当回到舰桥执行观测任务时，天空中明亮的满月让我想起，日本人总是在满月后的几天之内开始他们的侵略行动。因此，即使是在所罗门群岛附近，战争看来也已经逼近了，那时我就有机会在真正的战争中展示自己的勇气了。

27 日全天，我都在更新工作记录簿。两个月前，我接管了我的工作时发现，S-37 号上的大部分记录都不存在了。显然，上一位记录员并不勤于记录，因为他根本不相信 S-37 号会在战争中坚持很长的时间。所以根本没必要为 1 艘注定要沉没的破潜艇做记录。

夜幕降临后，我去军官舱找些吃的，作为我的“早餐”。饮食时间表已经改变，晚餐改在午夜和晚饭后，这也是为了适应明天即将实行的新的潜艇工作时间。这样一来，艇员们晚上熬夜，白天睡觉。当敌军的舰艇或飞机袭击时，水下的潜艇有充裕的时间去做出反应，这样能刺激艇员们迅速进入作战状态。更不用说，夜间战斗时，会有更多突发情况需要紧急处理，迅速应战才能有生还和胜利的机会。

艇长和我坐在一起吃了早餐。他告诉我，他对驶入拉包尔地区早有计划，只是现在还是个秘密，他在等待一个绝好的开火机会出现。他用对待哲学思考的态度来看待自己在独自思考这些问题时面临的孤独感。但他觉得这是一个很好的主意，特别是和我分享他的一些想法及我提出看法时。

能够成为他所信任的倾听者，我感到受宠若惊。

在夜间，格雷迪向我报告说，他在清理深坑引流管时发现了堵塞现象，那个也同样毁坏了排水管道。他在清理过程中，发现 1 个电灯泡和大量螺丝钉堵塞在管道内。同时，他还发现输油管道有裂口，燃油大量流入舱底，裂口上有钢刀锯过的痕迹。“这真是一种刻意的破坏行动。”他一边排查一边生气地说。

28 日，S-37 号在夜间的海面上巡航，增加了舰桥上的巡逻次数，因为 S-37 号正驶向所罗门群岛，那里危机重重，据称会有敌军严密监测经过的美军潜艇。

这还不足以令人担心呢，电工跑来报告说，右舷的主电动机上出了问题，上面覆盖了太多东西以至于电池不能充电，需要立即将其清理干净。

听到电工这么一说，雷纳德艇长不悦地说：“带领这艘潜艇奔赴战场需要克服缠人的两个问题，一是警惕日军的袭击，二是能让这艘破潜艇不出故障地行驶下去。”

为了了解 S-37 号在战斗巡航中日常的工作流程，我打算在记录簿上详细记录全天 24 小时在潜艇上发生的事情。

因为还没来得及适应这种从晚到早作息时间的变化，我的中班值勤任务结束后，疲惫不堪地爬到床上，马上睡觉。就算周围有点吵，也丝毫不影响我对睡眠的渴望。

S-37 号上五位军官的起居室就在后舱的电池储备舱后面，里面有四张临时搭起的帆布床，它们用绳子挂在一个矩形的支撑架上，四周是笔直的双层钢铁结构。其中一个是专门给艇长用的，其他三个由其他四位军官共用。

一旦有一位军官去工作，腾出一个铺位的时候，工作完回来的另一个人就只能在那个又热又难闻的铺位上继续睡觉。这就是在 S-37 号上生活必须经历的，因为我们现在行驶在热带海域，所有人都必须忍受这样的酷暑。如果前一位离开的军官出了太多的汗，另一位工作完回来准备在他的铺位上睡觉的军官，就只能拧一拧帆布床，甩掉一些汗水，然后反过来挂着，在稍微干爽的一面继续睡，虽然这样并不好受，但总比什么也不管就倒头大睡能让人好受些。

但奇怪的是，布兰克从不会使用这些帆布床，也不用被单，枕头也不常用。

难熬的还不只是睡在一个充满汗臭味的环境中，最糟糕的是，黎明时分响起工作闹铃，那意味着一天辛苦工作的开始。但 S-37 号上的每一位艇员必须去适应这种生活，在这样 1 艘破旧的潜艇上执行巡航任务，人们只能放弃抱怨，选择去接受、去克服。

S-37 号现在执行全天的下潜任务，从天亮到夜幕降临以后船舱内的温度接近 100 华氏度（约相当于 38 摄氏度），并且一直保持在那里。湿度也差不多接近这个数值。大量的湿气不断雾化使得舱内凝结的小水珠不断地滴在甲板上。同时内部的气压越来越大，接近每平方英尺七磅的大气压强。

我早上的观测是在控制室内。在 45 英尺（约 13.5 米）的水下不断地转动潜望镜观测海面的情况，然后再返回 80 英尺（约 24 米）的水下用声呐设备监听。

在 80 英尺处，漆成黑色的潜艇加之覆盖其上的灰尘也使它看起来更加暗沉，这样在暗夜中潜艇很难被发现。钝化的油漆不会在阳光下闪闪发光，即使是在热带最耀眼的阳光下也不会反射太多光线。

值勤工作很清闲，大部分时间我都坐在折椅上，不常活动，以减少出汗。我喝着冰柠檬水，吃冰镇的梨。此时，喝热咖啡已经不足以保持我的警觉了，抽烟不太可取，因为那样只会让舱室内空气更加混浊。

和我一起在控制室内值勤的人有舵手，负责下潜歧管的艇员和负责写航海日志的记录员，一伙人聚在一起，聊聊 S-37 号过往的故事，能稍稍缓解值勤时的无聊的烦闷情绪。

彭霍洛，一个正在掌舵的傲慢健谈的信号员正在讲述他是如何在经历爪哇岛战役后来到 S-37 号工作的。他夸夸其谈地说：“我是在荷兰油轮瑞德特号上负责为荷兰人破译日军情报的。然而，当那艘油轮被日军炮火击沉后，我们的救生艇在海上漂流，直到看见 S-37 号浮出水面，我才得救。当时雷纳德艇长朝我们的救生艇喊道：‘船上是否有美国人？’我赶紧回应：‘我是。’紧接着我跳上 S-37 号的主甲板，再从那里，我爬到舰桥的下面，顺利地登上了 S-37 号。”

舵手讲述 S-37 号上曾经的一个菲律宾人，他是艇上的伙食管理员，叫曼德斯。有一次，他听到一串轰鸣的深水炸弹时，就认为敌军是被鱼雷击中了，于是不明情况地惊呼道：“啊！我们肯定要把日本鬼子送进地狱了。”

大多数士兵谈的都是他们在服役时，自己喜欢的或者不喜欢的人，这样的谈话我并不觉得很有意思，因为看起来潜艇上的士兵都很爱在背后说人闲话。

每隔一段时间，我会吃两颗盐丸，以保持我的活力，避免中暑。我也告诫大家少走动，因为太多人拥进一个方向，会严重扰乱潜艇的吃水深度，为了保持合适的吃水深度，调节水位的抽水泵发出的大量噪声极有可能被敌军的反潜舰艇发现。

潜望镜被雾化了，需要浮出水面干燥一下。辅助员戈斯基在潜望镜杆子的空隙里放了些吸湿剂。

我在 6 点后继续执行值勤任务。不久，在中央控制室内照明灯换成微弱的红光。这样，上到甲板上去的人会适应些，他们的眼睛不会太难受，这样他们在暗夜中，也许能观测到更远的情况。

黄昏的时候，艇长和副艇长泰克斯突然来到中央控制室。艇长拿过望远镜，副艇长走到潜水站，我则被任命为水面甲板军官。显然，情况紧急，我们已经进入了敌方控制的水域，于是艇长命令我，等 S-37 号上升到水面时，第一个到舰桥上看看。艇长这样做，是因为之前我告诉过他，战前的一段时间，我曾在 ROE 号驱逐舰上做过瞭望，即使是在暗夜中，我也能很好地完成任务。因为我的视力确实不错，我可以在 ROE 号的舰桥上瞭望将近 10 小时，因此，艇长非常相信我的能力，他第一个把我派到舰桥上，在那儿我负责瞭望，观察远处是否有敌舰出现。

我利用梯子，登上了舰桥上方，检查了被指派到舰桥上执行任务的人是否都到了。在控制室昏暗的红色灯光下，艇上的人显得模糊不清。我觉得有些眩晕，好像站在一起的人都是来自外星球的，对我来说是那么陌生。其中还有泰克斯副艇长，他只穿着短裤，眼睛总是奇怪地斜视着，在灯光下我也觉得他像是一个从鸦片窟里出来的中国苦力。艇长戴着一顶防雨帽，以防水流到眼睛里，他只顾凝视着眼前的水面舰艇。

艇长从结了水雾的潜望镜观测外面的情况，海面上一望无际的黑暗让他悲哀地摇头，然后摇低潜望镜，生气地说："返回水面。"

当 S-37 号浮出海面，我打开上舱口，以确定主甲板处于水面上方。这次由艇长带领的夜间行动，我学到了很多，我仔细研究了下外面的状况，没有发现任何可疑的迹象，于是我报告中控室："没有目标出现，一切正常。"在听到这个消息后，瞭望哨和舵手都赶到舰桥上的瞭望站。潜艇内大量的蒸汽从上舱口冒出，一会儿就把舰桥周围都笼罩住了。

我觉得，我作为水面甲板军官，要对潜艇的安全负责，如果日军发现了这边的异常，我们的处境就危险了。但泰克斯后来说："过程进展得这么好，艇长觉得很放心，即使有浓雾，也不会有大麻烦的。"

艇长来到舰桥上的时候，说日本军舰上可能装有雷达。所以在他们用雷达发现我们之前，我们必须先找到他们。但艇长也说，不必过于担心，因为还没有得到发现日本雷达的证据。

7 月 2 日凌晨，S-37 号在圣乔治海峡的底部潜行。艇上产生的垃圾中，有一部分是废弃的柴油发动机金属部件，因此显得特别重。我们把它扔了出去，减轻了重量，这样敌军雷达也不容易发现 S-37 号的踪迹。迎着黎明的第一道曙光，S-37 号开始下潜。

天亮的时候，声呐兵发现了可疑信号，显示为每分钟 240 转。于是立即告知正在值勤的鲍比 · 伯恩斯说："这听起来像一艘高速行驶的潜艇，但它不可能是我方的。"所以鲍比命令道："各就各位，准备鱼雷攻击。"

难道这意味着第一次战斗开始了？艇员们来不及多想，就迅速穿过一道道舱门到达各自的岗位。他们相互之间擦身而过，却没有冲撞到。我让 S-37 号在 45 英尺深处保持高速航行，我将潜望镜转向艇长，让他赶紧看看潜望镜，他没来得及穿上雨衣就拿过来看，他看起来有点狼狈，好像刚刚被暴雨浇成了落汤鸡一样。“海面上没有什么。”他放下潜望镜，结巴地说道。他的声音颤抖着，听起来好像看到一条毒蛇一样害怕。1艘潜艇在水面航行时，即使离得非常近，也很难发现。而且这样十分危险，如果有隐蔽的敌人潜艇朝S-37号发射鱼雷，那就惨了。

雷达信号在上升的时候就没有了，通过潜望镜可以看到港口附近的大不列颠群山，这些山峰高7000英尺（约2100米）。泰克斯让S-37号以3节的速度前进，希望早点靠岸休整。不久，我们就可以看见高耸的火山，这证明我们正靠近拉包尔，这些活火山山顶还在冒着一缕烟雾。

在黑暗中潜行时，比利·吉布森收到了一条加密电报，消息称，美国海军在拉包尔港口附近发现了一些日本货船和4艘军舰，包括圣川丸号水上飞机供应船，1艘由7000吨重、480英尺（约144米）长的货船改装而来的航母。泰克斯在一本日本商船的手册上查到了一些信息，了解了大致情况后向我们宣称：“这就是我们的作战目标了！”艇长高兴地说：“告诉艇员，泰克斯因为他的好眼力，得到了1夸脱的烈酒作为奖励。”我不太确定，这是否意味着我们的1瓶医用白兰地就要这样落入他手了。

水上飞机对于日军穿越所罗门岛要做的前期勘查工作至关重要，也就是在那儿日军决定建造他们的下一个岛上军事基地。击沉圣川丸号可能不仅会影响他们的基地建设计划，而且会影响日本对澳大利亚的侵略。

S-37号离拉包尔只剩一天的航程了，所以泰克斯拿出了绘有拉包尔港及其周边海域详细情况的地图。图表显示我们正在靠近拉包尔海港和近海地区，更有报告称，日军正在那儿进行反潜防御。但是将S-37号开入靠近海港口的位置还有点可能，不过意义不大。因为根据那张绘于1905年的荷兰图表，在该海域有不少活火山，但在这险象环生的水域并没有出现沉船。事实上，这份关于新不列颠和新爱尔兰岛附近海域地势的图表是一份制作于世纪之交的英国或者荷兰的图表。显然，美国并没有猜到将会在所罗门群岛地区作战。因此，当需要指派一个在新爱尔兰岛上的澳大利亚海岸观察员时，没有图表可供借鉴，没人知道应该如何让这个人安全上岸。

我再次决定，扩展我的航海日志的书写范围，力图展示处于赤道附近 4 度左右范围时，S-37 号这艘破败不堪的潜艇在战时巡逻时的表现。

早在 20 世纪 30 年代，在新型的舰队潜艇出现之前，这些陈旧的潜艇被称作“潜艇”，艇上没有空调，蟑螂到处都是，机器设备总是摇晃得厉害，常常患病的年纪大的艇员夹杂其中，这一切都使人无法忍受，除了那些年轻的有足够忍耐力的艇员。人在 20 岁左右的时候，具有超常的适应力，所以年轻的艇员能够适应 S-37 号上的生活，也不会对艇上艰苦的生活太过抱怨。艇上如果少一些老艇员的话，就会少一些抱怨，也会少一些嚷嚷着换艇的要求。

与此形成强烈反差的是，与敌舰缺少联系就投入战争的情况已成为过去式，过去 S 型艇上的水手的悲惨生活对现在的我们来说也是一种警醒，学会适应现在已经改善很多的情况，这才是最重要的。

1942 年 7 月 3 日，那天我在舰桥上执行观测任务到 3 点。S-37 号正航行在圣乔治海峡平静的海面上，这里距拉包尔港很近。在这凉爽而又平静的海面上，飘来阵阵新大不列颠群岛上热带植物的清香，让人心旷神怡，相比之下，S-37 号上又热又湿的空气状况真是令人烦心。

海面上没有月光，S-37 号四周只有无尽的黑暗。又因为没有雷达，S-37 号小心谨慎地以 4 节的速度前行，等待着能出现一些变化来打破这无聊的黑夜。

瞭望哨和舰桥上的值勤员认真地盯着海面，他们得在敌军发现我们之前做出预警，要是敌人抢先一步发现我们，我们的处境就危在旦夕了。气氛异常平静，我甚至可以听见瞭望哨低沉地抱怨：“什么目标也没发现，真是无聊透了。”

另一个瞭望哨表示赞成：“这样无聊的差事，就是小孩子也能做得来。”

站在我旁边的舵手问我：“鲁赫长官，我们什么时候才能看到些不一样的变化呢？”我只能很随意地答道：“我猜，也许永远不会吧。以这个速度前行的话，我们还不如打道回府呢。”舵手提醒我说：“可是在 10 日前我们不能那么做啊，这是命令。”

凌晨 3 点，比尔 · 吉布森接替我来值班，他说：“船舱下面现在并不是很糟。”

我尝试打了会儿盹儿，舱内的空气还算凉爽，所以我几乎没怎么出汗。我注意到舱内的温度是74华氏度（约相当于23摄氏度），非常舒适。

比尔给我留下干燥舒服的床铺，让我能在潜艇下潜之前美美地睡上一觉。要知道，一旦下潜舱里就会奇热无比。但在睡觉之前，我先把自己的凉鞋小心地用杂志包了起来。因为让别人看见自己又脏又臭的鞋子，实在会令人作呕吧。

有很长一段时间，我睡得很安宁，梦到了流水、草地、清凉的河流，还有身着薄纱的妙龄少女面带喜悦从这画卷中走过来。突然，下潜的警铃轰鸣，把我从睡梦中惊醒，S-37号要下潜执行全天的巡逻任务了。主进气阀门砰地关上了，此时，电池消耗时散发的废气弥漫在舱内。正在睡觉的艇员们都闻到了这股难闻的气味，一时间，又热又使人窒息的，并且被氯气污染了的浑浊空气围绕在我周围，打断了我的梦，那时我正梦着火山、硫黄、火热的坑、油炸熏肉和烧焦的肉。我醒来后只能模模糊糊地回忆起一点，但我希望我在最后一个梦中说过难听的脏话。其中一个梦里，我被困在狭窄的下水管道里，我吓出了一身汗，身体颤抖并精神有些失控。然后，我被困在另一个房间，四周墙壁慢慢向我逼近，直到我的身体完全被束缚住。我似乎意识到，我不得不醒来，以挣脱这样的痛苦。

当我没有强迫自己醒来时，我感觉，我已经经历了一个幽闭的梦，沉睡之时，它像一片沉重的云压在我的心口。虽然我还很困惑怎么会有这种感觉，我意识到，在其他时间，我都感到舒适和安全，待在潜艇里面就像一个孩子待在母亲的子宫里一样，阻绝了外界的干扰，让人感觉十分安全。再说，并不是只有我一个人觉得待在潜艇里面很好，其他人也觉得在潜艇内生活不赖。而且我们都觉得在下潜的潜艇内生活比在水面上的潜艇生活更舒服。事实上，如果艇员不能适应潜艇内的密闭环境，他极有可能被转送到别的舰艇上。一般的人都会猜想潜艇内的人是怎么生活的，这似乎对他们来说是个谜，非常不可思议，但是潜艇内的艇员却觉得这一切理所当然。

上午9点，我又回到了岗位上值勤，但在中控室，每15分钟通过潜望镜观测一下海面情况。一次短时观测后，S-37号迅速下潜到80英尺（约24米）的水下，以避免被敌方反潜飞机发现。我只穿着卡其布短裤和皮鞋坐在一个轻便折椅上负责观测。在中控室的甲板上铺着毛巾，这是为了吸收潜艇内多余的水。S-37 号只能静静地潜行着，因为声呐兵似乎搜索到附近有 1 艘驱逐舰发出的砰砰声。舵柄和艇身及艇尾水平舵被用手工操作，以减少机械噪声。这样一来，为了保持潜艇在规定的深度和吃水平稳的状态下潜行，手工操作控制轮的艇员将会精疲力竭。2 名身体强健的艇员将接替艇身及艇尾位置上的工作。同时刚刚结束 15 分钟艰苦工作而累坏了的升降舵手，得以回到自己的铺位休息。

静音潜行需要大量的体力和耐力，于是艇内大概有 30 人开始进行锻炼，练习举重和举哑铃。这群人为 S-37 号持续悄然前行提供了动力，也就是这些人成为舱内各部门的主力，他们挑起了重担。大家勤于锻炼，等待着真正的战斗来临。

潜望镜探测和我之前值勤时的午间观测差不多一样，没有任何目标出现，周围只有空空的海面。为了缓解无聊，当潜艇下潜至 80 英尺时，我偶尔会爬进指挥塔。在那儿，我隔着舱壁上的玻璃圆罩，观察着海里的一切，在灿烂的阳光照射下，缓慢移动着的 S-37 号周围围绕着许多海鱼，因为速度慢，鱼儿的一举一动看得很清楚，这让我感觉就像身处于一个水族馆内。但最有意思的还是一些水珠一样的油从艇体分离出来，它们闪烁着七色光彩，慢慢移动到上方的样子十分可爱。泄漏一点点油污可能没什么，但是这些油污要是 一连串地漂到水面上，恐怕会在海面上留下痕迹，就容易被敌人发现。在艇尾的指挥塔中观察时，我注意到，那些偶尔上浮的油污越来越多，所以我叫辅助人员戈斯基快来指挥塔看看，确定这些油是从哪儿冒出来的，并且我希望能帮助他找到到底是哪里需要维修。

当比利 · 吉布森来接替我值勤时，他说："鲍比 · 伯恩斯中尉在排水管上敲打时不慎将他那尖锐的锤子丢进了排水管，那锤子就卡在排水管处，但是对于这一疏忽，长官的态度是：'不要修复它，等到必须去修复的时候再说。'"

控制室内的温度上升到 97 华氏度（约相当于 35 摄氏度）时，我走向艇尾，准备去那儿睡会儿。但是，当我得知比利刚刚腾出铺位时，我决定不像往常那样解开挂在钢架上的帆布床，把它转个面，将里面大量的汗水倒出来，然后用干点的那面继续睡，而是选择去军官起居室和艇长一起打牌。

艇长正闷闷不乐地坐在那里打纸牌，他只穿着松松垮垮、低于膝盖的卡其布短裤。额头上的汗珠闪闪发光，看起来十分疲惫。

我提议我们玩纸牌，所以他将一些沾有汗渍的卡片混合在一起，然后去拿他身后的纸牌板，就这样在侧板上坐着。侧板看起来损坏得十分严重了，好像是被以前常常扔在甲板上的深水炸弹炸过一样。

这个狭小的、木板隔成的军官室在前舱电池室的旁边，士兵休息室的后面，常常有些吵闹，所以基本没有机会在这里讨论严肃的话题。但艇长还是决定在这里和我讨论接下来几天的作战计划。“今晚，完成了电池的充电后，我们就去新爱尔兰海岸沿线的约克公爵岛，然后在拉包尔的入口处附近巡航。那时天色就会变得漆黑了，所以我们在那里应该不会被发现。现在时日不多，所以我们必须采取积极的行动，将 S-37 号驶向可能发现船只出入的拉包尔港口附近。”艇长说。

从这次的决定可以看出，艇长把他以前的谨慎抛到九霄云外去了。是否空手而归已成为他最为关注的问题，而不是这个决定可能带来的高风险。他继续谋算着细节的方案，一想到 S-37 号下次行动能捕获更多的敌船，载誉而归，返回里斯本，他的脸上就又露出了笑容。他总结说：“我们捕获一些日本船后，在我们踏上返程的路之前，我们将不得不往北驶向新爱尔兰岛。”他补充说，“即使到时候情况会有些慌乱，我们也千万不能绕过约克公爵岛进入海峡地带。”

虽然我并不赞成艇长这些乐观的想法，但是对此我还是很兴奋，因为我们终于要有大的行动了，我将如愿以偿见识更多的作战行动，这是值得期待的事，所以我不想给艇长的计划泼冷水。我感觉到，艇长在向我描述他的计划时，也很想得到我的赞成，但他也能了解我的感觉，当时我咕哝了句澳大利亚俗语：“不错噢！（Good-o！）”

我也意识到这次很有可能会看到更多的实际战况，当身处其中的时候，正好可以考验下自己，看看我在危险中是不是真的勇敢无畏，这也是为什么我来到 S-37 号上的原因，而不是选择安逸地待在格里芬号上做些类似于修理雷达的轻松工作。

我们把手肘放在桌子的边缘支撑着，开始玩纸牌游戏。我们尽量让汗顺着手肘流到地板上，这样就不会流到桌子上浸湿纸牌。在头顶上方有一张用于抓蟑螂的纱布网，因为蟑螂总是在军官室的桌子上乱窜。有的时候会有一两只蠢笨的蟑螂从上方跌落下来，就像拙劣的杂技演员从秋千上掉下来一样，落入纱布网里，但是通常它们会试图从网的边缘逃出来，然后掉落到我们身上。在玩纸牌的时候，遇上这些家伙，真是很讨厌的事。不过这样的网还是挺有用的，有了它，蚊虫就不会进入我们的汤菜中。我们确实需要学会解决这些生活中的小问题，学会在这样艰苦的环境中生存。

玩牌的艇长正把牌夹在指尖，在桌边轻轻滑动，试图擦去留在桌子上的汗印，突然他僵住了。他的双眼瞪得跟铆钉似的，顺着他的目光，我发现 1 名鱼雷操作手在附近的床铺上睡觉，他的脚很放松地搭着，眼看就快接近旁边的钢制重型风扇的边缘，风扇在空气中高速旋转，呼呼地摆动着，情况非常危急。那艇员的脚离风扇越来越近，他却睡得死死的，全然不知。后来他的脚突然接触到了风扇，风扇打到脚趾一点，熟睡的艇员发出一声低沉的呻吟，本能地把脚收了回去，但那只脚后来又出现了，血迹斑斑。尽管如此，鱼雷操作手还是继续睡着大觉，并且不一会儿他的脚又开始放松了，脚趾开始平稳地朝加速的风扇叶片移动。就像艇长说的那样，对打瞌睡的人来说，脚趾应该学会与风扇“和平共处”。

我们继续我们的纸牌游戏，在 S-37 号的其他区域，这种活动不知道被重复了多少次。我们为潜艇水手能适应 S 型潜艇的恶劣环境而感到自豪。

由于艇内的压力稳步上升，我开始思考，潜艇的速度能不能跟上艇长的节奏。到了下午 6 点，当我接替鲍比 · 伯恩斯在中控室的工作时，我对退出这样一个悲惨的纸牌游戏心怀感激。像往常一样，鲍比在潜艇上浮时报告说：“一切正常，没有情况。”然后下令，“看看 45 英尺（约 13.5 米）处，15 分钟后下潜至水下 80 英尺（约 24 米）处。”他又补充道，“7 点 15 分的时候，海面上足够暗了，我们就可以开始浮出水面了。”

一整天，从空气控制器里泄漏出来的空气渗入了潜艇内部，直到我值勤的时候才发现。中控室的压力计显示舱内的空气压达到了 7 英尺（约 2.1 米）。这使得午夜时分 S-37 号上浮到海面将会变得非常困难。我只能经过中控室的上舱盖走到上方。但是军需官已经把指挥塔里的夹头撬开了，这样对我来说就更方便了。

艇长在快要上浮的时候看了看潜望镜，他穿着油布衣服、戴着油布帽子，保护他不被从潜望镜上部轴承滴落的水滴到。透过严重雾化的光电管，在黑暗的海面上，他几乎看不到任何东西。人们在有雾的雨夜可以更容易地找到尾随的敌船，所以为了确保安全，艇长只能相信我可以快速地走到舰桥上。

当舱盖被打开的候，船舱里一片“哇哦”的欢呼声。然后我登上顶部，很快地看了一眼周围的环境，确定没有任何威胁。“上面一切正常。”我喊道。于是哨兵返回天线后面的地方，开启主舱口，这时舱内的气压得到了释放。

在潜艇下方，随着压力下的空气被释放，又冷又稠密的雾气在艇内形成。一时间，内部的能见度降低为零。然后，柴油发动机被打开，一会儿的工夫就将雾气吸光了，这使得那些在下舱工作的人都冻得瑟瑟发抖，不过这也让他们在接下来闷热的巡逻任务中得到了暂时的解脱。

夜幕降临，S-37 号开始了晚上的例行巡逻。一边航行，一边将柴油发动机产生的电力储存到蓄电池里。泰克斯来到舰桥上，提着一只锡桶和一大块肥皂，准备洗澡。显然我们是没有足够的淡水洗澡的，因为还要供给发电机使用。一名军官开玩笑说，我们应该开始把我们的唾液都储存起来，要不然在后期的巡逻中，我们就会因为没有足够的电力而无法让潜艇下潜。

泰克斯将绳子系在桶上，把桶扔进海里，舀起一桶海水，泼在自己的背上。然后他把第二桶水浇在他的前身，他松开他那丁字裤似的小短裤，以便能让海水清洗他这不能忍受肥皂的部位。肥皂用在了他身体的其他部位，避开了他身上由于出汗太多而起的水疱。不过还是有海水会弄疼水疱部位，泰克斯厌恶地嘟囔道：“真该死！”看到他那痛苦的样子，我决定以后还是不用海水洗澡了。

我结束观测任务，下到船舱并开始使用前舱的淋浴头。正常情况下，应该先将水倒入水箱里。然后在我空出盆之后将废物全都通过瓣状阀门倒入存水处。使用潜艇淋浴头的下一步就是空气箱内产生 15 磅的气压。然后用脚踩在瓣状阀门上，控制水量大小。结果并没有出现水。尽管水压计上面显示压力正是 15 磅。因为在瓣状阀门附近不断冒气泡很明显是排向海里的管道被堵住了。我应该再试一试吗？再增加点气压？答案是否定的。增加气压会导致排水管内的废物喷在人的脸上。所以我还是让专业的马德罗斯处理这个问题，他可是这方面的专家！

马德罗斯从他们第一次出现在亚洲站就一直在潜艇上服务。这个消瘦的菲律宾人知道怎么处理这些奇怪的小玩意儿。大家都知道他可以使用接近 50 磅的气压向海里排出杂物。尽管他意识到这比当初设计时所承受的压力要大，但是还是会这么做。

和通常一样，马德罗斯先用 15 磅的压力试了几次，然后将压力增加到 25 磅。他很聪明，知道增加额外的气压如何处理气泡穿过瓣状阀门，使得水流像喷泉一样涌出来。当我看到马德罗斯将压力增加到 45 磅时我忍不住离开了，我可是很担心出现危险。

7 月 3 日，一切正常，我在我的航海日志里写下：一个在这艘破潜艇上和其他日子一样普通的一天。

凌晨 1 点时，我们完成了蓄电池充电，月亮也渐渐升起，S-37 号下潜航行，在分隔不到 10 英里的约克公爵岛和爱尔兰岛之间，它以 4.5 节的速度静静行驶，我们还会频繁地观察海面情况，谨防被敌军发现。

两岸光点闪烁，就像日本人拿着装有闪光灯的枪来回在两岸巡逻。鲍比 · 伯恩斯，这位在甲板上的军官，他可以读懂被传送的秘密信件内容，但他不能告诉我们发件人说什么，实际上他根本不懂，那些信件里的消息都是日文写的，他怎么会明白。当鲍比在执勤时看到奇怪的事情发生时，他的想象力总是不着边际，纯属胡闹。

当艇长被叫到舰桥上时，他仔细地研究着两岸的灯光，发现那可能是当地村民的居住点，那里夜间的灯火管制并不十分严格。“小屋亮着灯，像是有人进出。”他琢磨着，有些紧张。然后就返回军官室，戴上了他的红光眼镜。

7 月 4 日，按理说应该放些烟花，但是实际上没有。因为 S-37 号正好在拉包尔北部，它需要在一个位置上拦截在这繁忙的港口进行贸易往来的货船，艇长似乎表现得比平时更勇敢一点。但要知道，S-37 号距离拉包尔仍旧太远了，而无法覆盖其他几条在日军控制下的海运航线。S 型潜艇的艇长总是太过谨慎，这是他们的弱点，导致他们在抵达澳大利亚后仅仅是击沉了 3 艘船。现在我们的艇长可是野心勃勃，只要 S-37 号进入最佳攻击位置，我们就会勇敢地击沉更多的船。

中午的时候，艇长下令说，为了庆祝国庆，所有的人都可以到餐厅里领到 1 杯博斯鸡尾酒。在爪哇买的 6 加仑博斯酒被泰克斯副艇长用来鼓舞士气，要知道他为大家几乎捐出了所有储藏的鸡尾酒。很快，大家便喝光了所有的鸡尾酒。

我质疑泰克斯把酒带到美国海军的舰艇上，并把它们提供给大家喝的行为。他明明知道有明文规定在海上是禁止饮酒的。但是，泰克斯却满脸疑惑地看着我，仿佛我是一个天真的孩子。然后他大声地对我说："就让禁酒令见鬼去吧！要知道这可是战场，而且今天还是国庆节，喝点酒又何妨呢？"

泰克斯对国庆节充满热情，似乎战争一点也没有影响到他的心情。但他也不想给我留下坏印象，于是又对我说道："这可是我第一次看见全体成员在潜艇上喝酒啊，多难得！"但从那以后，潜艇上再也没有像泰克斯这样把自己珍藏的好酒分享给大家用来庆祝节日的人了。

国庆节这天，唯一让我很兴奋的事是在潜艇下潜到水下一二英尺的时候，我们的视野里出现了一群鲨鱼，真让我眼前一亮。

那晚深夜，比尔将破译的消息带到舰桥上，告诉大家日军的运输船队将由 2 艘军舰护航，并且观测到至少有其他 13 艘军舰在所罗门群岛的东面的图拉吉岛周围。另一条消息则是日军已在瓜达尔卡纳尔岛登陆。

5 日，我们执行艇长的命令，全天在水下巡逻，并在潜望镜深度随时观测海面情况。艇长变得更勇敢。他提醒我们按照命令，10 日我们就要离开驻地了，所以我们最好尽快经历点什么。

9 点到零点时分，我在舰桥上执行晚上的值勤任务，因为我视力极佳，雷纳德艇长让我执行夜间的瞭望任务。在鲍比来接我的班之前，我发现在黑夜里有个斑点。它看起来像是 1 艘小船，在 500 码开外的地方正朝着 S-37 号开过来。就在我拿起双筒望远镜观察这艘小船时，它突然朝 S-37 号这边射出一道暗光。鲍比赶紧把潜艇下潜到水下 60 英尺（约 18 米）的地方，在 32 秒的时间里下潜了 45 英尺（约 13.5 米）。随后 S-37 号潜入水下，45 分钟之后又重新浮出水面，在之后的夜间巡逻中，那艘船没有再出现。

很显然，小船听见了 S-37 号发动机充电时发出的声响，于是试图过来查看情况。

6 日迎来了漫长的等待。S-37 号潜伏在 45 英尺的水下，每隔 5 分钟观测一次海面情况。

完成监测任务，我便和艇长下象棋，很快艇长就变成了我的手下败将，但他却为自己辩护说他根本无心下棋。

完成了白天的任务后，潜艇浮出水面，柴油发动机启动，新鲜的空气进来，顿时船舱里充满了凉爽的气息，艇员们无不欢呼，毕竟闷在海中的潜艇里实在是太难受了。

但是启动螺旋桨的柴油发动机可就不那么容易了。一番辛苦之后，终于将离合器启动，再尝试将离合器杠杆揭开，将里面用完的东西清理出来。我们只能期盼在巡航结束之前，不再有更进一步的行动，否则 S-37 号将不得不返回里斯本。

7 日这天，依旧无事。有人开始抱怨没仗可打。尽管距返航还有三天时间，但是大家的士气仍旧很高，心情也不错。5 点的时候，声呐兵搜索到高速行驶的船，这让人警觉和兴奋，当艇长升起潜望镜观测时，几乎已经可以看见那艘商船的桅杆了。

不久，报警系统响起警铃，扩音系统发出了“紧急集合，准备战斗”的命令。S-37 号的全体成员迅速出动，有序地站在集合点，列队等待。

潜艇在水下 80 英尺（约 24 米）处行驶了半小时，就因为全速前进而耗光了电量。但是直奔敌船的行驶并没能缩小相互间的距离。很明显，S-37 号和那艘船之间的距离拉远了许多。当那艘船从拉包尔的方向消失时，我们的计划也破产了。

艇长决定尽快使 S-37 号驶向拉包尔港，那样 S-37 号便能镇守住港口，没有船可以随便入港，一旦有船再试图接近拉包尔港，S-37 号必定给它致命一击。

我不觉得艇长是在勉强扮演一个严厉的长者形象。在这艘潜艇上，只有他能明显感觉到艇员们对于战争行动的压力。作为 1 艘潜艇的最高领导者，他了解，艇长应该让艇员喜爱而不是仰望。

8 日，在下潜之前，还有可能看见一些村民在拉包尔港口海岸上活动的迹象。开始海峡巡逻任务之后，S-37 号的巡逻路线慢慢靠近拉包尔港，从 35 英尺（约 10.7 米）的海底通过外露在距海面 12 英尺（约 3.6 米）的潜望镜观测，可以看见停泊在港口附近的几艘大船的顶部。

当空中轰炸在拉包尔港方向响起时，那一定是麦克阿瑟将军的轰炸机已经开始行动，可以确定，一些日军的船只肯定会在 S-37 号前方的海域里出现。

马上就要开始战斗了，但我周围的人并无丝毫的紧张感。没有人说话，也没有显露紧张的样子，大家只是在那里静静地等待着。我注意到自己对于将要发生的事情，并没有产生死亡甚至是受伤的想法。我只是理所当然地这么认为，这绝不可能发生在我身上。在海上的战争中，很多人和我一样觉得，待在潜艇里相对来说是安全的。

下午 1 点 35 分，泰克斯站在潜望镜前，大声地喊道："马上集合，开始战斗！"并拉响了警铃。当艇长走入中控室，泰克斯用极为肯定的语气说道："圣川丸来了，并且这次它被涂成了灰色。"他还告诉艇长，"水面像镜子一样平静，潜望镜划过，都留下了长长的一道波纹。"当艇长上调潜望镜时，泰克斯向他建议使用只有 6 英寸（约 15.24 厘米）的海上潜望镜。

艇长通过观测发现在距离我们 10000 码处有 1 艘大船。这是基于一种手动测距仪得出的结果，通过测量目标船的前桅杆得出数据。然后，艇长下调潜望镜。当潜望镜降下来之后，艇长说道："有 1 艘小的巡逻船，可能是护卫舰，就在大船的左侧。"后来证实确实有 1 艘护卫舰在旁边。

"他们的航线是 270 度。"泰克斯说道。看来圣川丸是返回港口，而不是离开港口。

S-37 号以正常进港航线行驶，但依旧保持 3 节的低速以保留电量。艇长命令道："下潜至 70 英尺（约 21 米）。"泰克斯心生疑问，为什么这么做？又没有发现任何敌方飞机，但艇长坚持这么做。

经过一番沉思过后艇长下令：“艇首准备好 3 个鱼雷管，设置鱼雷发射深度为 4 英尺（约 1.2 米）并在 3 个鱼雷中使用零陀螺角，纵向扩散发射。”这意味着在同样的路线上发射鱼雷，沿着潜艇航向的方向，向目标发射鱼雷。

我从潜水军官的角度来看 S-37 号调整的航向正合适，这样 S-37 号对飞机的反应会更为迅速，一旦有什么状况发生，就能迅速下潜至合适的深度。

我看了看控制室所有的纸牌玩家。有足够的时间去思考，这类攻击如何影响到了我，但我对其他军官的反应更感兴趣。比利 · 吉布森，测绘军官微笑着似乎在说：“这是真正的战斗。这正是我在等待的。”比利是唯一一个不是从海军学院毕业的军官，他似乎并不认为自己的潜艇工作只是一种消遣。他似乎把他的潜艇工作看作是熟悉业务。从容镇定又有孩子气的比利有着丰富的经验。鲍比 · 伯恩斯，一言不发，表情凝重地面向电池舱将艇长在潜望镜里看到的数据输入“班卓”计算机。这是 S 型潜艇上唯一的发射控制设备。这是一个椭圆金属板，上面刻有角度、轴承、范围，用来解决鱼雷发射时的计算问题。泰克斯，圆形白色塑料挂在他的脖子上，他站到靠近艇长的控制室中心，一点也不关心发射问题的进展。他考虑周密的态度令人心安。同时艇长表现出了他的紧张，在深呼吸的时候反复踮起脚尖好像在努力让自己清醒起来。

我在想我是否应该也感到害怕，但我好像没有恐惧的感觉。

回到 45 英尺（约 13.5 米），在距离第一次观测过去 10 分钟后，艇长快速看了看目标，判断目标距离我们在 5500 码的范围内，其距离港口的舰首瞄准角大约为 15 度。泰克斯对此表示怀疑，他觉得艇长认为目标船速约为 14 节并不正确，他猜测船速大约只有 10 节。再一次观测时，艇长还是未能寻找到飞机。不过照理来说，敌军肯定会派遣一架监视附近海域状况的水上飞机来为进港船只护航，它一定就在附近。艇长确认目标是圣川丸号，因为在它的主甲板上装载着许多大型圆柱形物体，它不堪重负不可能行驶得很快，但他在放下潜望镜时，也没能确定敌军护航舰的位置。

“护航舰在哪儿？护航舰在哪儿？”泰克斯不停地焦急询问着，艇长不堪其烦回答道：“我认为它现在正对着我们。”但从语气上看，艇长似乎也不敢确定，然后他将 S-37 号保持在潜望镜深度，并匆匆向着对我们有威胁的护航舰可能出现的方向看了一眼，没再多说什么。

艇长第三次观测时，发现在距离我们 3800 码处有 1 艘大船，航速很慢。但我觉得艇长测量用的手动测距仪的准确度越来越让人怀疑。距离目标 270 度方位上的那条航线应该是比较满意的航线。

在鱼雷攻击中，太多精力花在诸如用脑子计算控制开火的解决方式上，并且往往只能依据经验。我现在才明白为什么鲍比 · 伯恩斯会对校准“班卓”感到如此费心，因为这样的活儿做起来确实不易，但我不明白为什么鲍比和比利会把数据弄得如此糟糕，甚至都还想不到解决的办法。实际情况总是出乎意料，我们不能依赖像在海军学校的时候那样，老师把一切经过精确模拟的方法交给我们，就以为可以应对所有的情况，现实中总是更加复杂。

下午 1 点 59 分，艇长又升起了潜望镜观察，他突然兴奋得快要跳起来了：“护航舰如此接近，我甚至可以看到它两侧的铆钉！前面还有人在操纵 76 毫米炮正对着我的方向！”他的声音都比正常时高出了八度。泰克斯惊恐地问：“目标在哪儿？目标在哪儿？”艇长有些慌张和困惑地回答：“我不知道，我看不到它，护航舰挡住了我。它就在 50 码外。有很多人在船尾的深水炸弹架上。”

泰克斯说：“忘掉护航舰吧，艇长。请尽快告诉我大船的方位。”

于是，艇长让潜望镜继续留在水面。接着，等护航舰从我们艇尾通过后，艇长大叫：“标记方位！”泰克斯从潜望镜顶部开始阅读方位，并向艇长宣布：“我正在使用 10 节速度和 13 度导程角对准我们零陀螺角的目标。”泰克斯巧妙地应用了旧的经验法则，获得了一个可行的角度。

在没有得到同意的情况下，泰克斯从艇长手中夺过潜望镜的手柄，转至适当的范围。这时他告诉艇长：“当目标从我们头顶经过时开始发射鱼雷。”当目标的舰首旗杆到了对角的位置，泰克斯也指导控制射击键的人当射击命令发出时，以 8 秒的间隔射出鱼雷。

“范围是多少，艇长？范围是多少？”泰克斯越来越疯狂。

“我不能分辨出来，它几乎把我的潜望镜遮住了。”

“范围，艇长，我们需要一个范围。”泰克斯坚持。

“准备射击。”艇长颤抖着说，“这就是它……发射鱼雷，发射鱼雷。”伴随前面传来的命令，“开火，”艇长下令，“110 英尺（约 33 米），快速下潜。”调度员回答说：“每个侧面正在使用的电量有 2000 安培，先生。”这是最大电池电量！

我注意到，在所有的鱼雷被发射出去之后艇首突然变得很轻。鱼雷在发射过程中时，发射管会因为不能正常排气而充满了气体。因此，S-37 号往下冲暂时不可能。于是，我向艇长要求有人到前面，让艇首可以降下来。很明显，提升阀没有发挥正确射击的功能，没能阻止管道在向空中喷出后被淹没。

“每个人都往前走。”艇长喊道。众人像一群野马一样从后面的控制室冲向潜艇前部。他们为潜艇前部增加了相当可观的重量，来帮助 S-37 号的角度朝下。但随后 S-37 号迅速收口向下，并快速下沉，面临失控的危险。人们向前涌的浪潮马上停了下来，立即被勒令向后移动，艇长命令：“在头号的压载水舱上放气泡。”但迫于深水炸弹迫在眉睫的攻击，压载水舱上的排气孔已敞开。因此，一连串高压气体从一个大的、上升的出口冲出来。

当听到空气从开着的通气口喷泻出来，看到潜水指示板上亮起了红灯，我立马关闭空气通风口，这样就可以使压载舱内留存一些空气。这可以阻止 S-37 号继续下沉并帮助它回到原来的 110 英尺（约 33 米）深度。

同时，发射第一枚鱼雷 25 秒后，又传来了一声爆炸声，紧接着 S-37 号剧烈地晃动着。然后是 2 枚鱼雷一起爆炸。第一和第二枚鱼雷命中的时间表明到船舷的距离已经只有 600 码左右。船沉没的噪声在声音传输器上可以清楚地听到。

我想在战争过程中，可能有很多人被杀害。但战争本质如此，虽然每个受害者都是一个有血有肉的个体，但我们需要用一种超然和客观的方式去看待。

声呐兵不断报告日军护航舰螺旋桨的方向，与此同时，艇长不停地提醒：“护航舰在我们的右舷，迅速准备防御深水炸弹！”

我周围的人都能听到护航舰的螺旋桨从头顶经过的声音，并在它向 S-37 号投下一串深水炸弹之后纷纷看向头顶的深水测量仪。

我一宣布 S-37 号又回到了很好的状态，艇长马上下令：“右满舵，向北。”

直到那时，依然没有人提到我们该如何躲避护航舰的反击。事实上，这种情况下该如何处理，我们根本没有计划。但“右满舵”似乎是个招数，因为在S-37号附近爆炸的2枚深水炸弹只是在艇尾附近造成了轻微的破坏：一些灯泡被震碎，艇身的一阵抖动，并有报告说艇尾的大碗都打碎了。我们仍然有容易破碎的瓷碗。

比利·吉布森满面笑容。对他来说，这很有趣，还是将恐惧隐藏了起来？

大家静静地站着，表情呆滞地看着军官，希望可以脱离困境。其实，我感觉他们的眼睛望着的是我。他们想知道“当深水炸弹疯狂地投下来并要将潜艇粉碎时”，我会比这些“新手”勇敢多少。我不打算让他们看出我有一丝恐惧，甚至也不愿意让他们看到我那阵阵犯呕的胃和疲劳不堪的双腿。我靠在比尔的桌子上以支撑身体。我注意到艇长密切关注，并紧紧抓住通向舰桥的梯子。难道这可以承受下一枚深水炸弹的冲击，还是可以让他抖动的双腿稳定下来？泰克斯咬紧下颌，露出“这是个难题”的表情。

关于护航舰螺旋桨声音的报告持续不断。然后报告螺旋桨的转数已明显增加。显然护航舰要对着它看不见的敌人进行新一轮攻击。

我看了看艇长的反应，我确信他的脸上露出一丝笑意，甚至他的眼睛也开始闪闪发光了。我想到，敌人即将重新攻击使艇长想到那句：“作为无赖是迫不得已。”这是他最喜欢的诗里的句子，“鲨鱼齿浅滩的隐士”，那是一个有关阿拉斯加州罗伯特塞维斯的故事。艇长静静地笑着，好像在默诵：“哦，北国，一个崎岖的国度，孕育着一场血腥……”

如果只想着漂亮和冰冷的东西，北极也是令人愉快的。我的手很湿冷，但我似乎比在控制室里被令人窒息的湿热熏蒸时出的汗更多。周围的人们浑身也都闪耀着晶莹的汗水。

这是一个多么奇怪的斗争方式。没有表现出来的愤怒，没有军官吼叫命令。事实上，外人也会好奇谁是军官谁是士兵。没有勋章，没有军衔，没有高高在上的姿态。我们“都在同一条船上”。这时只有对彼此油然而生的敬重之情。即使是发动机机械师，这个在修理烧坏的柴油轴承时启动艇尾发动机并拒绝我的要求的人，也表现得像直布罗陀海峡的岩石一样倔强。

当听到护航舰又将 2 枚深水炸弹投入水中，并在距离 S-37 号艇尾很远的地方爆炸的声音时，大家也稍稍松了一口气。艇长显然已经猜到了，露出释然的微笑，日本军舰袭击的是刚被 S-37 号释放的气体所在的位置。这似乎是合理的，因为没有进一步的攻击。护航舰显然认为已经击沉了潜艇。尽管如此，它还是持续徘徊了好几个小时。

傍晚时所有螺旋桨的噪声已经销声匿迹。看起来一切都结束了，所以我有机会重新审视自己对战争的反应。我意识到我从来没觉得恶心，无法分辨任何真正感到恐惧的时刻，我想是我一直太忙而没有时间去担心。我问几个身边人的反应，他们大致和我一样。但我觉得有些没有事情做的人可能会紧张一些。无论如何，没有任何像眼前发黑、尖叫、呕吐或呆若木鸡等情况的报告。如果任何人表现出失控的恐惧，他们的岗位将被别人代替并被及时调出潜艇。潜艇成员的职责是通过筛选杜绝这类事情的发生。

下午 6 点 30 分，艇长下令让潜艇返回到潜望镜深度。但是当潜艇来到浅水海域时，在艇尾也可以清楚地听到敌人的雷达搜索声。所以潜艇又返回水下 90 英尺（约 27 米）。7 点 15 分，重新返回潜望镜深度。艇长用潜望镜快速环顾了下四周的海域，宣布“一切正常”，然后命令“准备浮出水面”。

S-37 号浮出了水面，舱门打开，但速度太快了。我从舱口被甩出去，靠抓着绳索，才没有落水。由于舱内外还有气压差，被释放的向上的空气将我如一个乒乓球一样弹了出去。在潜艇的气流消失外部气流下沉之前我站在舰桥上在向外涌的气流中努力保持平衡。我脖子上的双筒望远镜不见了，它们被风撕裂了带子后落入水中。

我朝远处快速地一瞥，什么也没有发现。“启动发动机！”发动机启动，开始给电池充电，潜艇也开始驶入了安全区域。

呼吸越来越顺畅。现在船舱里的空气凉爽宜人，让每个人都很兴奋。大家都有种畅快的感觉。

当我走到下面，向很多人围坐在乱七八糟的桌子周围的电池舱望去，我被喋喋不休的喧嚣惊呆了。每个人都在谈论，吵闹的声音像一大群蝙蝠在房间里盘旋。军官室里，比利、鲍比和泰克斯都在旁若无人地谈论。艇长接替我的观测任务，让我“稍微休息一下”。当我离开他时，他一脸忧郁，陷入沉思。后来他告诉我他很担心，他向艇员们暴露出了极度的紧张感。这是不好的。他还认为也许他不适合当一个出色的潜艇指挥官，但我不这样认为。

我觉得战斗进行得很好。尽管是在火控信息很不完备的情况下，艇长仍然把 S-37 号调整在一个近乎理想的射击位置，这做得已经很不错了。此外，他明智地听从了泰克斯的意见。艇长是在极大的压力下行动，而泰克斯并非如此。这使泰克斯容易成为一个好助手。

还没有好消息传来。艇长击沉了 1 艘日军重要的运输船，战斗一直在他的掌控下有序地进行。结局是必然的！

需要强调的是，MK-10 鱼雷与它们的引信运作得令人满意。

当我回到舰桥上安慰正在进行观测的艇长时，他说他已决定去新爱尔兰北端附近寻找新的目标，然后从东部返航。他认为鉴于 S-37 号刚才的成功袭击而引起的日军反潜行动，再回到圣乔治海峡太冒险了。为此我们不得不增加两天的巡逻时间，但艇长认为这是能够安全回家的唯一办法。

9 日晚上，海面一片澄澈，甚至可以看到星星在海面上的倒影。最后三个晚上，艇长都睡在上舱盖下的海图桌上。他蜷缩着身体，膝盖差不多到了胸的位置，这样他才能在这张三只脚的木质桌子上平衡躺下。现在，他正迷迷糊糊地睡着，嘴里时不时冒出几句让人费解的梦话。虽然如此，他看起来还是很享受这样难得的睡眠时间。除此之外，他又开始组织船上的人玩象棋并且依旧为赢棋而感到满足。他解释说，他睡在指挥塔上方的原因是，对敌情保持警惕，一旦暗夜中敌人有所行动，他就能第一时间感知并且行动起来了。同时，为了舒缓紧张的情绪，保持充足的睡眠也是十分必要的。

7 月 10 日，S-37 号开往布里斯班，一整天都潜行在海面之下，之后偏离原来的航线驶向一条日军曾经使用过的航线。

那天夜里稍晚的时候，我在舰桥上值勤，艇长蜷缩在下方狭小的图板桌上休息。我可以听见他时不时在睡梦中呓语——一些含糊不清的胡言乱语。但是突然他好像完全醒了一样，发出一连串清晰而坚定的命令道：“120 毫米炮上阵，敌舰正在快速驶来！”“舰桥清场！”“快速下潜！”

我试图打探道："你醒了吗，艇长？"

但是他只是继续吼道："该死的，快速下潜，我们被包围了！"从他说的"我们被包围了"这句话我可以确定他那时正在做一个不着边际的梦，因为环顾四周，我看不到1艘船，当然也和敌舰保持了相当安全的距离，根本不可能被包围。

在控制室下方的人也听见了艇长的咆哮，都以为真的发生了什么事情，大家匆匆赶回自己的岗位，准备接受命令行动起来。我马上向大家解释说别紧张，艇长在做噩梦，这只是他的梦话。

7月11日，艇长传达命令说："大家必须在抵达布里斯班之前把胡子刮干净了。"大家都不情愿地接受了这一命令，因为对男人来说，胡子是成熟和霸气的象征，没了胡子，就不像那么回事了。

据我计算，S-37号还要行驶1100英里，如果平均每天以175英里的速度前进，也要行驶至少6天。我们也终于找到了图表上的航线，行驶在正确的航道上。有趣的是，我试图在潜艇上找一本《圣经》，因为我感觉漫长的航行中，我需要一些宗教的力量帮助自己冥想沉静下来，可是怎么找也找不到。格雷迪告诉我，S-37号上从来没有这类书。虽然我只能就此作罢，但我越来越感觉到我的身边有一个保护神在守护着我。

7月13日，泰克斯接我的班值勤，他说他就像是这艘潜艇上的医生一样，他帮忙处理了一个艇员手指的深度割伤伤口，泰克斯虽然没有什么医疗经验，但是他富有同情心，他告诉我，当他在给那位艇员缝针的时候，听着他因为疼痛而发出的撕心裂肺的叫声，心里实在很难受。"我觉得我下手没那么重的，可是他显得那么痛，我实在于心不忍。"泰克斯沮丧地说。我问他有没有想到给伤者打一针白兰地以缓解疼痛，他说没有，虽然这么做可能有效。泰克斯表示他并不喜欢临时医生这个活儿，建议我可以尝试一下这个工作。随后，他把医书、外科手术器械、急救包以及剩余的一夸脱白兰地都交给了我。

14日对操纵潜艇的升降舵手是个考验。这天海浪翻滚得厉害，迫使S-37号下潜到70英尺（约21米）处躲避风浪，艇体剧烈摇晃，这大概是因为南半球已渐渐进入冬季，海浪更加凶猛，这使得操纵潜艇保持既定航线变得困难重重。潜望镜照例每 20 分钟观测一次，但是现在每次需要上升观测时，潜艇的吃水差就会增加，以 6 节速度保持在 45 英尺（约 13.5 米）深处。就在潜艇冲破水面上升的一刻，速度会降至 2 节来减轻潜艇在海面上滑行时产生的冲击力。快速观测完海面状况之后，潜艇又迅速下潜，吃水差还没上升恢复到指定值时，就已经下沉到 100 英尺（约 30 米）处了。

天黑之后，传来命令让把艇上的垃圾全都倾倒出去。负责处理此事的艇员们拖着又重又大的垃圾袋，顺着梯子爬上舰桥，当他们将垃圾扔下去的时候遇到了麻烦。他们本想将垃圾顺着风扔入海中，这样难闻的臭味就不会迎面扑来，但是没想到巨浪涌上潜艇，猛力拍打艇首。舰桥上的舵手恰巧想把上舱口关上，以免更多的海水通过管道进入潜艇内部，可那时艇员蒙特多正爬过上舱口，他的身体堵在了上舱口，于是水像瀑布一样涌入了控制室。蒙特多手里提着的垃圾桶也滑落了，砸中了梯子下面的人，其中 2 个艇员和垃圾一起滚入了控制室。2 英尺（约 0.6 米）深的水和黏滑的脏物覆盖了控制室的地板。

在舰桥上的艇长在巨浪的拍打下也差点儿被冲下海去，他立即反应过来，命令全体艇员在自己待着的地方用绳子绑住腰，等海浪过去了再松开。

当我在甲板上观望时发现海浪越来越凶猛。眼看着拍向舰桥的巨浪好像要把它摧毁一样，我试图用脚将舱盖上的门闩插住或是重重地将其关上。这样舰桥底部的两个大排水孔就可以快速将滞留的水排干，样舰桥上的艇员就不会一直被浸在水里了。

但是一个又一个扑向 S-37 号的浪使海水充满了舰桥并开始泛滥，水甚至到了我的肩膀。环顾四周，我只能看见一个瞭望哨在我附近，其他人似乎都不见了。这真是个危急时刻，我开始有点慌了，但是我尝试着用脚探索脚底的路移动，我发现一个艇员被困在了排水孔，我使劲把他拉了出来，他终于缓过来了，开始大口呼吸。后来我又发现另一个同样被困住的艇员，又把他救了出来。这两个艇员大声抱怨自己被浸入水中真是太倒霉了，其实我觉得这一切是他们自己的原因，因为他们把绑住自己的绳子缩得太短了，所以大浪过来的时候很容易就被带跑了，以至于被困在排水口差点儿被淹死。

在接下来的夜里，艇长又蜷缩在图表桌上睡觉，他被不期而来拍向上舱口的巨浪摇晃着滚下桌去。一个艇员在此时顺着梯子爬进房里，把艇长救了出来，不然他就很可能被冲向控制室，那就是真的悲剧了。从此艇长再也不敢在控制室休息，我们也不再听到他噩梦中发出的奇怪咆哮声了。

17日星期五的时候，厨师们抱怨说S-37号上食物短缺。储存的食物里还有很多火腿，但是只有很少的汤罐头和豆子、面粉。至于鸡蛋、奶粉、谷物和培根已经全部消耗完了。

鲍比·伯恩斯要求动用应急口粮，他向艇长报告这一要求后，得到了艇长的允许，动用这些应急口粮以改善艇员们的生活。

艇长感到在接下来几天的巡航任务中，S-37号要么艇员被困面临沉没的命运，要么还有机会走入一个好的境地，只是世事难料，所以食物不应该太省。通常应急口粮储备里有猪肉罐头、水果罐头和其他一些食物，但是当鲍比打开艇首鱼雷舱后方的储物间时，只发现一些产于爪哇岛的具有奇怪味道的人造奶油和许多小红莓果酱。因此，在后面几天的早餐中，鲍比只为艇员们供应火腿、饼干外加小红莓果酱，午餐和晚餐也总是如此。但是还好只剩三天了，不然天知道我们会不会就此饿死。

到了星期六，海面平静了许多，空气也比以前清凉了些，晚上在甲板下方睡觉也更加舒服了。然而电控部门却把事情越弄越糟，面对越来越多电控部门的失误，艇长几次警告无果后，向他们讽刺道："总是把一切残局都留给我，这帮没用的电工是想走人吗？！"泰克斯觉得艇长这番话也是他对艇上那些不检点的士兵的态度，因为他也才刚刚处理了两个得了性病的艇员，这种麻烦事他是再也不想理了。

在例行观测任务的空闲时，我得空歇了一会儿。我决定稍稍记下在巡航中得到的一些经验教训。执行过数次在舰桥上的观测任务后，首先，我想很明显的是，要使老旧的S-37号运行起来并执行战时巡航任务是敏感而冒险的决定。美军拥有大量的潜艇，尽管它们的型号、服役年限和赴任的海域都不尽相同，但都应该联合起来，一起冲破日军的反潜防线，形成威慑力，阻止他们出台更进一步的侵略计划。另外，日军的战争决策者很有可能高估了他们面临的潜艇威胁，这样其实是会让他们感觉局势更加复杂。

我写道："即使 S 型潜艇非常破旧，但艇上的士兵却绝非一般，他们往往在危急时刻表现英勇，几次考验之后，可以看出他们都具有稳定的心理素质、较高的智商，他们在修理东西的时候尽职尽责，在战斗中能够保持冷静。比起潜艇上的装备，对于战争的胜利起关键作用的其实是潜艇上的这些优秀艇员。"

遗憾的是，S-37 号本来可以在海面上持续航行 30 天，但在这次它只执行了 8 天的巡航任务，它其实还可以延长续航时间，争取更多的待命时间。如果在 S-37 号巡航海域附近的潜艇补给船能再补给一些东西，它还可以再坚持 30 天，这样它的待命时间也会足足延长 4 倍。一战时，德国人就这么做过，他们使用摇钱树号潜艇补给船给很多潜艇进行补给，以增加潜艇的续航时间，这样一来，战场上德国潜艇击沉敌舰的战绩便直线上升。但是，如果 S-37 号也想在海上航行 60 天的话，那就必须得装空调了，不然没人能在那样的环境中忍受那么长时间。

我觉得即使是像 S-37 号那样老旧的潜艇也能在敌军重重设防的海域高效执行任务，而且还能创造惊喜，攻击几艘日军号称船坚炮利的新锐舰艇。

在攻击时，艇长的压力往往很大，特别是他需要在潜艇上升时，一边用潜望镜观测海面情况，还得一边思考作战方案，因为压力过大常常引起思绪混乱。我常常想，如果由参谋军官来接替潜望镜观测任务，是不是会好些呢？因为这样的话，艇长就能减轻些压力，他可以有更多的时间去清晰地思考然后做出更好的决策。

美国的战争规划者显然没有预料到日本在二战中会如此迅速地扩展他们的侵略计划。在 S-37 号的巡航过程中，常常缺少航行图表来导航，可见在战争之前，美国海军并未想到我们将可能在赤道以南海域巡航。

20 日星期天，是抵达新农场码头的最后一天，看得出艇长异常兴奋，眼睛里闪烁着充满期待的光芒，脸上也笑开了花。他命令我写一个标语：被消灭的手下败将——圣川丸号，我还设计了一个类似海盗船的旗帜，舵手用他的缝纫机帮我缝好了这面旗挂在了潜艇上显眼的地方。接着，我们在艇上开展各种庆祝活动，大家的喜悦都溢于言表。

21 日黎明时分，我们终于到达了港口。我睡得正香的时候，表示有炸弹袭来的警钟突然响起，把我惊醒。在我到达控制室之前，所有的舱壁门都被重重地关上，我被困在电池室里，只能等待并且希望没有突然袭来的炸弹会击中潜艇，就像1939年在角鲨号上发生的一切那样。S-37号猛烈地晃动着，直到“爆炸解除”的信号传来，门被打开，比利走到艇尾向大家解释到底发生了什么。

原来S-37号突然出现在大叶榕岛的清扫航道里，之前并没有和岸上负责值守入港口的站点交换识别信号。当S-37号驶入检测区时，对方不能识别，于是海峡前方的可控水雷被自动激活，打算将S-37号这个不能识别的入侵者摧毁。在岸上的值守站点，在收到控制区发来的入侵信号后变得警觉起来，拿大灯照射S-37号。但随后，交换信号使他们明白了S-37号的身份，可控水雷被收回，S-37号才被允许进入。“你们这次算是走运了，再有5秒钟我们的可控水雷就爆炸了。”岸上的值守人员说道。

S-37号上飞扬着有着骷髅头和十字交叉骨标志的旗帜，当然是由我设计的。另外一个被击沉的日本战舰的旗帜也被印在指挥塔上，炫耀着S-37号的战绩。当然，所有站在上方的士兵都刮干净了胡子，仪容整洁地享受着胜利的荣耀。

抛锚之后，4个穿着油布防水服的艇员从发动机舱走出来，拖着一个蔬菜箱，上面覆盖着一面日本军舰旗，印着标语：已故的手下败将——圣川丸号。然后靠在格里芬号甲板栏杆上的人欢呼着起哄，看着他们把箱子扔入港口。显然这象征着对手下败将的惩罚，但箱子上还是系着绳子以便能立即收回来，因为在港口扔东西是有严格规定的，虽然艇长想展示胜利的喜悦而疯狂一把，但也不能全然忽视纪律而陷于无政府状态。

后来很多人过来串门，很多人聊起关于S-37号巡航时遭遇的困难。艇员的信件被送来，我快速地浏览了一下妻子寄给我的一堆信件，我选了第一封和最后一封快速地跳着看了下，确信家里一切都好。之后，我把信件都锁进我的储物柜里，决定等事情忙完后再好好看。

雷纳德艇长告诉大家他想卸任S-37号艇长的职务，S-44号的副艇长汤姆·巴斯基特中尉会接替他来指挥S-37号。巴斯基特中尉是毕业于海军军官学校的高才生，上学那会儿在他们班排名14位，而且他只比我大两岁。

下午的时候，鲍比回到潜艇上来拿他的刮胡子工具，据他所说，这样他就可以在布里斯班过夜并且好好放松一下了。

但是，在成千上万的蟑螂的陪伴下，比利、泰克斯和我都不想在这艘破潜艇上多待一天。“成千上万”这个词似乎有点夸张，但是艇上这些讨厌的小东西实在太多了，我们只好积极行动起来，尽力清除它们。

泰克斯决定去到供应船上弄一罐杀虫剂来彻底消灭这些小恶魔。比利和我待在S-37号上负责观察这些小东西，也等着泰克斯回来。午饭之后，泰克斯回来了，但是他说供应船上没有杀虫剂了，于是他去到布里斯班的一家五金店里“征用”了一罐“福利特”杀虫剂。他向我们描述了这个有趣的过程：店主向他推荐了“福利特”，说这种杀虫剂能杀死所有的昆虫（但是蟑螂是昆虫吗？我怎么觉得这些邪恶的家伙更像是动物呢？），泰克斯决定拿走杀虫剂，但他不想自己付钱，于是他将一张手写的便条塞给店主说：“美国海军潜艇S-37号急需一罐杀虫剂来控制潜艇上的蟑螂。我接受官方授权来此收取一罐‘福利特’。署名：R. B. 雷纳德中尉，美国海军。”

这听起来是一个很愚蠢的小伎俩。但是没想到店主居然相信了泰克斯，慷慨地捐献了“福利特”给美国海军，并且还用自己的车将东西送到了S-37号的主甲板上。泰克斯说：“我不觉得有什么错，对他来说，能够为美国海军奉献自己的一点力量像是无上的荣耀呢。”他还顺带拿了两支喷雾枪。我和比利立即行动起来，先将电池室人员清退，然后我们换上油布衣、橡胶手套、防毒面具，手拿喷雾枪进入房间，我们搜索房间里蟑螂可能隐藏的地方，比如装着吃剩食物的垃圾箱、用于隔绝外部空气进入的软木塞处等，我们朝这些可能的地方喷洒大量“福利特”，马上就见效了，大量蟑螂从它们的藏身之处逃出来，最后还是在劫难逃倒地而亡。

灭蟑任务完成后，我和比利撤回了军官室。泰克斯开玩笑说要告我们故意伤害罪，他似乎对今后没有蟑螂的日子有些沮丧，那些小东西虽然讨厌，但往往能让人在S-37号上沉闷的服役生活中稍稍分心，抱怨抱怨也是舒解压力的一种方法。泰克斯突然想到我们应当估算下被杀死的蟑螂的数量，他找到一个小小的火柴盒，仔细地量了量，以期算出它的体积。然后他让我和比利再到后方，戴上我们的防毒面具，比利负责收集蟑螂尸体将盒子装满，我负责测量尺寸，通过面积和体积比，大概就能得知被杀死的蟑螂的数量了。这个收集数据的过程虽然无聊，但却是我们在潜艇上消磨时光的一个方法。数字概念总是有趣的，即使是在这些无趣的话题上，比如潜水员生女儿的数量多于男孩吗？多少比例的艇员会喝茶？运动员是最好的潜艇队长吗？鱼雷手平均的衣领尺寸是多少？

当我们回到军官室时，泰克斯将这些小恶魔倒了出来，仔细清算了下数量，然后他结合我收集的数据，估算出被杀死的蟑螂总数大概有 40 万只。

有消息传来说，要求部分艇员返回总部接受新的组织任命。虽然这意味着更好的工作环境，因为新的潜艇上一定配备空调设备，但是在 15 名获准返回总部的艇员里，只有 2 人表示他们是真的想离开 S-37 号，可见，大多数艇员还是对 S-37 号怀有深深的感情，这点真让人感到欣慰。

一段时间过后，S-37 号在拉包尔击沉的船只被情报机构确认。原来那艘灰色外表的日本船是天山丸号而不是圣川丸号。击沉 1 艘海军部队运输船的功劳和摧毁他们在瓜达尔卡纳尔岛的阵地是相同的。而且，泰克斯和艇长对于被鱼雷击中的敌船的误判也并不令人惊奇，因为那 2 艘船都是由商船改装的。

第二章　一场骗局

8月17日星期一，S-37号开始了它的第六次战斗巡逻。对如此老旧的潜艇来说，修理工作永远没有停止的时候，但这也没有耽误出发的时间。在7点55分时，它就离开了新农场码头，比原计划的时间提前了5分钟。而我依旧留在S-37号上，因为我确定SD雷达在一个月之后才会运过来。

在河流两岸，正在工作的澳大利亚人看见我们后都停下来热情地欢呼，为我们加油助威，或是急匆匆地跑到河边向我们挥手。在护航舰上，靠在主甲板栏杆上的士兵也都兴致高涨地向我们的艇长喊道："干掉他们，艇长！""击沉这些王八蛋！""不要空手而归！"最后一声大喊真是给我们提了个醒，因为很多潜艇在返航时都没能把一星半点的日本军旗插在指挥塔上。

新艇长巴斯基特朝那些士兵点头致意，向四面八方的群众展示他的笑容。这样的场景让我觉得有点好笑，我猜想他此时幽默的行为一定是为了保持S-37号的形象不负众望。显然，他对自己首次被任命为潜艇指挥官的工作还不太适应。

因为在所罗门群岛东部末端的瓜岛周围的局势很动荡，我们巡逻的区域很有可能被安排在这一区域。在接下来的10天里，萨沃岛周围的战斗也表明这里需要1艘潜艇来缓解局势，使战况明朗化。

泰克斯正操作S-37号进入河里，所以我抓住机会走向舰桥上的艇长，小声地问他："我们这是正在驶向瓜岛吗，艇长？"一听到我这么问，艇长的笑容马上消失了，他的下巴变得紧绷，嘴唇微张，嘟哝着说："是的，这正是我们要驶向的地方。"然后我又看到了他愉快的笑容，开始又一次地向进入他视野的人微笑并挥手致意。

艇长注意到了我诧异地扫视他那愉快的脸庞，他应该也知道我在想什么。因此他凑到我耳边悄悄地说："我们完成下潜测验驶向我们的巡逻区域后，我将对艇员们宣布一个好消息。"

当泰克斯看到 1 艘船驶向巡逻区域时，每个人看起来都很高兴。8 月 8 日美国舰队已经在瓜岛登陆，也已经从 7 月入侵瓜岛的日本军队手里夺回对岛上亨德森机场的控制权。令人难以置信的是，在装备有雷达的美国巡洋舰获取敌军来袭的信息之前，日本巡洋舰在一个黑暗的晚上向美国巡洋舰开火了。一些美国巡洋舰在日本 8 英寸（约 203 毫米）炮弹接连不断的射击下被彻底摧毁了。这些美国巡洋舰在开火还击前就已经沉入海里了。这是继珍珠港事件后，美国海军遭到的最惨重的失败。昆西号、阿斯托利亚号和文森斯号全部沉入海底，芝加哥号也严重受损。除此之外，澳大利亚海军堪培拉号巡洋舰也被击沉。美国军队有雷达而日本军舰并没有，怎么会发生这样的事呢？日本人最近在他们的军舰上安装雷达了吗？但从所有获得的信息来看，日本舰队并没有遭受任何损失。但这次灾难过后，收到了振奋人心的消息，在 8 月 10 日晚上，就在巴斯基特艇长刚刚从 S-44 号调到 S-37 号后，S-44 号就拦截了 4 艘返航的日本巡洋舰，并将加古号巡洋舰击沉了。巴斯基特艇长对加古号的沉没感到很高兴，他举办了一个派对。在布里斯班他新交的朋友大部分是女性，她们手里端着一大杯鸸鹋比特斯啤酒来向 S-44 号的艇长表示祝贺。当啤酒喝完后，他怀有歉意地向他的客人们供应了非常好的法国香槟，用这些香槟代替啤酒。那些限量供应的澳大利亚啤酒很快被艇上的水手喝完了，这些水手只想要啤酒，而不是烈酒或者葡萄酒。而实际上他提供的香槟都是高档名牌，但是我注意到了那些澳大利亚女孩都只是怀疑地抿了一小口，一些人在尝过后，就不愿意多喝了。

巴斯基特艇长与乔治五世国王长得很像，女孩们都对他略带敬畏。他瘦而略带贵族气质的脸以及自信而礼貌的举止，吸引着水兵们和市民们和他热情地交流。我听说他非常喜爱古典诗歌，他最喜欢的古典诗歌之一是密尔顿的《利西达斯》，他能逐字逐句地背诵这首诗。因此在祝酒结束之后，我恳求他为女孩们朗诵几行这首诗，这些女孩中的大多数是悉尼或伦敦的大学毕业生。艇长犹豫了一下，有些害羞地向听众们寻找鼓励。听到了听众们的欢呼声，才开始朗诵道："然而，再一次，哦……月桂树，再一次变成香桃木般的棕黄，像常春藤般从不枯萎。我来摘你那天然的、粗糙的果实。"当他朗诵到这里时，我打断了他，我对他说："请带着动作朗诵，艇长。这样会更有效果的。"他感激地冲我笑了笑。因为这样声情并茂的朗诵，提升了朗诵效果。所以他又重新开始了朗诵，重复着那句"我来摘你那天然的、粗糙的果实"，他用他那伸展的手臂来诠释这句话，好像他在摘那香桃木黑色的果实。然后他继续朗诵道："用粗鲁而有力的手在果实成熟之前晃动着你的枝叶。"他带着手势，好像他正在香桃木还没结出果实之前便摧毁它的叶子。这给女孩们带来了一种融洽而快乐的氛围。朗诵到这里时，艇长表示不能再把《利西达斯》这首诗继续朗诵下去了。我建议他至少要把反映艇员们命运的那几行朗诵完，但是他说道："我会在其他时间朗诵这几行的。"然后就邀请客人们继续喝香槟了。

现在，当 S-37 号沿着布里斯班河航行时，我突然想到巴斯基特艇长在其他场合表现出来的社交能力。英国巡洋舰阿贾克斯号的出现打断了我的思绪。阿贾克斯号正在驶向新农场码头河上游的港口。阿贾克斯号有着像河床俱乐部一样的名气，它和阿基里斯号在 1939 年勇敢地攻击了德国海军斯佩伯爵号战列巡洋舰。它们迫使斯佩伯爵号逃到很远的南大西洋。阿贾克斯号正在穿过莫顿海湾，巴斯基特艇长预感到 S-37 号会很贴近地驶过阿贾克斯号，在 S-37 号的出口和布里斯班河的尽头处，艇长命令舵手："抓紧时间赶制一面和长矛一样长度的国旗。"

很难想象我们这艘生锈的旧下水管道给另一艘战舰带来了优越感。我思索着美国国旗是不是在潜艇的某处隐藏着呢？然而舵手在下面急匆匆地工作着，他在很短时间里拿来了一面美国国旗，把这面国旗系在了露在水平面外的 1 号潜望镜上面，在他系好后我们纷纷敬礼。艇长悄悄地对舵长说："让所有艇员敬礼。”舵长大声地说“敬礼”，令人惊奇的是，艇员们在听到“敬礼”命令后，很聪明地敬了礼，有的摘下了帽子，有的没摘帽子。这是一个很壮观的景象：破旧的S-37号经过干净清新的英雄式的英国战舰，它的艇员们穿着脏兮兮的工装裤，而英国军舰上的水兵们则穿着崭新的白色制服在围栏旁边站着。当敬礼结束后，S-37号上的水兵们静静地站着评价着英国水兵们，而英国水兵们已经为S-37号上的水兵们欢呼了，觉得S-37号上的潜艇兵才是战争中真正的英雄。这种感觉就好像一个流浪汉走在人行道上观看身旁经过的耀眼的豪华轿车，而轿车里的主人则愉快地向人行道上穿着破烂的人招手。

S-37号驶入莫顿海湾后，艇长命令让潜艇潜入水中，以此来测验格里芬号维修人员是否成功地完成了修理任务。随着S-37号缓慢地潜入水中45英尺（约13.5米），艇长被监控室里的人紧密地监视着。这是第一次测验，新艇长关心的是动不动就坏的S-37号，而不是他的艇员是否做好准备去袭击所罗门群岛的日本人。监视者们紧紧盯着艇长是否有紧张的征兆——紧绷的下巴、打战的声音、发抖的双腿。但令人欣喜的是巴斯基特艇长略带自信的微笑，要求所有部门对出现的问题做出报告。很显然，他已经觉得艇员做好了打仗的准备，当我报告说，已经很顺利地潜到了45英尺（约13.7米）深时，他向我说了一声他不常说的“做得好”。比起一般人，巴斯基特艇长更加期望S-37号上一切都好。当报告说只有很微小的修补漏洞时，艇长表现得很兴奋。但接下来看到的事情却让人为难了，下水道的抽水机出现差错，还好这些问题会很快被处理好。因此艇长很确定地命令道：“潜入水下150英尺（约45.7米）”。对雷纳德来说这可能是危急时刻。但是对巴斯基特艇长，这不是让人感到痛苦的事。此刻我会想到我们为何称呼前任艇长为多姆，而不是称他为“雷纳德少校”或“艇长”，我会想到我们是如何对他充满了敬意，尽管是他自愿上交了辞呈。

下潜几分钟后，并没有关于严重漏水或者是灾难性的报告，艇长把S-37号重新带回到水下45英尺（约13.7米）深的地方，很快地视察了四周后浮出水面。通信员被要求向格里芬号发送“确信没问题”的信号。这就意味着S-37号已经完成了出航的准备，它正在驶出海湾，进入巡逻区域。

当S-37号经过卡拉德拉向北驶入波涛汹涌的海面时，艇长用扬声器向全体艇员喊道：“我是艇长，我们正在萨沃岛北方罗勒区域，靠近瓜岛，我们有一项非常艰巨的工作要做。日本人将会试图把我们的舰队驱逐出这个岛屿。S-37号将会被派遣去警戒日本战舰，防止它们威胁我们在瓜岛区域的军队。在我们做这项警戒性工作的同时，我们也会尝试击沉一些敌国舰船。”艇长的声音很镇静也很坚决。实际上，S-37 号的任务毫无疑问是极其危险的。

能否保护美国在瓜岛海域的舰队的立足点，对破坏日本海外防御系统的策略是否成功至关重要。日本的海外防御系统是用来保护他们在中国、印度的占领区，这个防御区范围从新几内亚岛开始，沿着所罗门群岛，向上经过伊尔贝和马布尔岛。因此，如果美国想要赢得在太平洋上的胜利，经由菲律宾打败日本帝国主义的话，即使是像 S-37 号这样的破旧潜艇也同样扮演着重要的角色。这对 S-37 号和新任艇长来说任务艰巨。这可能远远超过了艇长用一个生锈的旧下水管道征战的难度。但是我感觉得到 S-37 号的军官和艇员们一定会接受这项任务。因为没有任何迹象表明艇员们会担心这次即将到来的战时巡逻任务。对和我交谈过的水兵们来说似乎是很正常的事。他们面对死亡看起来都是那么坚决果断，如果死亡真的发生了，那也是任务的一部分，但没有人细想过这种可能性。

当军官芒克 · 亨德里克斯递给我一封写给他母亲的信时说：“在我没有从下次任务中活着出来时，请把这封信交给我母亲。”我既感到惊讶又感到悲伤，因为有对死亡的不祥预感，他担心会阵亡而来不及见母亲最后一面，才向他母亲写了最后一封信。

我正想着这件事，巴斯基特艇长向 S-37 号艇员宣布好消息，他笑着说：“现在我宣布一条非常好的消息，这次巡逻之后，我们会在布里斯班岛有一次简短的休整，然后 S-37 号会驶向圣地亚哥去彻底检修。”等艇上的欢呼声消退之后，他继续说道，“每个人都有假期，这样一来你们就可以回家享受几个星期的假期了。”

我异常激动，因为大约再过一个月的时间，我就能去看我刚出生不久的儿子并和我妻子待在一起了，多么好的假期呀！战争不到一年我又回到家了，并且我已经是一位父亲了！

我在舰桥上的第一次眺望是从晚上 9 点到午夜时分，这看起来像无穷无尽的煎熬。在岸上，要从离开时狂乱的节奏中转变过来，去适应除了凝望漆黑的夜空之外什么都不做的夜晚是需要做出很大调整的。和四个站着的值班人员一起在海面上眺望三小时是很惬意的事。像往常一样，泰克斯和剩余的高级军官换班了。星星看起来显得格外明亮和友好，海浪惬意并有节奏地来回翻滚着，看来，这次巡逻有一个好的开端。

8 月 18 日黎明时分，S-37 号为了检修而潜入水中，几分钟后便浮出水面了，没有漏水的报告。S-37 号以 10 节速度快速向北航行，它看起来状态非常好。它行驶得要比我们想象的快速平稳得多。发动机在我观察期间出现了短时间的故障。还好这种故障很容易排除。

早饭期间，艇长意识到接收到的大量信息都表明了日本正在往所罗门群岛派遣他们的第一支力量，以便能把掩护瓜岛亨德森机场的美国战舰驱逐出瓜岛海域。

在这里，正处于暴风雨来临的前夜，然而，艇长建议他和泰克斯开始学习怎么玩桥牌，由我来当老师，早饭过后我让比尔 · 吉布森加入我们，来组成四人一组玩纸牌游戏，我开始向泰克斯和艇长讲述一些技巧。但是我并不专心教他们打桥牌，我想大多数时间都是和卡尔待在一起共事。在这种情况下玩这个游戏并不能给艇长提供一个学习的好机会。

8 月 19 日这天，从司令部传来一个消息改变了 S-37 号的巡逻范围。S-37 号的巡逻范围原先在萨沃岛的北部，离瓜岛最西部的埃斯佩兰斯海角只隔一条分界线；而现在 S-37 号的巡逻地点转移到萨沃岛南部的区域。S-41 号正在驶向罗格地带，这个区域正是原来 S-37 号的巡逻区域。

艇长表现出了一种很微妙的幽默感，给大家带来了很多笑声，军官室大体上说呈现出一种轻松、愉悦的氛围。艇长对很多话题细节的准确记忆和对历史事实的精准描述令军官室里那些谈天说地的人感到吃惊。

到了 8 月 20 日这天，天气急剧变化，巨大的风浪使 S-37 号急剧摇晃，冰凉的海水不停地溅到在舰桥上的艇员身上。下午有台发动机停止工作了一段时间。负责人报告，在快速更换主要压缩机摄水阀后，这台发动机又正常工作起来。发动机室的一群人在快速修理故障方面变得很专业。因此，巴斯基特艇长不用担心让他的潜艇持续工作的问题。收音机上的一则新闻报道说随着英国在法国迪耶普登陆，欧洲正在开辟第二战场。但是后来广播称这个所谓的英国对法国迪耶普的登陆只是一次突击队的突袭。然而报道仍然宣扬了很多参战人员良好的品行。艇员们聚在一起讨论的都是在圣诞节之前返回美国的事。

8 月 21 日星期五，是白天在水面上航行的最后一天。事实上海浪很大以至于当 S-37 号颠簸得厉害时螺旋桨会时不时地从水面上露出来。电池舱由于溢出的咖啡、豌豆、糖、罐头水果和破碎盘子等物品散落各处，完全处于混乱状态。但是 S-37 号仍然没有减速。对日本船只在所罗门群岛不停活动的报告表明，在拉包尔及其周边有大量的日本军舰存在，这也预示了关于瓜岛的战斗即将来临。而此时 S-37 号正急速驶向它的巡逻区域。

第二天，根据白天的情况，我们一天都潜伏在水下。从总部传来消息说在埃斯佩兰斯海角没有盟友的船只。但是为什么要向 S-37 号发出这样的消息呢？后来有消息说在 8 月 27 日，命令 S-37 号向北驶向萨沃岛。

9 月 23 日一大早，我们就在瓜岛靠岸了。泰克斯曾担心他通过观测星星判断位置的准确度。但是像往常一样，极佳的夜间视力让我成为第一个在地平线上看见一个黑点并确认其为埃斯佩兰斯海角的人。

在第一道阳光洒在海面上时，S-37 号开始下潜执行全天的巡逻任务。然后一直保持在潜望镜深度。潜望镜不超过水面 1 英尺（约 0.3 米），监测每 10 分钟进行一次。我们所处的斯洛特一带的海水很平静，S-37 号不费力气就可以很好地保持潜望镜深度。但观测任务十分无聊。

这天海面上一片沉寂，让人有一种不祥的预感。这是日本人的一贯伎俩，只有夜间时，他们才开始采取行动。

等天黑后我们回到海面上，从第 5 潜艇指挥台接收到一个消息，日军船队正途经图拉吉岛。S-41 号可能会展开战斗，但 S-37 号被规定只能在萨沃岛的南部地区，而不能前往瓜达尔卡纳尔岛以北的地方，大家都觉得运气不好。

午夜拉响了警报，艇长下令“准备战斗，鱼雷攻击”，很高兴看到艇长燃烧起来的斗志。下潜警铃响了起来，鲍比 · 伯恩斯从舰桥上下来报告，没有迎面而来的船只，但他看见有艘潜艇高速直奔 S-37 号而来。艇长走到潜望镜面前问鲍比潜艇的方位。但鲍比忘了在他离开舰桥之前记录潜艇的方位。所以他只是指着左舷表示大概在这个方位。艇长迅速地来回摇摆潜望镜，试图寻找迎面而来的敌军潜艇。不幸的是，在昏暗的月光下他并没有发现它。“它看起来像一个若隐若现的灰色幽灵。”鲍比形容道，当声呐兵报告左侧的螺旋桨“它的速度接近 20 节”时，我们所有在控制室里的人都听到了高速运转的螺旋桨在朝着 S-37 号开进。很明显敌人的潜艇无视 S-37 号的存在，可惜的是时间太晚，无法发动鱼雷射击，尽管就在它的艇尾。

整个事件的错误好像是因为我。当我试图绘制潜艇图表时让鲍比保持潜水状态，但所有的铅笔都不见了，在控制室昏暗的红灯下，我甚至无法找到绘图纸、图钉或尺子。

后来凌晨 3 点的时候收到一个消息，日军舰队正在斯洛特南面向瓜达尔卡纳尔岛前进。

天亮之前，S-37 号开始执行全天下潜巡逻任务，确保充足的预警时间，潜望镜观测时间增加至每 5 分钟一次。大家都很严肃，操作潜艇过程中的交流也简短得很。

和敌潜艇相遇的消息让我感到可能在几小时后我们会有麻烦。当我听到警钟长鸣时我的肾上腺素开始流动了，当鲍比报告看到敌人的潜艇时我的心跳也加快了。但整个事件结束之前，我没有任何恐惧感，想到可能会被鱼雷击中。这样就很容易明白为什么鲍比突然看到 1 艘潜艇加速而来的时候紧张得不得了。像有响尾蛇意外地出现在草地上接近一个人的脚。鲍比像一个尽职尽责的办事员一样，在发现 1 艘有威胁的潜艇前，应该已经排练了一步一步的步骤。首先要获得目标的方位。

天黑后浮出水面后不久，我们发现有 12 架亮着灯的飞机飞回了亨德森机场。它们显然是飞去轰炸正在接近瓜岛的日本军舰。之后我注意到 S-37 号有轻微的漏油。浓烈的柴油味弥漫在空气里，表明潜艇舱底已经搁浅了。

在晚上 10 点 04 分时，我很激动，从我“闷热的下铺”听到呼叫“准备战斗，鱼雷攻击”的命令后，下潜警报响起来，有一队日本军舰从西面驶来。在舰桥上，艇长、比利和我都看到，在约5英里的地方有4艘驱逐舰，前面还有2艘重巡洋舰，它们都以高速向着瓜达尔卡纳尔岛驶去。我猜S-41号已经被发现，日军正在集结兵力打算除掉S-41号。所以我们在被敌军潜艇发现前已经潜入海底了。

艇长和我开玩笑地讨论过S-37号在太平洋战役中能做点真正重要事情的可能性。我建议，艇长应该用一些掷地有声的话语以鼓舞士气，像约翰·保罗·琼斯的“我们刚刚开始战斗”，法拉格特海军上将的“该死的鱼雷，全速前进”，等等。

因此就在艇长结束长时间的潜望镜观测后，我带着一个笔记本挤到他的边上，并说道：“现在是时候说些载入历史的话语了。”

对此，他觉得很好笑，不假思索地说道：“我们将一只脚插入了母马窝里面，听起来怎么样？”

我觉得挺好的。说着我把笔记本递给了舵手，说道：“把这句话记下来，好让艇长信守承诺。”

日军的军舰仍在急速逼近S-37号。它们离我们非常近，而且速度飞快，以至于我们没有充足的时间来瞄准领航的军舰。结果为了观测到局势的最新进展，艇长不得不继续通过潜望镜观测。

尽管他想让S-37号得到1500码距离的理想射击位置，但很难做到，因此鱼雷攻击还是很有难度。泰克斯作为下潜军官已经对深度失去了控制。然后我听见艇长在唠叨些什么，他转过头来对泰克斯说：“你让我浪费了一次好机会。”

在下视角6度的地方潜艇缓缓沉入海底。很显然，因为接连发射了4枚鱼雷所产生的反作用力使得海水漫到了潜艇甲板上。所以泰克斯不得不加速将甲板的水抽出去，重新回到45英尺的水下。尽管制造了很大的噪声，但是都没有鱼雷的爆炸声，领航的船只也没有听到这一系列的声响。结果他不得不手动操作减小噪声。热带的海水里有许多的微生物因为发射鱼雷的打扰纷纷发出光来，这对我们来说绝非好事。

之后危险接踵而至，1艘接1艘的驱逐舰都向着S-37号这边冲过来。尽管S-37号已经不停地向左侧急转弯，但每艘驱逐舰都使用短波搜索模式，接着在离S-37号很近的地方有2枚深水炸弹炸开。还好，除了震碎一些玻璃让船体来回震动之外，并无大碍。

在向S-37号投掷了16枚深水炸弹之后，2艘驱逐舰从S-37号上方驶过去。接下来声呐兵报告："从大船的螺旋桨的声音判断，它正在从我们边上经过。但是并没有向我们靠近。"没多久又报告，"所有的船只都向着东面驶去了。"

没有片刻的停留，艇长命令道："浮出水面。"他忽视了通常的预备命令："准备浮出海面。"在潜艇浮出水面时，他迅速地转动潜望镜观察周围的海域，以确保周围没有敌军舰艇，尤其是敌军的潜艇。这点很重要，因为在亨德森机场的海军陆战队警告，机场附近有日军的重巡洋舰正在使用8英寸（约203毫米）舰炮攻击我们的部队。

在S-37号浮出水面不久，在舰桥上升起来一根天线，向总部火速报告情况。除了艇长，泰克斯、鲍比和我都在舰桥上。我们仔细巡视周围平静的海面，警惕任何想要靠近的日本军舰，我们觉得它就在我们周围。1台发动机为电池补充电力，而艇长则操作着潜艇以"Z"字形不断前进，以此来躲避想要发射鱼雷攻击我们的敌舰。

午夜时分，我们发现昏暗的火光。日本军舰的炮弹接连不断地射向S-37号，这说明它们的驱逐舰没有受到空中我方飞机的影响。在2点31分从基地发来的密电指示S-37号和S-41号全速接近卢加洛德岛附近。"阻击攻击飞机场的敌军舰队"。

返回到舰桥上，我发现电池充电已经完成，现在可以用2台发动机一起驱动螺旋桨。当我告诉艇长他说的"母马窝"并不合适，因为词典上说这形容困境或者一片杂乱。他哈哈大笑："好吧，那就改成老鼠洞。并把它记在航海日志上。"

尽管日军离开S-37号赶往卢加洛德需要超过一小时的时间，这意味着S-37号以14节的速度前行，至少两到三小时才能赶到那里。到那时天刚刚破晓，炮火也停下来了，我们就潜在海底阻击想要回迪斯洛特岛的日本军舰。但艇长仍然要求以最大航速前进，是为了完成它的使命吗？

凌晨3点17分，在下令向迪斯洛特靠近的时候我已经开始发抖了。一股难以名状的恐惧袭来，让我出了一身冷汗。在向艇长报告潜艇的情况之前，我带着僵硬的笑容还有不听使唤的腿好好地平复了一下自己的心情。我不能让艇长发现我有任何紧张的情绪，不论是从我的声音还是身体。

我第一次在战争中感觉到恐惧。艇长对我报告的温和回应反而让我更加不安。突然间艇长说："那就是S-41号，我还在想我们什么时候才能和它会合呢。"

我估计我们之间距离最多不超过50码。但我还是不能用我的潜望镜看见它航行的尾迹。我死死盯了好几分钟觉得这艘潜艇不论是友还是敌，航速都要比我们快一些。

如果是S-41号，它就会比我们快出一点。所以我觉得我们的瞭望哨应该很快就能辨认出是敌是友了。

但是如果它是日本潜艇，鲍比前一天看见的那艘潜艇肯定是1艘新潜艇，而且速度可以达到17节。因此它能在一小时内接近S-37号并展开鱼雷攻击。

想来想去都让我心里更加狂躁。我让自己下到控制室里最不起眼的地方，这样一来舵手或者其他人就不会发现我的囧样了。

我觉得度日如年，而舰桥上也并没有关于潜艇进一步的消息。在高度紧张的状态下，很有可能出现一些错误的报告。所以我试着平复自己的情绪。

我重新爬回舰桥，重新寻找远处的黑点，但是它仍旧在那里，并没有什么大的变化。但是可以看见它的白色艇体和航行所产生的尾迹了。当我告诉艇长"潜艇仍在跟着我们但是现在更接近"的时候，我觉得自己的嗓子像是被别人扼住一样，以至于说话都说不出。

我补充道："它现在看起来足够接近了，这样一来我们就无法进行远距离鱼雷射击了，艇长。"

艇长用几乎听不见的声音说了声："谢谢你。"为了什么谢我？我还能如何提醒艇长可能有1艘敌潜艇正在我们的发射位置呢？所以我才告诉艇长我的预感。

他宽容地笑了起来。他毫不在乎地再次用他的望远镜观察周围的海域。但就在这时，1个瞭望哨喊道："我看见1艘潜艇，正在向我们的艇尾30度方向逼近。”

“它看起来像 S-41 号吗？”我随口问道。

“也许。”瞭望哨猜测。

我不放心瞭望哨的观测，对艇长大大咧咧的态度我也是忧心忡忡。

我不想留在舰桥上让任何人看到我发抖的身体，所以我回到指挥塔后面。

如何克服这种恐惧的感觉？我是真正恐惧，还是我让急于求成的想象力带来了紧张感？还是心力交瘁生病了？也许我得了流感或某种热带感冒之类的病才引起我不由自主地出汗，浑身发抖。

我当然有很多时间去思考我的身体的反应是多么糟糕。“我必须做一些事情，而不仅仅是坐在这里。”我想。但我觉得自己的脚像是生了根，无法移动，直到时间又过了 30 分钟。

30 分钟之后，我就再也待不住了。“这是 S-41 号。”艇长安慰我。然后在 5 点 03 分，暗斑点在海面发光发白的泡沫中消失了。我死死盯着潜艇下潜的地方，期待看到有鱼雷的尾迹向 S-37 号这边冲来。我确信那艘潜艇不是 S-41 号。但海面依然一片黑暗，充满险恶。

大约在同一时间，日本军舰对岸上的炮击停了下来，死一般的沉默笼罩着 S-37 号。2 个柴油发动机突然响起，震耳欲聋。艇长下令：“将速度减到三分之一。”这绝对是正确的命令，如果有船只向 S-37 号发射鱼雷的话我们就可以躲过鱼雷的袭击。

S-37 号沿着海岸线返回埃斯佩兰斯海角，同时又以“Z”字形前进避免被埋伏的日军潜艇击中。我也停止了出汗并意识到自己腿也不那么抖了。

当 S-37 号向萨沃岛以南前行时，我仍旧相信我的担忧是有道理的。也许 S-41 号的巡逻摘要会告诉它伦加路德事件。

黎明后，S-37 号继续保持下潜并以 2.5 节速度回到它的巡逻站。下午 5 点 41 分，声呐兵报告：“在东边监听到潜艇螺旋桨的声音。”在接下来的半小时，我们对螺旋桨的声音进行了跟踪。它和向北移动的 S-37 号保持着平行。黑暗中的水面似乎是安全的。但是我们发现 1 艘潜艇浮出水面正在向我们接近。艇长巴斯基特认真研究身份不明的潜艇，以确定它是不是 S-41 号。他估计距离约1500码，然后谨慎地指出："它的轮廓与S型潜艇是完全不同的，虽然它比S-37号大，它看起来并不像我们的潜艇，而是1艘日本潜艇！"

艇长不紧不慢、不慌不忙地下令潜入水下。他悄悄地通过电话告诉全艇"准备战斗，鱼雷攻击"。S-37号的攻击将尽可能安静地展开。艇长随后又下令"准备3枚鱼雷，并在准备好开火的时候向我报告"。

在控制室，艇长的眼睛紧贴着潜望镜，深入细致地来回摇摆观察敌情。但他看不到敌军潜艇。很快潜艇螺旋桨的噪声就消失了，就这样失去了一个千载难逢的攻击日军潜艇的机会。

我转身到我的床上补充睡眠，但最多也只是断断续续地睡一会儿。每一个不寻常的声音都让我马上清醒过来。不久后，S-37号在整个白天都在水下巡逻，声呐兵多次报告有艘潜艇正在经过，但通过潜望镜无法获取敌方潜艇的位置。显然，它潜入海中准备伺机偷袭S-37号，这是一个猫捉老鼠的游戏，而这回S-37号是"老鼠"。

艇长在夜幕中看到两个航迹正在靠拢，看起来像是2艘鱼雷快艇，它们向S-37号逼近的速度极快，所以S-37号不得不马上下潜了。但接下来我们什么都没有听到，也并没有通过潜望镜看到什么情况。是艇长异想天开的"尼斯湖海怪"吧。然后，他猜测，他看到的可能是在S-37号附近起飞的水上飞机。

所有人员似乎都有点心急火燎的，一点儿都没法解释这奇怪的接触现象。军官室的谈话完全是日本鬼子可能如何威胁到S-37号，或许有1艘甚至更多的日本潜艇在围捕我们。

在这种紧张和焦虑的讨论之中，艇长却回顾起S-37号从布里斯班出发的前几天的事情。他回忆说："大家都非常高兴，都有和澳大利亚女孩约会。他们非常有吸引力而且很能喝酒，跳起舞来激情四射。一些最浪漫的水手抱着女孩的腰，几乎贴到了地板。他们模仿'好莱坞式'的接吻。"他觉得这是相当有趣的。他接着说："记住，现在战斗就在头顶。"我让鲍比进入指挥室安抚士兵们的情绪，但鲍比说："我不希望打扰他们，让他们处理自己的问题吧。"他在回忆船上发生的事。我们把艇长的沉默作为一个线索，继续谈论对S-37号有威胁的敌方潜艇。

接下来的几天，S-37 号的计划没有发生变化。每当侦测到敌方船只后艇员就立刻进入战斗岗位，但是每次都是徒劳的。日本军舰对 S-37 号的巡逻区域敬而远之。所以没有什么可以攻击的目标。

当 S-37 号奉命朝萨沃岛北面移动时，看起来情况会改变，28 日上午接管了 S-41 号的巡逻区域。S-41 号已经终止了它的巡逻并回到布里斯班。

在改变巡逻地点之前，比利在 27 日即将过午夜之前的那一个小时，发现在朦胧的月光下有 1 艘潜艇正在尾随 S-37 号。但它离我们太远了，比利明智地决定不让 S-37 号费时费力地下潜。相反，他继续给电池充电。

在我随后的海面观测中，发现了 1 艘油轮正前往埃斯佩兰斯海角，它似乎是去为敌潜艇补给。我也不切实际地希望发现潜艇，但油轮突然停下来，这说明潜艇已经潜入海底了。

那天晚上，美国驱逐舰发给我们一则消息：1 艘日本潜艇浮出水面，就在 S-37 号巡逻区域附近。

似乎在萨沃岛北部，巡逻有可能更安全些。虽然每个晚上，我们看着瓜达尔卡纳尔岛和图拉吉岛上的炮火，还有探照灯来回搜寻在天空的日本轰炸机。

听到电台美国新闻广播说到目前为止只有 3 艘美军潜艇在太平洋战争中被击沉。潜艇水兵接受媒体采访时声称，日本 100 磅的深水炸弹威力太小对我们无法造成严重后果。东京玫瑰随即在每天晚上广播，警告美国潜艇的水手：“我们的日本军舰将开始使用威力更大的深水炸弹，使得美军潜艇没有办法来避免被击沉。”

29 日，有消息称 5 艘日本舰船当晚可能会发动突袭。S-37 号应保证图拉吉海域的安全，因为美军的鱼雷艇已开始行动。最近每天晚上，东面都有飞机从 S-37 号头顶飞过。

9 月 1 日，在刚刚执行完全天的下潜任务之后，声呐兵监测到潜艇的螺旋桨噪声。S-37 号幸运地已快速潜入水下，比平常快一点。

当天下午，爆炸声从萨沃岛南部响起。但愿 S-42 号已进入 S-37 号之前的巡逻区域，减轻日军对我们的威胁。

黄昏的时候，在平静的海面上能见度很低，瞭望哨称在右舷有一个目标近在咫尺。他给艇长指了指方向。艇长看了一眼，估计是1艘距离在大约500码的潜艇，于是下令“解除舰桥观测，立即下潜”，然后急忙顺着梯子到控制室。

当S-37号返回海面，一定会被敌人的潜艇发现。但是，我们来回移动不给他们有机会向我们发射鱼雷。

作为这场遭遇战的结果，艇长决定即使是在水面上时也让S-37号有2个鱼雷管装上鱼雷，准备随时向敌军发射鱼雷。

第二天清晨，我还在睡梦中就听到“准备战斗，鱼雷攻击”的命令，接下来就是下潜警报。我跳下床迅速进入监控室。“这是1艘巨大的潜艇，在它急转弯时看见了我们。”艇长对泰克斯解释道。当我前去检查2个鱼雷管时确定鱼雷管已经充满水，但在这种情况下发射鱼雷是没有用的，只能被浪费掉。

这种猫捉老鼠的游戏并不令人满意。而且从各种迹象看，日军潜艇非常警觉。他们肯定是强劲的对手，而且日军鱼雷的性能也很先进！

日落之前在萨沃岛方向听到九次巨大的爆炸声。没有军舰被轰炸，也没有杂物飞入空中，并没有建筑物被炸毁。是美国飞机正在轰炸亨德森机场，还是日本轰炸机飞过布干维尔岛？

在漆黑的晚上，比利发现了明亮的灯光。比利的第一反应是大喊：“下潜，下潜！”但他等待了几秒钟，灯光停止。

从所有这些疯狂的举动中我注意到泰克斯看起来有点紧张。事实上，潜艇上的一切消息都会影响我们的睡眠。

当比利代替我值守清晨观测任务时向我讲述刚才做的梦，无非是关于他梦见高中时的朋友在战争中很英勇的事。

午夜前，在我回去补充一些睡眠时听到从舰桥上传来一声尖叫。鲍比·伯恩斯认为是1艘潜艇正在向我们接近并开始调整方向准备对S-37号展开攻击。

艇长急忙跑上去观察，发现并不是潜艇，但要比潜艇大。它移动得很慢。大船旁边映入眼帘的是另1艘稍小的船只，是为其保驾护航吗？从大船的样子来看应该是受了重创，是不是巡洋舰一瘸一拐回到拉包尔？在日落时听到炸弹爆炸应该是美国俯冲轰炸机在攻击日军。因此，目前的目标可能是在瓜达尔卡纳尔岛遭到袭击而受伤返航的舰艇。

回到控制室，我听到第一声命令“开火”，10 秒后，“发射 2 号鱼雷”的命令发出，但几乎听不见。当两枚鱼雷发射出去之后，我觉得心里欣慰极了。

一分钟后，艇长下令“下潜，下潜”，我和 4 名艇员从舰桥上跑了下来。舵手仍然在指挥塔上以确保海水不被灌入控制室。我瞥了一眼控制室的时钟：晚上 10 点 22 分。

当我问艇长目标的距离和速度，直到现在，他估计大目标的距离约 2500 米，其速度不超过 9 节。鲍比开始解释说，小型船舶已转过身来攻击 S-37 号。他说：“艇长拉下开关，我们就往下冲。”没有解释为什么 S-37 号不保持在水面上，以确保完成对这么大的船的攻击。鲍比补充说：“我跟着艇长顺着梯子下去时，2 枚鱼雷方向很正。”

无论是艇长还是鲍比都在专心地听着，希望鱼雷能够命中。但在约两分钟后第一枚鱼雷爆炸，然后再过 10 秒后在中控室的人说：“全部命中。”同时，声呐兵报告听到了 2 枚鱼雷命中的声音。

当报告有 1 艘船只正在接近我们时，S-37 号已经下潜到水下 150 英尺（约 45 米）。根据声呐操作员的报告，有艘船只的螺旋桨速度放缓。它们的声音很沉重，像 1 艘非常大的船。不久之后，声呐兵说，他现在只听到一组螺旋桨的声音，它们在西北方，声音渐渐远去。

整个攻击是非常不理想的。S-37 号应该停留在水面上，并把更多的鱼雷射向大船，以确保能彻底击沉它。我们不知道 S-37 号发射的鱼雷效果，直到我们重新露面，并检查了残骸的迹象，才认定大船很可能已经沉入了海底。但是，即使它确实沉没，我们也不一定法获得赞许，因为也可能是海军的俯冲轰炸机发现并抢先一步把它击沉了。

我在日记中说：“我觉得整个攻击几乎毫无效果。”另外，我说：“我很习惯这种事。”

然后，在清晨，S-37 号在上次攻击的地方发现并攻击了 1 艘油轮。海上爆炸后的浮油讨厌的气味是如此强烈，艇内的人将这种明显的石油气味作为替身围着现场寻找额外的证据。周围水面上有浮油，但没有救生板和大块的木头。也许在萨沃岛的观察员可能提供 S-37 号攻击成功的评估。

泰克斯接替了我的观测任务，一小时后让S-37号潜入海中。他声称，有日军潜艇试图攻击S-37号。S-37号下潜时声呐兵一定听见了潜艇的螺旋桨声音。这里没有尼斯湖水怪！敌潜艇通过我们上方时泰克斯缓缓将潜艇下潜到120英尺（约36米）的地方，我们听见了它的螺旋桨经过我们头顶上方时的声音。令人担忧的是，S-37号艇尾附近漏水越来越严重。

我跑到艇尾时发现发动机已经被水浸没。午夜后，收到一封电报，有已方船舶经过萨沃岛以北，9月4日。然后在早上6点22分潜水后，通过潜望镜短视发现一个巨大的“低”标志被固定到浮动的竹竿上。本来是给别人的东西，但是面对没有信号板的S-37号，“低”标志如何使用已经没有人能记得。

中午后，美军驱逐舰离开海岸来到海上，然后消失在图拉吉的方向。已方船只在S-37号的巡逻区域出现，意味着从现在开始，鱼雷发射前要确定每艘船舶的身份以免误射。在漆黑的夜晚，我们不得不用灯光进行信号识别。因此，明智的做法是始终保持高度警惕，直到第6天，S-37号接到命令，终止巡逻回家。

2艘驱逐舰离开后不久，在中控室的潜望镜中看到敌人的潜望镜浮出水面。声呐兵证实有“微弱的螺旋桨噪声”。

早餐时，在军官室，我们商量准备晚上给艇长唱“祝你生日快乐”，9月4日他已经29岁。7年前奥斯卡和他一起指挥潜艇，但他老了很多，一般来说，潜艇艇长年龄不超过24岁。我利用这个机会向艇长背诵密尔顿的诗句。

之后他站起来，抬起头微笑，整理了他的衬衫，向外伸出手做了一个“贵族”的手势，表明他不久将离开S-37号，去指挥1艘新的潜艇，他将获得称赞并且声名大噪。

泰克斯在舰桥上报告，在萨沃岛出现了明亮的光线，光线出现后迅速消失，没有进一步发现。

晚上9点我值班，进行海面观测，我找人来减轻我的负担，这样就可以检查右舷发动机。右舷发动机汽缸破损，在汽缸中有水。这需要很大的工夫才能修好。这也意味着S-37号被迫要休整一段时间。另外一个发动机需要迅速给几乎耗尽的电池组充电。我们处在一个非常危险的境地，日本潜艇埋伏在离我们很近的地方，这件事情可真是扫兴，今天正好是艇长的生日。

清晨的观测中，我收到一条消息：“在凌晨 1 点，至少有 2 艘敌人的驱逐舰在炮击图拉吉。”不出所料，瞭望哨在舰桥上，发现 2 艘日军驱逐舰在向着斯洛特方向驶去。但 4 发照明弹在萨沃南部天空飘下，然后过几分钟后发现很显然他们是想偷偷溜过 S-42 号所在区域逃走。另一条消息说日本运输船队在 2 艘驱逐舰的护航下已经向马莱塔岛运输了一些部队。此地距离佛罗里达州岛只有 40 英里。因为同时有己方船舶和敌方潜艇出现，因此艇长为不能很好地执行任务而觉得很沮丧，于是决定让 S-37 号在 5 点日出前暂时放松一下。

6 日白天，为了确保 S-37 号不会像 S-39 号那样搁浅，天黑之前到达了罗塞尔群岛。炎热的天气让舱内闷得透不过气来，大家不得不蹲在高速运转的风扇前乘凉。潜艇外的大雨使得船舱内更加潮湿，以至于我记录解码消息时汗水全滴在密码条和文件上。而且，需要连续工作四小时才能完成解码任务。很显然，这些消息太啰嗦，违反几乎所有的通信安全规定。由此可见，美国通信人员中增添了太多没有经验的新人，不懂得通信简洁明了的原则。

7 日，风浪越来越大，为了防止海水倒灌，发动机不得不减速，以设计航速三分之二的速度运行，上部舱口被迫关闭。

究竟发生了什么让我回心转意，想着尽快与我的妻子和刚出生的儿子团聚？我开始认识到，战争中 S 型潜艇的能力太差并不能为我未来的海军生涯提供足够的安全保障。这场战争是一个不容错过的机会。因此我决定离开 S-37 号，分配到更大的潜艇上，希望有机会击沉日军舰艇。

S 型潜艇（服役 20 年或更长）设备磨损，性能很差。潜望镜频繁晃动，鱼雷发射系统也有很多问题。相比之下，设备先进的新潜艇有空调、床铺、床垫和足够的热水淋浴。虽然新潜艇的潜望镜也有小问题，但他们不会有海水泄漏的困扰。他们的潜望镜几乎不会起雾，因为他们可以很容易地把潜望镜内的潮气用吸湿剂清理干净。特别是我最喜欢的 MK-1 模拟火控计算机比 S 型潜艇上的强多了。所以我希望选择不回家，调换到 1 艘新潜艇上去，不然我会后悔半辈子。但是该如何告诉艇长？

12 日，星期六，天气已经晴朗起来。因此，艇长把大家都召集起来，艇员都挤到了甲板上，开始清理个人卫生。

晚上，海面上开始下起雨来，第二天 8 点，S-37 号到达新农场码头。

我们将潜艇停在格里芬号旁边的 S-41 号附近。我冲过 S-41 号的舷梯，想问问他们 25 日晚上发生了什么事。因为那天晚上 2 艘潜艇拦截日本军舰炮击瓜达尔卡纳尔岛亨德森机场。S-41 号的副艇长说："我们从来没有收到任何命令。"他补充说，"在第二天 4 点我们收到消息要求我们重新占领 R 地区的时候我们完全乱了阵脚。"

跟随 S-37 号的潜艇无疑是日本潜艇，试图进入射击位置！怪不得我一直处于无名的恐惧之中。

至于在 9 月 2 日晚上我们用 2 枚鱼雷攻击的日军巡洋舰，情报表示"在 9 月的第一天到来之前"1 艘神通级巡洋舰已经沉入海底。第七舰队司令克里斯蒂海军上将的讲话令人欣慰："油轮再也没有被发现过，驱逐舰或轻巡洋舰被 2 枚鱼雷命中后沉没。"因此，海军上将把 S-37 号的巡逻成果归类为"成功"。

在 9 月 4 日，有传言说，日本人占领了萨沃岛，第 1 突击营的海军陆战队员从图拉吉岛出发，在 2 艘美国驱逐舰的护送下，到达萨沃岛，发现根本没有日军，接着他们就去了瓜达尔卡纳尔岛。

在医务室，医生对经过我简单治疗的艇员说："你的伤口被处理得很好，很容易恢复。S-37 号的医生肯定为你的伤口做了很好的处理。"

我试图找到蒙克和他写给他母亲的信。不过，他被转移到鲟鱼号上。所以我无法得知信件到底被送到了哪里。

S-42 号在布里斯班的副艇长说，S-42 号已经进入萨沃岛以南地区。在新农场码头，我们回到"大船"。当我知道没有新潜艇在港口时感到高兴。我要么待在 S-37 号上，要么回家。我可以暂时不向艇长摊牌了。

但随后 10 月 3 日 S-37 号计划动身去美国前两天，有 4 艘新潜艇抵达。所以现在我不得不告诉艇长，我决定留下来，但不安装雷达，因为一些技术人员已经到了。

我犹豫不决地走到艇长巴斯基特在格里芬号的客舱。S-37 号回国前的最后几天，他搬到这里。我有一些犹豫，摊牌后，我将失去在圣诞节前回家的机会。我有点喘不过气来，心跳加快。见到他后，我开门见山地说："艇长，我要离开 S-37 号登上新潜艇了。我觉得我今年应该多做一些巡逻计划。"艇长很高兴，话语充满了慈爱："比尔，我支持你！"他看起来准备拍拍我的头。"我们的圣地亚哥之旅只有 4 名成员。但我们在回去的路上会想念你。"他谈了一会儿我给他讲的有关舰桥观测的经验教训，以及刚教给他的一些吉他课程。然后他又沉思了一会儿问："在我们离开之前，你能为我画 S-37 号和在它旁边的格里芬号的水彩画吗？"

我答应立即给他画。但事实并非如此，直到 S-37 号回到布里斯班河的 5 分钟前我才完成整幅画并交给了艇长。然后和泰克斯、比利、鲍比以及艇长巴斯基特挥手告别。这是相当伤心的事，然而他们脸上却流露出快乐的笑容。和他们挥手告别后，我有些后悔和沮丧。我有预感，登上新潜艇后，我可能会遇到麻烦。我知道我是自讨苦吃。

后来，我听说巴斯基特成为另一艘新潜艇遍罗鱼号的指挥官。在 1944 年出航三次，确认击沉 8 艘船。1945 年他又改任鲤鱼号艇长，在两次巡逻中又击沉了 4 艘船。他可以算得上美国潜艇的王牌艇长，能够进入"名人堂"了，而且这种辉煌还会继续下去。

第三章　红色之龙

1942年11月23日下午1点30分，海龙号潜艇[1]——水手们称作“神龙”——在电力的驱动下悄无声息地离开了新农场码头开往所罗门群岛。这是

1　海龙号（Dragon）潜艇

舷号SS-293，属于美国海军的白鱼级（Balao Class）潜艇，白鱼级是小鲨鱼级的改进型号，从外形到潜艇上的各个系统几乎完全一样，就是艇身使用更厚的钢板，使最大下潜深度从小鲨鱼级的105米增加到120米，另外储油柜容量加大到110000加仑。所以几乎可以使用小鲨鱼级的生产线来进行生产，白鱼级第一艘白鱼号于1943年2月服役，战争中共有111艘加入美国海军服役，另有20艘在战后完工。在战争中白鱼级潜艇总共损失10艘。是美国海军潜艇部队在二战中的主力艇型之一，被认为是二战中综合性能最出色的三大远洋潜艇之一，为美国最终赢得太平洋战争做出了巨大贡献。

整艘潜艇从舰首起依次为艇首鱼雷舱、军官室、控制室、无线电室、厨房、餐厅、艇员住舱、前轮机舱、后轮机舱、主机控制舱、艇尾鱼雷舱。共有8个水密舱间。与现代潜艇不同的是，艇长的指挥位置是在控制舱上方指挥塔内的小操舵舱。艇身为焊接接合，压力舱前后段为单层艇体，中段为双层艇体。

水面排水量1526吨，水下排水量2414吨，艇长95米，艇宽8.2米，吃水5.8米，动力系统：4台柴油发动机（最大功率5400×4马力），2台电动发动机（最大功率1375×2马力），最大水面航速20.25节，最大水下航速8.75节，最大水面续航力11000海里（10节），最大水下续航力95海里（5节），最大下潜深度120米。武备：1门76毫米甲板炮，2挺12.7毫米机枪。但在战时大都升级为1门102毫米甲板炮，2门单管20毫米机关炮。战争后期甚至还有1门127毫米甲板炮，2门单管40毫米机关炮。10具533毫米鱼雷发射管（艇首6具，艇尾4具），鱼雷备弹24枚或水雷40枚。

电子设备：WCA主动声呐，JP被动声呐。从1942年起，陆续配备SD对空搜索雷达（有效距离6海里）、SJ对海搜索与导航雷达（对驱逐舰有效距离6海里）。战争中期以后在潜望镜结构内加装小型ST测距雷达（对驱逐舰有效距离3海里）。火控系统为Mk.3鱼雷射击诸元计算机，这是美国潜艇上最先进的装备之一，具备持续跟踪瞄准目标，进行射击诸元解算的能力。

艇员60人，其中军官5人。最大自持力75天。

它第五次执行战时巡逻任务。当神龙向布里斯班河航行时天气很暖和，海面上也是一片宁静。澳大利亚的夏天刚刚到来，各种各样的野花在河流两岸争相绽放，好看极了。河边的草地已经超乎寻常地茂盛，不再像过去的10个多月里因为干旱总是呈现枯黄的一片，毫无生机。

当我们都下到船舱后，伴随着隆隆作响的发动机声，2台柴油发动机运转起来，潜艇由电力驱动改为现在的主发动机驱动。之后将水喷进了发动机排气口来减小噪声，但是潜艇还是吸引了大批澳大利亚人围观。他们挤在两岸欢呼着为我们送行。

“干掉他们，伙计！”他们对艇长喊道。而艇长则向着两岸的人群挥手示意。

“祝你们好运，朋友！”“狩猎快乐！”“去搞定他们，美国佬！”大家不停地向我们呐喊。这要比S-37号出发时赢得的喝彩声多多了。感觉像在海军学院后面的足球场上，在看台上的观众都站起来为球员之间的一场伟大的比赛而高声喝彩。

对澳大利亚人来说，“美国佬”正在将战争的危险赶出他们的家园。因此，他们非常感激美国人能在这里出现。海龙号通过时他们充满善意地呼喊鼓掌，让我想起了一则老百代新闻现场报道里第一次世界大战期间步兵正在纽约的第五大道行进的场景。他们去海外“让世界更加民主”，官兵们笑着，踏着坚定的步伐好像非常高兴能去法国参战。

海龙号的艇员对重新返回战场都带着乐观的态度。似乎没有人是不情愿跟着海龙号去巡逻的，将士们注定要开赴战场狠狠地教训日本鬼子，然后在60天后凯旋，与家人一起庆祝胜利。大家都知道这次巡逻后海龙号将会回到加利福尼亚州马雷岛进行大修。这意味着大家至少有一个月的休假可以回家探亲。

进入摩顿湾后，艇长下令让潜艇下潜以测试它的适航性，我听到舵手布巴通过声动力电话报告艇长潜艇的情况：“电池舱是干燥的……”“只有在后舱有几处小的泄漏。”“舱底泵室是干燥的……”“电机室没有进水的迹象。”甚至最后还对艇长脱口而出：“即使是压载舱也运作良好。”我不知道为什么布巴要做这个无关紧要的报告。

和 S-37 号相比，海龙号有了很大的改进。要知道 S-37 号在首航时有很多地方泄漏，它在第一次潜水测试后，不得不返回新农场码头重新修理，然后再继续巡逻。

尽管海龙号电池电力不足，续航能力有限，但其他方面没有什么问题，所以无须再返回继续修理。

能够重新回到潜艇参加战斗的感觉很棒。潜入深水区也成了家常便饭。虽然海龙号只能潜入 200 英尺（约 60 米）的水下，但是这也远远超出了 S-37 号冒险下潜的最深处。而据报道一些纳粹德国的 U 型潜艇指挥官在潜入 900 英尺（约 270 米）的水下，再返回水面后仍旧可以继续战斗，这远远超乎我们的想象。

海龙号下潜后没多久就浮出水面，然后通过四周巡视，记录它磁罗盘的偏差。整修使得潜艇的结构配置有了意想不到的改进。柴油发动机也提升了运转速度。

海龙号以 18 节船速离开摩顿湾，并在下午 4 点经过了卡伦德拉海德。随后进入了一片平静的海域。2 名艇员和站在甲板上的瞭望哨都目不转睛地观察着四周，等待日本船只的出现，希望鱼雷能赶紧派上用场。

过去几个星期多次报告在摩顿湾外围有 1 艘日军潜艇在活动。他们看到潜艇下潜时在水面留下的漩涡。夜间有渔民捕鱼时看到过它的身影，有几次都发现暴露在水面的潜望镜。

“想要确保安全就要保持高度的警惕。”我不停地对自己喃喃自语。我和罗洛 · 米勒在舰桥上值班。我要向罗洛至少学习一个星期，之后才有资格作为一个正式军官。

罗洛用幽默而友善的声音说：“你们 S 型潜艇艇员可要密切关注我们在这些新潜艇上做事的方式。”接着，他严肃地劝告说，“当你站在我这里执行观测任务时，不会有吉他演奏或两个人调侃的事。”他补充说，“这是战争不是儿戏，我们必须认真对待它。”

其实在罗洛的帮助下我才有幸成为海龙号的一员。离开 S-37 号之后，我必须自己找到另一艘潜艇出海。但一个多月内都没有任何新的潜艇上有空缺的职位。在这段时间里，我为格里芬号船长史密斯少校做人事和无线电解码工作。就在格里芬号旁边，海龙号艇长皮特·费罗了解到他的副艇长巴布·沃德，可能会暂时离开海龙号，在这次巡逻结束后他将会成为新的潜艇指挥官。因此，在他调离海龙号后罗洛马上抓住这个好机会，让我登上海龙号填补了巴布的空缺。

罗洛告诉皮特艇长，我是一个实战经验丰富的军官，更重要的是我还是一个很厉害的纸牌玩家。这让我一登上潜艇就成为了大家关注的焦点。罗洛觉得皮特艇长怀疑我来海龙号的目的，所以告诉艇长在海军学院我们一直是很好的室友。此时艇长简洁地说了句："告诉他要服从命令，为国效力。"就是这样。后来我了解到艇长虽是凭直觉做事情，但总是合情合理。

"快点执行命令啊！"罗洛催促我，"因为我们星期一中午就要离开了。"这一天正是 11 月 12 日星期五。我找到新到达的富尔顿号修理舰的杰克·李维斯，让他帮我写一些转调到海龙号的证明。结果发现并不那么容易。杰克·李维斯必须先向在珀斯的西南太平洋潜艇部队司令洛克伍德请示，等待他批准我的请求。

随着周末的到来，那边还没有任何动静。星期一早上我也没有得到回复。不过，我背着我所有的家当来到海龙号，希望司令的答复能在下午 1 点 30 分海龙号起航之前赶到。

中午 12 点前，有修理舰的文书军士来到海龙号传达给我的命令。当我把信函递给海龙号的大副斯莫基的时候，伴随着一个有力的握手，他给了我一个传统的"欢迎登艇"。可以肯定的是，在开航前我已经成为了海龙号的一员，斯莫基转述给我艇长的祝福，又说："你和艇长睡在一个船舱。"我很吃惊地望着他。斯莫基补充说："这是艇长的命令。"我觉得很奇怪，因为我所了解的所有艇长，都有自己的私人舱室，这样就不会有其他人员打扰，也不会闻到大家满身的汗味。斯莫基转达更多的指令："艇长会告诉你，你可以使用哪些抽屉，你会睡在上铺，放心，艇长不打呼噜。"

但我更加关心我的工作是什么。于是我问斯莫基他们为我安排了什么任务。

斯莫基的回答听起来很冷漠，好像我是多余的行李。“我猜你会填补巴布·沃德在指挥塔作为助理人员的职位，不过你还需要好好学习。”海龙号之前的巡逻中只有五名军官，所以这次缺少一个副艇长应该会有影响。并且斯莫基也说他会继续担任潜水军官，而来自乔治亚州的技术员卢瑟·约翰逊现在担任动力军官。

所有这一切都混淆了我关于潜艇人员分配的想法，和在潜艇学校学习的很不一样。也许只这一次不会有什么影响。但是，一旦海龙号返回美国大修，我觉得艇长就会改变人事任命，并给我一个很好的工作。

当我站在舰桥上，罗洛在前面用双筒望远镜看着远处的情况时，我一直在考虑为什么纸牌游戏在这艘潜艇上那么重要。我在海上值守水面观测任务，巡视周围的敌情，并确保甲板上的官兵都集中精力观察周围情况。尽管大家都在后面的甲板上闲逛，也会有轻松的谈话，但大多把注意力集中在可能出现的意想不到的攻击上。此外，四小时的检测任务给人很多的时间去思考，我想如果海龙号要击沉大量敌船的确需要付出很多努力。

罗洛似乎看出了我的焦虑。于是过来安慰我，告诉我说艇长是一个很勇敢的人，他一定会击沉几条船的。他不会让我们在战场上丢掉性命的。要知道他已经击沉了 7 艘敌船。而纸牌游戏，对于艇长是唯一的娱乐，他需要通过玩牌来放松自己。记住，就像丛林中最聪明的狮子通过一次次捕食来巩固他的地位一样，他已经成为决定游戏胜负的司令了。他很明确地说艇长已经把我当作一个厉害的纸牌玩家了。“艇长觉得他是一个玩纸牌的专家，他会把任何一个认为和他打得一样好的玩家打得落花流水。鲁赫，等着好好享受你失败的滋味吧，如果你因为艇长的牌技而生气，他会全怪罪在你头上的。曾经有一次，当艇长一次又一次地打出黑桃皇后时，巴布简直要疯掉了，直接把牌扔在了桌子上。然后艇长也把牌扔下，一个人跺着脚走出了军官室。”

我已经预先得到了警告，但我很难相信战争中在一个小小的纸牌游戏中占据上风会如此重要，可这确实是事实。

海龙号的航行任务是：1943 年 1 月 3 日之前，在位于北纬 4° 到 6° 之间的新冰岛东部海岸进行无限制潜艇战，然后向珍珠港进发。这次的任务似乎没有太多的战斗，因为瓜达尔卡纳尔岛的战役马上就要结束了。也许日军会尝试解救在瓜达尔卡纳尔岛的残余部队，但可能性不大。因为这样一来他们肯定要为此付出沉重的代价。而且如果日军真的在12月开始行动了，海龙号将会与这些从新冰岛北部卡维恩一带出来的日军短兵相接。因为没有商船会使用从新冰岛北部进入所罗门群岛的航线。在之前S-37号的巡逻中，S-37号曾在一大队日军军舰的逼迫下潜入海底，然后就没有机会再次发起鱼雷攻击了。所以那次巡逻似乎也是徒劳而返。但海龙号的性能要比S-37号优越得多，所以也可能找准机会给日军舰队一个下马威。

海龙号总共携带了20枚鱼雷。它共有10个鱼雷发射管，6个在艇首，4个在艇尾。但是由于鱼雷短缺，使海龙号没能带足鱼雷。

因为有空调，艇员们的身体状态要比在S-37号上好得多。艇员们也不会因凝结在船体再滴到甲板上的小水珠而滑倒了。而且，尽管巡逻的地点离赤道很近，睡觉的时候也不会感觉像在洗桑拿一样了。最重要的是神龙已经安装了SD对空搜索雷达，能够在20英里的范围内识别出靠近的飞机。但低空飞行的飞机由于处在雷达发出的辐射波角度之下，潜艇还是无法及时发现。

我觉得以具体的名称命名潜艇要比单纯用数字要有意思得多。海龙号，一听起来就很有威胁性。但可笑的是词典对于海龙的解释是：小而黑又多刺的杜父鱼。头很大，嘴巴宽，身体却很小，极不协调。岸上的渔民告诉我这种鱼是这里最丑的一种鱼，当你真的钓上来一条时，你总是想把它立马丢回去。但词典上却说："此鱼味道不错，经常被用来做汤。"

我在舰桥上和罗洛一起执行甲板观测任务，有足够的时间听他讲他在1941年去潜艇学院途中的所有故事。

他那时正在甲米地（菲律宾吕宋岛南部港市），在日机的轰炸之下，参与到了将平民转移到克雷吉多尔岛的任务中。海龙号潜艇在他的帮助下顺利完成了第一例阑尾炎切除手术，并且将麦克阿瑟将军的物品还有一些美国医护人员运到澳大利亚。但是他告诉我的最棒的故事是关于东京玫瑰的广播，被她称为"红色潜艇"的潜艇在中国海域击沉了许多日军运输船的事情。

罗洛是他的绰号，从他进入海军学院时就有这个绰号了。他憨厚老实，又像个大男孩，而且爱讨好人，再加上他卷曲的头发，还有愤世嫉俗的神态，简直就像一个连环画人物。并且他总是用恶作剧对付他的朋友们。罗洛很有耐性，对于我的所作所为，他总是用一种很优雅的方式表达他的看法，他说都是为了我好才责备我。他在战时的巡逻中也没有改变品性。不会过分紧张也不会喜怒无常，总是一副宠辱不惊的样子。在真正的战斗期间，他遇事从容淡定，且不拘小节。所以很高兴能再次和他相聚，并肩战斗。

当我问他为什么海龙号顶部看起来如此破旧，并有凹痕，而且焊接板随意地分布在控制台周围时，他告诉我在海龙号返回菲律宾的时候，他们遭到了敌军的轰炸。“那时候正好是离开珍珠港的第三天，当 50 架日军轰炸机飞过来的时候，我们正停泊在位于甲米地周围的海狮号周围。轰炸机飞得很高，在海龙号的甲板上也无法看清楚它们的准确位置。日军投下了密密麻麻的炸弹，其中有 1 枚炸弹的弹片穿透了海龙号的指挥塔，好像要把潜艇的整个顶部给撕扯开一样。那时斯莫基和山姆正在指挥塔。山姆被一大块碎片击中头部，当场死亡。斯莫基也被一些碎片击中了，它们就像霰弹一样扎进了他的皮肤。”

斯莫基无意中听到了罗洛对海龙号遭到袭击的描述，从甲板上走了下来，撸起袖子露出胳膊向我们展示遍布在上面的伤疤。“要知道在随后的几天里我不得不从皮肤里挖出许多碎片。”他解释道。

我问他后来有没有因为负伤获得 1 枚紫心勋章，斯莫基只是耸了耸肩，好像这些伤疤无所谓似的。“这很有可能使你在战争结束后获得 1 枚紫心勋章。”我猜测道。我敢打包票斯莫基一定能活着看到战争结束的那一天。“你可能会得到更多的津贴，只要能证明这个伤口。一战结束的时候国家也这样补偿过伤员。”

“为了这点伤口？”他告诉我他曾和罗洛在海龙号被袭击后，急匆匆地爬上岸，奋力扑救被敌人战机引燃的油箱和仓库，看起来对斯莫基来说紫心勋章没有什么大不了的，甚至低估了他们的功劳。那一次，他们的首要任务就是将鱼雷都搬出码头旁边的建筑，这样就可以避免周围的建筑被炸掉。“情况危在旦夕，罗洛和我在周围不停地奔跑并把伤员拖出布满硝烟的小棚子。扔掉燃烧的物品，然后冲进港湾把鱼雷放到手推车上运到码头边上的海里，防止河里燃烧的油漂过来。”之后他回想起有些船正在用高射机炮射击这些飞机。但是没有任何敌机被击中。“罗洛和我继续把大家召集起来，如此一来避免盲目地行动。有许多人像懦夫一样，随后我们去了迪克霍斯的舰队和与海龙号连在一起的信鸽号。然后，我们被迪克的舰队拖船从甲米地的熊熊火海中拯救出来，转到菲律宾的克雷吉多尔岛。在那里，它被康诺普斯号修理舰花了一个多月的时间才完成整修。”

斯莫基现在担任海龙号的大副，他以前在海军足球队中踢中后卫，短小精悍，健壮无比，好像对海龙号勇猛的攻击并不关心，但看得出来他厌倦了这些。斯莫基绝对是人中豪杰，似乎不会屈从于其他人的指挥。他蓬乱的短发和方形脸庞，又长着参差不齐的胡须，从来都是一副冷漠的神情。事实上，除了弗朗兹·霍斯金斯，其他海龙号的军官都很低调。尤其是艇长，沉默寡言，不爱交际。

艇长皮特·费罗要比我们这些人大 10 多岁。所以很多时候他就像一个父亲，会给我们提出很多小建议。不过，通常他觉得真的需要给我们一些建议才这么做。对于海龙号的运行他充满了担心。罗洛宽慰我说海龙号一定会击沉很多敌船是因为这个“老头”对日军军舰的毫不畏惧。“他总是睡得很香，并且睡觉的时候手也不会因为紧张而打战。”

尽管我要在艇长上铺睡觉，但我一点也不担心睡眠问题。他是一个很安静的人，不管是醒着还是睡着，工作的时候他总会把灯光调到很低。艇长也会安静地从甲板走到舰桥上。他好像对老兵告诉刚上艇的新兵注意事项这类事很感兴趣。斯莫基已经告诉我东京玫瑰如何通过广播报道 1 艘红色潜艇把印度尼西亚凯姆拉湾的几艘船给击沉的消息。“她说的正是海龙号的事迹。”当艇长打断的时候他正要解释为什么东京玫瑰会把海龙号叫作“红色潜艇”。

“鲁赫，你真的会玩纸牌吗？”

“是的，长官。”我知道我不应该如此快速地回应这件事。罗洛感觉得到艇长来了兴趣。“他和我一样来自费城，我们都是玩纸牌的高手。”实际上罗洛来自威莱斯博特，而我来自艾伦镇。

“像你一样？”艇长带着嘲讽的语气问道。

“不像我，”罗洛反驳道，“他可是真的很厉害。”“那就让我们见识见识。”然后对斯莫基说道，“晚饭后我们就开始。”

斯莫基说道：“好的，长官。”很明显声音有些敷衍。

当艇长从舱盖下去的时候，罗洛带着不平静的语气悄悄对我说：“从现在开始，只要艇长有空闲就是我们玩牌的时间。”罗洛又说道，“鲁赫，这下你肯定不会有太多的空暇用来读书了。”

“你们的赌注是多大？”我开始对玩纸牌的事有些不安了。

“只有1美分，绝不会乱来的。”斯莫基有点邪恶地说道，“艇长喜欢规矩地玩牌，不用担心输钱，赌注都很小。”

那晚在晚饭的时候，我问斯莫基关于被东京玫瑰称为“红色潜艇”的事。“美国的海盗潜艇野蛮地攻击手无寸铁的日本商船，一个活口也不留。东京玫瑰被认为是日裔美国人，她在日本的广播里当英语主持，我们都知道，她把海龙号潜艇称为‘红色潜艇’的原因，”斯莫基说道，“因为顶部粉刷的黑色油漆在海龙号进入水中以后全都被冲洗掉了，红色底漆也显露出来了。很长一段时间，海龙号看起来就像是地狱的恶魔一样恐怖。等到海龙号完成焊接后，在马尼拉的康诺普斯号修理舰匆忙而粗糙地为它完成了油漆工作。”“艇员们喜欢海龙号被东京玫瑰特别关注，”斯莫基说道，“只要我们在海面上，通信兵就会把电台调到东京玫瑰的频道。而且艇长会告诉艇员东京玫瑰将要说些什么。即使海龙号根本不在海里，她也会添油加醋，无中生有地报道红色潜艇。”记得海龙号在上一次的巡航中击沉了里斯本丸号。东京玫瑰恶毒地重复着“所有听这次广播的澳大利亚人和美国兵都应该知道，遭受红色潜艇袭击的是从新加坡运送战俘到日本的船只，船上有700名澳大利亚和英国战俘。在红色潜艇的残忍的鱼雷攻击下，没有任何的生还者或被红色潜艇救起的俘虏。他们站在潜艇的甲板上，嘲笑着这些即将被淹死的人”。但是海龙号从来没有浮出过海面，艇长通过潜望镜观测海面时也从来没有看见任何生还者。

“她究竟想说些什么？”我问。

“我猜她是想告诉澳大利亚人，美国潜艇是多么残忍，想挑拨离间我们和澳大利亚人之间的关系，让他们对我们充满敌意。”

我突然想到英国广播里关于德国U型潜艇的暴行，尤其是和它在1941年美国加入战争前的播报是多么相似。

晚饭前我问罗洛艇长打牌的原则是什么。“我们一共有五个玩家，第六个军官站在甲板上要值守海面观测任务。”当我们夜间在打牌的时候，艇长和大副戴着红色的护目镜以便于当他们突然被甲板上的军官叫到舰桥上时能够很快地适应夜间环境。因此艇长用笔把牌上所有红色的数字和点数都画出来了，这样戴上护目镜也可以看得清楚。

罗洛已经提前警告过我，对军官而言，这是他们唯一消磨时间的娱乐。当我问到潜艇上的小说在哪里放置的时候，发现在军官室的书架上只有《航海手册》和一本词典。罗洛粗鲁地说道：“谁会有工夫在潜艇上看书呢？”

不出所料，因为纸牌游戏我很快遭到了艇员们的鄙视。很显然，艇员们尤其是艇长都想把我拉回到现实中来，让我变得谦卑一点。每次我想要花招时他们总会有机会用红心或者皇后压我，都是故意这么做的。每次艇长用黑桃皇后压我的时候总会暗自发笑，总会“嗨，嗨，嗨”地喊几声并露出一排大牙。他总会充满戏剧性地缓缓地放下皇后压下我的纸牌，就像放了一张百元大钞，然后大家看着帽子，源源不断地往里捐钱。

晚饭的时候，我告诉艇长我第一天看到海龙号的印象。我告诉他我觉得海龙号注定要在战争中大展雄威。艇长显然被我的想法逗乐了。但是可以看出他也同意我的说法。随后他又告诉我海龙号如何在起航的第一天在电船公司用香槟接受洗礼后，松开导缆器时拒绝从滑道上下来的事。“它是美国历史上第二艘拒绝按时出发的船只。第一艘是宪法号。所以海龙号应该很不同寻常。”

11月25日这天，我们收到命令，要求海龙号的巡航海域转到新不列颠岛位于南纬4° 20′ 到6° 之间的区域。这次的巡逻任务要比以往有意思得多，巡逻区域处在了新不列颠和新爱尔兰岛之间，而且又离拉包尔的圣乔治海峡很近。这里正是日军突袭所罗门群岛夺回瓜达尔卡纳尔岛的大本营。11月15日最后一次的舰队海战中我们看见了一大批日军的战列舰、巡洋舰，还有驱逐舰从卡维恩突围。

他们通过斯洛特一带并袭击了正在瓜达尔卡纳尔岛执行巡航任务的一大批

美国战舰。这场海战的结果是美军击沉了日军战列舰比睿号，还有几艘驱逐舰。美军则损失 7 艘驱逐舰和 1 艘巡洋舰，另外南达科他号战列舰严重受损。但瓜达尔卡纳尔岛海战被美军认为是一场胜仗。

因为它把日军舰队赶回了卡维恩和拉包尔港。

在过去的 25 小时里，海龙号已经用了超过 4000 加仑的燃料。但是这些舰队潜艇在必要的情况下其续航能力可以绕地球半圈。海龙号总共携带了 10 万加仑的柴油和充足的食物可以持续 90 天的海上巡逻任务。有人具有远见卓识，认为美国海军横跨太平洋去打仗需要一双“长腿”。而海龙号能够以 12 节的速度航行 14000 海里。

到 26 日的时候，霍斯金斯和我都像往常一样在甲板上做仰卧起坐、俯卧撑、伸展运动。我们会试着说点乐子调节气氛。弗朗兹 · 霍斯金斯正躺着，充满力量。他银色的头发以及闪亮的牙齿让他显得很有魅力。他于 1938 年华盛顿大学体育教学专业研究生毕业后，得到了美军海军预备军官的委任状，并且在 1941 年春天加入现役。这时的他在军衔上要高于我和罗洛。但我们不承认他级别高于我们。并且，对皮特艇长来说这不是什么大事。在海龙号上大家一视同仁，没有高低贵贱之分，斯莫基也一样！艇长从来没有对军官由膳宿管理士官领导有什么异议。还有就是对大家的关注和尊重。他把这些当作理所当然。这是潜艇上最有吸引力的事情之一。平易近人的军官不用军衔和职位解决问题。

在 27 日下午，那时海龙号正在进行下潜训练，斯莫基正在用潜望镜观测，报告说看见 1 艘潜艇正在相当远的海面上航行。我一听到潜艇这个词，心里咯噔一下，就好像看见了一条响尾蛇，后背凉丝丝的，心跳加速，喉咙发干。响尾蛇不在攻击距离之内我都觉得危险就在咫尺之间。潜艇以高速向北航行。声呐兵报告：“潜艇发动机转速已经达到每分钟 280 转，大约 18 节的速度。”斯莫基把潜望镜交给了急匆匆地赶到指挥塔的艇长。“从它的轮廓看好像是我们的潜艇，”艇长评论道，很坚定地说，“可能是旗鱼号，它是被安排在我们出发几小时之后出发的。”艇长估计它已经离我们不到 400 码了。所以如果它是敌人的潜艇我们也无法对其瞄准并发动攻击。

丹提 · 摩尔指挥的旗鱼号就是以前的角鲨号。1939 年它因为潜水时主吸入阀无法关闭而沉入海底，后来被打捞上来了，修复后被赋予了新的名字。在迪克沃格执行了第一次战时巡逻后，已经成为 1 艘成功的潜艇。

我注意到斯莫基皱起了眉头。我对他说道："在这荒无人烟的地方能遇见 1 艘潜艇真是有些吃惊。"他看了我好一会儿，缓缓地说道："不是你想象的那样，是我的背撕心裂肺地疼。"我应该注意到像斯莫基这样的硬汉一定有着丰富的战争经验，不会被突然出现的潜艇可能会射过来的鱼雷所吓到。但是背疼意味着什么呢？心理反应而已吗？我在 S-37 号上看到其他艇员也出现过这样的情形。

29 日，潜艇在拉包尔和瓜岛之间进入瓜岛海域，全天执行下潜任务，对此，上级命令我自己一个人在甲板上执行观测任务，没有罗洛令人怀疑的指导。在接下来的巡逻任务中，我发现其他的军官都留了胡子。但是我的胡茬长得很快让我觉得邋遢，不干净。所以我总会及时剃掉。

海龙号第一次和敌人相遇是在 13 日早上。斯莫基监测到在圣乔治海峡的北部有敌船。慢慢地我们看到四艘船的顶部，这意味着这些船要经过新冰岛进入拉包尔。很快这些船就在视野中消失了。

在执行全天下潜任务中，我们听到了雷达搜索声，好像从拉包尔另外一个海峡边上的新冰岛海岸站点之间的位置发出。艇长猜可能是一个自动的声呐探测仪，就在约克岛北部的杜克。它可以保护日军船只从北部顺利进入拉包尔港。到目前为止艇长决定不去冒险暴露目标，因为迟早会有敌船穿过海峡通过所罗门群岛或者是新几内亚东部再次给前线日军运送补给。

天刚破晓，潜艇浮出水面前，我们通过潜望镜发现 2 架飞机。由于有月光的缘故，海面显得很亮。所以，在夜间的前几小时里，我们也有可能会被敌机发现。幸运的是，海龙号的 SD 对空雷达应该可以在任何飞行器发现我们之前做出预警。考虑到夜间敌机的巡逻任务一般会安排在满月的时候。纸牌游戏在午夜饭点开始之前就已经持续好几个小时了。潜艇供应夜宵是因为艇员需要在遇到敌人的突发情况下能保持体力，迅速地做出反应。当大家停止玩纸牌，军官室的桌子上换上夜宵时，我问艇长何时才能让我在潜艇上成为有资格的军官。我还是想戴上军官的徽标。尽管艇长的卡其色衬衫的领子上也没佩戴金色的军官标志。每个人都会注意到不同军官之间不易察觉的区别。但军官们总会戴着他们的帽子在船里走来走去，可能是提醒艇员们，他们在潜艇上的特殊地位。

艇长让我向他展示我做的关于海龙号的不同系统的草图：高压系统、燃料供应系统、电力系统、维修系统等。当我用各种彩色的墨水和尺子在笔记本上画完图时他吃了一惊，没想到我会绘制得如此完美，但却表现很冷淡："好的，你已经可以胜任了。"想了一会儿他又建议我去找文书军士写一份申请书再让他签字。

罗洛和霍斯金斯已经听见了这个消息，他们问道："那我们呢？"艇长看了他们一会儿然后缓缓地说道："你们两个都没有。"然后大家伙就散了。为什么？为什么我得到了认可？是因为艇长厌倦了罗洛和霍斯金斯面对取得资格那种懒洋洋的样子吗？这说明艇长的脾气让人捉摸不透。

12 月初，海龙号将要在拉包尔附近执行巡航任务。有许多日军驱逐舰都在搜索海龙号。驱逐舰护送船只带着补给物资向布纳、新几内亚行进，这些驱逐舰以及其他大量的战舰在瓜达尔卡纳尔岛附近进行活动。

在日落之前，当电池电量被充满时我们发现北部远处有 4 艘驱逐舰。它们主动式声呐信号发出刺耳的声音。它们似乎在搜索拉包尔附近的 1 艘美国潜艇。在日光下，其中有 1 艘驱逐舰向着海龙号全速前进。它的转向意味着发现了我们。所以海龙号马上以最快的速度下潜。布巴在艇长从舰桥上下来的时候，提醒他告诉下潜军官启用压载舱紧急下潜，以便能让海龙号下潜得更深更快。艇长点了点头，微微一笑，然后靠在控制室的舱盖一本正经地命令："使用压载舱下潜到 240 英尺（约 72 米）的水下。"布巴长长地嘘了一口气。下潜后，海龙号悄悄地滑入海峡底部。

15 分钟后，我们听见了 4 艘日本驱逐舰的螺旋桨声。它们在海龙号最后一次被发现的地方来回搜索。在接下来的两小时里，它们来回侦测却无法进一步追踪到海龙号。最终它们不得不放弃，消失在海面上。尽管渐渐消退的雷达探测声还能被听见，但我注意到艇长对这次敌人猎捕海龙号的行动没有任何反应，十分淡定。

下午，从拉包尔方向听见许多爆炸声。之后，在夜幕降临之际我们浮出水面。从一条拦截的消息中得知麦克阿瑟将军的轰炸机已经抵达拉包尔，并开始集结军舰准备重新夺回瓜达尔卡纳尔岛。消息指出了在卢加洛德岛取胜的重要性，并告诉我们11月13日在瓜达尔卡纳尔岛进行了一次舰队大海战。有8艘日本增援军舰遇上了美国海军舰队。在那次海战中日军损失了1艘驱逐舰，美军则损失掉了北安普顿号重巡洋舰，还有几艘驱逐舰受损。此次海战，日军的鱼雷要比美军的鱼雷大两倍，而且射程更远。从爪哇海之战来看，他们的鱼雷射程大概有25000码。相比之下，美国的鱼雷简直不值一提。

天黑之前，2艘日军驱逐舰在远处海域从我们视线中消失了，以高速驶向了拉包尔港。这是日军最大型的驱逐舰，因为在它的烟囱上有一条白色线带，所以很好区别。艇长猜它们正在向位于新几内亚岛的曼达运输供给，而不是瓜达尔卡纳尔岛。

12月2日下午，4艘日军驱逐舰横冲直撞地开来，虽然海龙号在电力驱动下加速追赶，距离最近的驱逐舰5000码，但仍然超出鱼雷射程。这些“大铁罐”速度超过了最快的美国军舰。它们似乎急于赶回拉包尔庆祝他们的大胜利。至于其他幸存的日本驱逐舰，艇长认为他们的损伤已经拖延了他们返回基地的时间。

那天晚上，来自菲律宾的军官膳宿管理士官宾纳福在我的下铺放置了一堆清洗和熨烫后的衣服。当我开始在我的小更衣室放置时注意到两个内裤上印着山姆的名字，看到这一幕我马上有一种想吐的感觉，我不记得我读过的什么书，说这将会带来坏运气。但面对一切还都正常运转的潜艇，没人会把注意力放在这些迷信上。所以我把山姆的内裤和另外几件衣服存放在我的更衣室里。

第二天早上，看见1艘商船出现在东方，声呐兵报告在同一方位听到了雷达搜索声。艇长觉得很有可能是1艘Q型船，一种令人讨厌的伪装成商船的反潜舰，正在引诱海龙号上钩，然后再向我们发动进攻。幸运的是它离我们太远而无法向我们射击，而且艇长对此类船只很是鄙视。可以确定的是艇长会向它发射2枚鱼雷，碰碰运气，虽然大多数都会以失败告终。从以往美军的报告中我们了解到，尽管让鱼雷设定在水下 2 英尺（约 0.6 米）的深度发射，但还是会从目标船的下方掠过去，目标实在太小。事实上当美军潜艇发现这种冒着黑烟的小船时，往往发射 3 枚鱼雷都无法命中这种排水量很小的船只。但是一旦它发现潜艇的踪迹就会立即发起攻击。当它们迅速接近我们的时候就会在主甲板上露出大炮，这对消灭 1 艘美军潜艇来说已经足够了。

第一次是被驱逐舰攻击，然后是 Q 型船。下次会不会是日本潜艇？艇长在那天晚上打牌的时候强调我们所有的人都要保持高度警惕，因为说不定在什么时候我们就会碰到日军潜艇。月圆之夜，夜间潜伏的潜艇很容易在月光下发动袭击，而我们在能见度不高的夜间，等发现鱼雷向我们冲过来时就为时已晚。

午夜吃完晚餐之后，大家又开始玩纸牌游戏，加上艇长在内也只有三名军官。“谁不见了？”艇长暴躁地问。“猪油”霍斯金斯嘲讽地傻笑着说，“罗洛在甲板上值班。”“猪油”是他给路德 · 约翰逊的绰号，他似乎怨恨约翰逊暮气沉沉的方式生活。约翰逊的圆圆的、像佛陀一样的脸和其表达的寂静不会显露任何情感，这和他软弱的性格有很大关系。此外，约翰逊心平气和，不像霍斯金斯充满自信。

艇长盯着霍斯金斯没有表露出半点愤怒。然后他厉声说道：“我不想让你或任何人在这艘潜艇上取笑我的艇员。”斯金斯笑嘻嘻地回答：“是，是，长官。”这让艇长更加抓狂。艇长猛地将座位拉开，自己一个人走进了他的寝室，边走边说道：“当约翰逊出来的时候告诉我。”没有人再敢冒险回答：“是，是，长官。”

当约翰逊回到军官室的时候，艇长静静地低头玩牌，一言不发也没有看霍斯金斯。在玩牌的时候我期望艇长能通过打牌发泄他对约翰逊的不满，结果却发现只要有可能他就用好牌压我，好像是我犯了什么错误一样。

天亮之前，大家还在玩纸牌游戏，就在海龙号开始白天的下潜巡逻任务时，从潜艇内都可以听到一阵低沉的噪声。在几秒钟之内，两次巨大的震动让潜艇失去了平衡。我们呆若木鸡，纸牌都掉到了地上。艇长大喊道：“我们搁浅了。”当看到军官室防水壁上的深度测量计上显示潜艇在水下 100 英尺（约 30 米）时，我提醒道：“我们现在可能处于 1000 英寸（约 25.5 米）以下的海域，艇长。”他从座位上跳了起来冲到指挥塔。艇长冒险用声呐测量仪测出我们在水下 1600 英寸（约 40.5 米）的地方。很显然，海龙号并没有搁浅。随后艇长猜到这可能是拉包尔一带的火山爆发了。巨大的爆炸以地震波的形式将能量传到海上，一直影响到我们所在的海域。随后我们在东京玫瑰的夜间播报中得到证实。她说在整个西太平洋都感受到在拉包尔附近发生了一次强大的地震。

由于海浪太大，海龙号不停地震颤。

通信员说东京玫瑰的广播中报道了这次地震的消息，对此我评论道：“她可能会说‘这就是美军红色潜艇现在的方位，如今它可能已被我们强大的反潜力量消灭了’。”我上一次查看海龙号指挥塔和桅杆顶上剪状物的时候，它的黑漆已经被冲洗掉，现在成了名副其实的“红色潜艇”。因此，假如白天海龙号在海面上被敌军发现，东京玫瑰可能就会警告海龙号的艇员，日本方面会马上出击，摧毁“正在拉包尔附近巡逻的红色潜艇”。

黎明时分，我们在下潜之前发现 1 艘排水量 2000 吨的小油轮出现在北方的视野中。没有任何护航舰船的身影，大家放下了纸牌迅速下潜并进入战斗状态。7 点的时候，艇长把海龙号调整到最佳的射击位置。前舱的鱼雷已经待命，在控制室，霍斯金斯操作的 MK-1 鱼雷数据计算机出了些差错。

霍斯金斯在对指挥塔的艇长大声喊道：“陀螺仪无法匹配。”艇长喊道：“到底差多少？”“太多，我们根本无法开火。”

“太多是多少？”艇长似乎不相信他的判断。

“继续，开火！”

“误差太大，这样只能浪费鱼雷。”霍斯金斯乞求道。

就这样他们来来回回剧烈地争吵着，直到艇长厌烦地说让鱼雷手手动匹配陀螺仪，霍斯金斯有先见之明，直接让前舱执行，所以鱼雷手待命在鱼雷管前，看鱼雷指示板，并用手转动陀螺仪设置方向。

但等到手动设置好之后，小船已经过去了，超出了鱼雷射击的角度。艇长轻轻地叹了口气，说停止鱼雷攻击。海龙号的 MK-1 鱼雷是一战时候的老古董了，很明显现在我们用起来不是那么顺利。

我已经提醒艇长在他进行潜望镜观测时搜寻敌机的去向，他快速地扫视了一眼上空的情况，然后报告："一切正常！"对于日本船只的逃脱我还是有些情绪，性急地对艇长说："我们浮出水面，用我们的102毫米炮击沉它吧！"

艇长轻轻皱起了眉头，眼里充满了慈爱："这次不行，我们离他们的基地拉包尔太近了，攻击后无法安全逃离。"

我真应该在说出这个愚蠢的建议之前咬住自己的舌头。艇长不愧是有经验的老将，知道其中潜在的危险。而我也渐渐地开始欣赏他的领导艺术了。

中午，罗洛看见了大量的轰炸机从我们的上方飞过。它们似乎正前往拉包尔。罗洛无法分辨是美军还是日军的飞机。

6日一整天就看见2架飞机。7日在珍珠港事件纪念日这一天，只发现1架飞机。令人失望的是，这一天结束的时候也没有任何情况。事实上，海龙号的巡逻过于平静，没有像我刚登船时所期待的那样激烈。

夜间收到消息称美国的鱼雷快艇在斯洛特一带用鱼雷击沉了1艘日本船只。艇长停止了纸牌游戏，听取斯莫基汇报科雷吉多尔岛陷落前关于海龙号的秘密使命。"皮特艇长被要求停止巡逻，去马里韦莱斯附近一个码头接一些重要的人物，并将他们送到澳大利亚的弗里曼特尔港。2月4日深夜，鱼雷艇靠近海龙号把从菲律宾那转移来的一队虚弱又憔悴的军官送到船上。他们大都是医生。鱼雷艇的艇长说他们需要2枚鱼雷，这样他就可以重新战斗了，所以皮特艇长给了他们2枚海龙号的鱼雷。同时艇长和鱼雷艇上麦克阿瑟将军手下的一个军官争辩起来。那个军官惹是生非，并威胁艇长必须把将军的家具运到澳大利亚。但艇长对于这种特权行为并不买账，他说：'海龙号上已经没有足够的空间可以放其他东西了。'最终达成妥协，我们只把麦克阿瑟将军的两箱衣服装到海龙号上来。凌晨2点，海龙号离开了码头，前往澳大利亚。"

当斯莫基讲完他的故事后，1名艇员向艇长报告说，他们中的一个人正在休息室因为牙龈发炎而疼得嗷嗷直叫，很痛苦。

艇长问道："药剂师利普斯不是正在那里帮助治疗吗？"

"是的，长官。"通信员说道，"但利普斯说无法应对所以需要帮助。"于是艇长转过头对斯莫基说去后面帮忙解决问题。

利普斯无法胜任这份工作？要知道他曾在海龙号之前的巡逻任务中成功地

完成了阑尾切除手术。现在一个牙痛的问题就让他束手无策？我想和斯莫基一起到后面看看事情的缘由，但没有艇长的允许任何人都不能丢下手里的纸牌。他只派斯莫基下去看看情况。

几分钟后，斯莫基回来了："那人疼得歇斯底里，所以在得到那人的同意后，我把他的牙拔掉了，利普斯也想帮忙，但他力量太小，根本不可能以正常的方式把牙拔出来。"我觉得到斯莫基已经开始迫不及待讲述这个恐怖的故事了。"事情是这样的，我们先让他躺在甲板上，这样他就不会到处扭动身体了，在这个人大喊大叫不停叫骂之后，我用工具箱里一把普通的钳子，把牙给拔出来了，但为了防止造成坏血病，我事先把钳子放在酒精里消毒了。"

对于后面发生的事我很震惊，因为我觉得太残忍了。而斯莫基在讲这件事的时候一本正经，也没有显露出来一点儿同情心。我想在经过那次阑尾手术之后，诸如此类小事对我们海龙号的艇员来说已经习以为常了。

斯莫基最后评论道："嗯，我想在这次的巡航任务中不会再有人抱怨牙痛了，没人愿意被狠狠地拔掉牙齿。"

8 日是天崩地裂的一天。之所以这么说是因为一年前的这一天日军偷袭了珍珠港致使美军伤亡惨重。而现在海龙号所处的位置就在国际日期变更线的西侧。

早上 8 点，3 艘日军驱逐舰以 26 节的速度向海龙号飞驰而来，它们正前往所罗门群岛的曼达海域。它们中距离我们最近的也有 2700 码远。射程太远，我们的鱼雷根本无法命中这样高速行驶的驱逐舰。

25 分钟后，又有 3 艘高速行驶的驱逐舰进入视野，并朝相同方向驶去，速度甚至更快，全体艇员又进入到作战状态。我们如同捕捉一只老虎一样跟在驱逐舰后面。每时每刻都很危险，仅仅是宣布驱逐舰进入视野的报告就让我心里怦怦直跳，惶恐不安。驱逐舰首要目的就是对付潜艇。日军的这些驱逐舰似乎专门是为了威慑我们。当他们遭遇潜艇的时候就像老虎一样迅猛矫健。很少有艇长会冒险，在驱逐舰向他们开来时还会将潜望镜露出水面。他们希望给驱逐舰致命的一击，直接炸飞船首，并让驱逐舰失去动力。但这确实非常冒险，就如同尝试在老虎跳跃起来扑向猎人的一刹那给它头部以致命的一击。

3 艘“大铁罐”在向右转弯的时候，似乎发现了海龙号的潜望镜。他们转弯时正好经过我们的艇尾而非艇首。这让我们一阵紧张，潜艇内混乱了好一会儿。艇长迅速让艇尾鱼雷舱做好准备待命发射鱼雷，但从后舱中传来消息，鱼雷陀螺仪不能与霍斯金斯的计算数据相匹配。海龙号又一次失去了机会，虽然距离仅仅 2000 码。

海龙号的水下航速太慢，最快也只有 8 节，根本无法赶得上航速超过 25 节的驱逐舰，所以无法进入好的射击位置对驱逐舰进行攻击。此外，面对如此快速的驱逐舰，鱼雷陀螺仪角迅速地改变，需要顺利完成陀螺的设置操作。这也绝非海龙号能轻易完成的。

几分钟后，3 艘驱逐舰消失了。但艇长很快发现 1 艘驱逐舰正朝海龙号开来。我觉得一定是海龙号被发现了。很明显，正如艇长报告的那样，因为当驱逐舰席卷而来的时候有许多穿白色衣服的日军正在驱逐舰上站着，但艇长觉得它和之前的 6 艘驱逐舰不同，这艘驱逐舰的速度显得要慢一些。它也以“Z”字形前进，并进行了雷达探测。但它的雷达搜索并没有对准海龙号，艇长已经把海龙号调到最佳的射击位置了，3 枚鱼雷蓄势待发。当与敌舰只有 1450 码的距离时，3 枚鱼雷全部发射，真是完美的流程!

随后艇长兴奋地喊道:“第一枚鱼雷已经升起大团黑色的烟雾，这标志着鱼雷对准了驱逐舰。”但令人沮丧的是它没有命中，敌舰发现烟雾并避开了，紧接着“这该死的 3 枚鱼雷都从驱逐舰的右舷边上擦过去了”，很遗憾。这可能是鱼雷手在装鱼雷时出现了差错，让烟雾释放了出去。这使得大量的热的可燃烧气体进入水中。

驱逐舰又以高速折回来，所以艇长命令“紧急下潜”。布巴问:“要使用紧急下潜方式吗? ”“是的，快点。”艇长生气地说道。布巴担心下潜得太快，引起控制室一阵大笑，笑声很快缓解了紧张的气氛，随后海龙号遭受了许多深水炸弹的袭击，我猜大约有 15 枚，有一次 3 枚深水炸弹同时炸响。感觉就像有人在用大锤子猛砸船顶，而我数着炸弹数目，到后来炸弹数量太多，无法数清到底有多少个了。但深水炸弹被放置得很浅，大约在水下 50 英尺（约 15 米）的地方，它们把头顶上的涂料都震掉了，也震碎了几盏灯，船体还出现了几处泄漏。只有第一枚爆炸时因为离控制室太近而导致艇身剧烈地震动。当驱逐舰加速到 15 节的速度开始发射鱼雷时，艇长转向北方改变航线，慢慢地掉转船头离开驱逐舰的攻击范围。如果再慢一点它可能会被深水炸弹炸得粉碎。

后来罗洛天真地问霍斯金斯我们遭受深水炸弹攻击的情形是否比在 2 月被澳大利亚的空军错误轰炸时严重呢?

“不可能。”霍斯金斯坚持道，“我们那时受到的损害要比现在更糟，甚至连陶瓷马桶都震裂了。然而我们现在的这个并没有损坏。”我咯咯地笑着，这时罗洛给我使了个眼色。

驱逐舰仍在附近不停搜索，在离海龙号很近的地方传来几声巨大的爆炸声。听起来像是空投炸弹，因为在巨大的爆炸声之前总会有“当”的一声，声音要小一些。也许是美军的轰炸机来营救我们了，或是日本人正在轰炸被深水炸弹搅动的海水。这时搜索声消失了，并且驱逐舰螺旋桨的声音也听不见了。我们猜想海龙号的追击者已经被击沉或者开走了。

当海龙号返回到潜望镜深度时，海面再次恢复了平静。所以艇长决定浮出水面向美军指挥中心报告大约有 6 艘驱逐舰高速驶向了斯洛特海域。

浮出水面后，接收天线被绑在主甲板的起重架上，开始向指挥中心发报，但徒劳地试了大概 15 分钟没有发现任何回答，只好卸下天线，再度潜入了水中。

在水面上的时候，通信兵已经将频道调到了麦克阿瑟的轰炸机使用的频率，当我们听到轰炸的时候，他正在努力地寻找线索可是什么也没有找到，但他确实听到了一些美国飞行员声称：“我们发现 6 艘日军驱逐舰。”

天黑之前，我们重新返回水面上时，从通信兵收到的一条消息中我们得知麦克阿瑟的轰炸机击沉 2 艘驱逐舰，除此之外，还在斯洛特的布甘维尔一带重创至少 1 艘敌舰。这意味着我们之前发现的 6 艘驱逐舰现在只有 3 艘可以正常运转了。听到这个消息大家开心地欢呼起来，这意味着在返回拉包尔的途中只有 3 艘驱逐舰需要对付了。但我们还是有可能会遇到危险，不敢因此放松警惕。

第二天，当我在指挥塔内坚守岗位通过潜望镜巡视时，突然发现有许多水柱涌向天空，过了一会儿传来炸弹爆炸的响声。我把海龙号带到水下 52 英尺的位置，想看清楚发生了什么。发现不止 3 艘驱逐舰，而是 5 艘都在返回的路上。它们正在以“Z”字形全速前进，当 5 艘驱逐舰驶向海峡方向在我的视野中消失时，我看见麦克阿瑟的轰炸机至少击沉 1 艘日军驱逐舰。

大约 10 分钟之后，在同一个方向传来了更多的炸弹爆炸声，有 1 艘大船速度慢慢降了下来，在炮火的攻击下已经是浓烟滚滚，这是第六艘驱逐舰。直到它在我的视野中消失时还在继续向北前进。

我已经仔细用潜望镜看了看喷涌起水柱上方的天空，没有看见 1 架轰炸机，可能是白天日光直射而且距离太远的缘故。它们大概处在 17000 米的高空，轰炸机试着在那样的高度击中 1 艘以“Z”字形行驶的灵活高速的驱逐舰是不可能的。

10 日，除了午后看见远处 1 艘冒着浓烟的小船之外并无大事可言。再次从缓缓行进的船的方向听到了声呐搜索声，毫无悬念，还是同一艘 Q 型船在试图引诱海龙号进入攻击的范围，艇长无意浪费任何电力靠近它。

潜艇在浮出水面后，通信兵从西太平洋指挥部收到了一些消息说在接下来的几个星期内大量的日军船只将会向拉包尔调遣，他们的潜艇和驱逐舰，也会带货物从北面向新几内亚或所罗门群岛开进。

我在夜间执行海面观测时，能够呼吸着夹杂着两岸丛林气息甘甜又清爽的空气，真是令人心旷神怡。SD 对空搜索雷达还在不停地搜索，海龙号看起来不会有遭受空袭的危险。尽管日军飞机能够监测到神龙发出的 SD 雷达搜索信号，但在月光下根本看不到海龙号的准确位置，除非离得很近。而且当雷达显示飞机接近到 6 海里的时候，海龙号就已经下潜了。很不幸，因为夜里有薄雾，海面很平静，以至于如果有帆船或小巡逻船靠近，海龙号可能都毫无察觉。所以我们需要一种能检测海面情况的雷达来确保夜间的安全。

12 月 11 日，当靠近新冰岛底部的圣乔治海角时，在潜艇下潜不久后，我们从黎明的曙光中发现 1 艘大货船，还有 1 艘布雷舰，其实是经过改装的驱逐舰，小心翼翼地来回在货船前面巡逻，确保货船的安全。这 2 艘船以 10 节的速度驶向拉包尔方向。货船在水中显得很高，而且没有装载货物。大家迅速进入战斗状态，罗洛提醒道，从 3 日开始，我们已经发现了很多敌情，尤其是 2

日、5 日、8 日，然后是 11 日。艇长看了看货船确定它就是排水量为 6100 吨的柔弗丸号。

早上 7 点海龙号已经在水中进入了良好的攻击状态，2 枚鱼雷蓄势待发，发射深度被设置在水下 6 英尺（约 1.8 米）。每枚鱼雷角度有 4 度的偏差，进行扇形发射。艇长不信任霍斯金斯的计算机解决方案，所以我们采取了罗洛 · 米勒的 MK VIII 班卓计算机解决方案。

我们观察到第一枚鱼雷击中了货船右舷的主桅杆，爆炸破坏了货船的发动机舱，并让螺旋桨停了下来，船身也向右舷大角度倾斜。第二枚鱼雷从目标的下面过去没有击中船底。据观察鱼雷尾迹进入货船前面的舰桥但没有爆炸。

艇长骂道第二枚鱼雷没能击中，而第一枚 MK-10 鱼雷不足以彻底击沉 1 艘货船。

在指挥塔听到攻击的声音后大副给了一个倒拇指。当布巴听见艇长“躲开深水炸弹”的命令后，马上采取了紧急下潜措施，把潜望镜收起来的时候，艇长已注意到布雷舰已经朝海龙号杀气腾腾地赶了过来。

几分钟后，8 枚深水炸弹被投向海龙号。海龙号下潜到 250 英尺（约 75 米）的地方先听到雷管的嘀嘀声然后又听到深水炸弹的爆炸声。随后传来一声巨响。这些炸弹离我们都很近，生死关头，大家心惊胆战。但它们除了让船体震动、电灯摇摆不定以及震碎了一些玻璃之外并没有造成其他损伤。

很快他们又投下 3 枚深水炸弹，但距离太远，影响不大，以至于艇长命令我们下潜至水下 58 英尺（约 17.5 米）的地方。等抵达相应深度之后，他快速确定受损货船的具体位置，发现它一动也不动地停在布雷舰前面，并试图接过布雷舰抛过来的一条缆绳，用来拖着它逃回基地。

艇长将潜艇保持在潜望镜深度并加快速度靠近这 2 艘船。通过潜望镜他又发现 1 架飞机，它在我们头顶扔下 1 枚炸弹，但还好炸弹在水面爆炸，并没有对我们造成任何伤害。

艇长将潜艇下潜到 100 英尺（约 30 米）的水下，决心以最快的水下速度接近目标船只试图再给它一记重击。7 分钟后海龙号放慢速度并升至 50 英尺（约 15 米）的深度。然而再次浮出水面时，却遭到多枚炸弹的袭击，海龙号不得不再次下潜并以7节的船速在100英尺的水下行驶，然后返回到50英尺的深度，这时，我们清楚地发现此时货船正由布雷舰拖着向拉包尔方向缓缓驶去。经过观察发现对距离3500码的货船发射鱼雷太过危险，而且我们的电池电力已经不足了，但艇长丝毫没有注意到消耗的电量，对他而言进入攻击位置才是最重要的。之后他才注意到电力不足将导致没法及时脱身。真是令人毛骨悚然。

尽管成功的航行定向表明海龙号无法和向南的3.5节的水流对抗，艇长仍然不甘心就此罢休，可到最后还是因为电量不足只能放弃徒劳的追踪，这时药剂师告诉我们有一位艇员在最后一次深水炸弹爆炸时得了紧张性精神病。艇长让我跟着利普斯去看看能对这个昏迷的士兵做些什么。等我一进去就看见了一个深度昏迷的艇员正躺在电池舱对面的卧铺床上，已经开始翻白眼了，毫无生机地躺在那里。唯一能证明他还活着的迹象是他的舌头像一条蛇一样一吞一吐。利普斯握住他的手腕并将氨水靠近他的鼻子也无济于事。这个艇员是我第一次看见因极度恐惧而陷入深度休克的人。大概因为他感觉这一枚炸弹可能会让他毙命而陷入绝望，而且这是他首次执行巡航任务。在围观的人看着利普斯急救时都说这个艇员总是把每一件事太当一回事。他总是一个人待着，从来不洗澡，除非霍斯金斯命令他。并且他从来不和其他艇员聊天。还好他慢慢苏醒过来，艇长随后解除了他的一切军务，令其好好休养。奇怪的是我发现自己在遭受深水炸弹袭击的那会儿没有半点恐惧，这可能是因为我完全处于帮助艇长执行任务的繁忙状态中无暇顾及当时的感受。

晚饭时，我们一起讨论白天发生的鱼雷攻击和深水炸弹事件时，罗洛同情地拍着霍斯金斯的肩膀，暗示海龙号受到的伤害比霍斯金斯在岸上时受到赛古号的轰炸要严重得多。

“这不可能！”霍斯金斯突然反对地说，“赛古号已经因轰炸受到严重损伤而回国修理，海龙号还是好好的呢。”

罗洛不屑地笑了笑，和他开起了玩笑：“我们现在也快要回国去修理我们的海龙号了，所以不都一样吗？”

于是霍斯金斯就换了个话题，他早知道这会是一个闹剧。

星期六又是空闲的一天。然而夜晚潜艇在水面航行时给电池充电显然已经成为非常危险的事。快接近满月之时，海龙号被迫停靠在岸边。我们时不时看见巡航的巡逻船驶向岸边。但它们目标太小无法攻击，所以我又只能忽视这样的小目标，让它们继续前行。它们发出的声响被我们的声呐兵听到，显示在 10 英里之外，追踪它们变得很容易。

海龙号的被动声呐能够在 6000 码外监测到高速行驶的敌方船队的位置。同时商船的螺旋桨发出的声音显示它们在不到 4000 码附近的海域。

13 日是星期日，我们发现几架轰炸机，听到远处的几声轰炸声，海龙号被 1 艘驱逐舰追击。艇长认出它是艘夕云级驱逐舰[1]，并说有许多人在前甲板寻找潜望镜的位置，当驱逐舰离我们只有 300 码的时候，海龙号把艇首鱼雷舱门打开，驱逐舰就掉转了船头加速逃走了。

星期一刚过午夜那会儿，我们又发现了 2 艘驱逐舰在海龙号附近出现，1 艘绕近道向海龙号逼近，所以我们不得不马上下潜。尽管海面上有月光的照射，当我们用望远镜观测时，还是看不太清楚这些驱逐舰。4 英寸（约 102 毫米）直径的 1 号潜望镜在夜间使用起来比较好，能够看清驱逐舰的动态。为了避免遭到鱼雷攻击，驱逐舰不停地变换航迹。最终我们也没能缩短与驱逐舰的距离，只能下潜离开。

15 日这天，我们在破晓后下潜。1 艘日本医务船很快就被认出来是冰川丸号，我们小心翼翼地通过潜望镜观察到它的全身都是涂成很正规的白色。船体

---

1 日本海军夕云级驱逐舰

夕云级是日本海军甲型驱逐舰系列中最后的代表作，是阳炎级的改进型，主要是军舰的线型有所改进，使航速进一步提高，同时续航力也比阳炎级有提高。但是甲型驱逐舰结构单薄，防空能力薄弱的缺陷依旧没有改观。

首舰夕云号于 1941 年 12 月建成服役，同级舰 19 艘，全部在战争中被击沉。

标准排水量 2077 吨，满载排水量 2520 吨，舰长 119 米，宽 10.8 米，吃水 3.8 米。动力系统：2 台蒸汽轮机，3 台锅炉，总功率 52000 马力，最大航速 35 节，最大续航力 5000 海里（15 节，载燃油 600 吨）。

武备：3 座双联 127 毫米主炮，2 座双联 25 毫米机关炮（战争后期加装 4 座三联 25 毫米机炮），2 座四联 610 毫米鱼雷发射管（有再装填能力，配备鱼雷 16 枚），深水炸弹 18—36 枚。

编制舰员 225 人。

两侧的中间墙面上有一块绿色区域，上面有绿十字标志。但这艘医务船一直以“Z”字形路线前进，而且有1艘小型战舰为其护航。这种行为是违反国际法的，因此我们怀疑这艘医务船装载着战时的违禁品，包括作战物资、军队还有重要的军事工业原材料。

那晚9点左右，霍斯金斯和我走到了甲板上吸烟透气，哼着歌放松下心情。天空的月光很明亮，水面升起一层浓密的雾气，我和霍斯金斯都沉醉在这片刻的宁静之中。这时正在舰桥上执行观察任务的罗洛冲过来，责备我和霍斯金斯太大意，竟然没有发现几艘驱逐舰趁着浓雾，正悄悄地朝我们靠近。这时敌舰离我们的距离只有600码，罗洛忍不住喊道：“我们要开战了，你们这些废物，快睁大你们的眼睛吧！”我们马上向前跑去，穿过指挥塔舱口，罗洛又喊道：“下潜！快下潜！”掌舵的舵手按响了下潜的警铃。在罗洛关闭舱盖的前一刻，瞭望哨从舱顶滑进船舱内，落在指挥塔的甲板上，随后他从控制室的滑梯滑下，如同消防员从消防站的杆上滑下来开动消防车一样敏捷。当他经过我们，准备接管下潜任务时，他咆哮道：“你这个浑蛋，快使用紧急下潜模式！”罗洛喊道：“准备战斗，准备发动鱼雷攻击！”

随后艇长进入了指挥塔，我告诉他至少有3艘驱逐舰正以高速从东北方向杀气腾腾地冲向海龙号。当艇长跑到前方看了看潜望镜时我说：“它们也许还没发现我们。”但是和往常一样，他所看到的只是驱逐舰向海龙号开过来时留下的痕迹。当反潜驱逐舰在2500码的距离之外时，是无法实施攻击的。随后又有艇员报告说，有多艘船只正从潜艇后方高速靠近，所以艇长决定转向使用艇尾鱼雷进行射击，但3艘驱逐舰的突然转向意味着它们准备正式接近海龙号了。由于陀螺仪设置问题，艇长决定不再冒险，放弃攻击。12分钟后，驱逐舰靠近的声音渐渐消失了，艇长让海龙号浮出水面发送一个关于这6艘驱逐舰的消息，这次被珍珠港的海岸站点接收到了。

一小时后，海龙号仍在海面上行进，又发现1艘驱逐舰出现在5英里之外我们刚才发送消息的地方。海龙号马上下潜，并设法接近正在行驶的驱逐舰，但驱逐舰驶出了我们的攻击范围并向着拉包尔驶去。

17日又是一个“第三天”，早上，我们向1艘涂着深灰色条纹伪装图案的货船靠近。1 艘小型护卫舰在其周围为其护航，并毫无目的地投掷了 1 枚深水炸弹，很显然，它是想以此吓退潜伏着的潜艇。然而这些炸弹并没有吓到艇长，反而让海龙号占据了一个更有利的攻击位置。但几次观测后，艇长发现货船改变了航线，到了一个出人意料的新位置。在艇长的命令下我们进行了四次观测，他总是下令“确定最终方位并射击”，但是每次开火都失误了，两次艇长转成艇尾攻击，然后下一次观测之后又转成艇首攻击，这些命令完全是混乱的，因为快速变化的陀螺角使得我们需要迅速调整，但是没有一次能设置完美，所以后来只能眼睁睁地看着货船安然无恙地离开。

卢瑟 · 约翰逊说，这次日本货船用了全新的曲线航行方法，这是在之前从未见过的，这就像一段连续无尽的正弦曲线。

在下午睡觉的时候，我听见在控制台有人提到“潜艇”二字，我像被枪击中了一样，从我的铺位上光着脚丫只穿着一个内裤跑了出来，准备战斗。艇长紧随在后赶到指挥塔。

霍斯金斯在指挥塔的潜望镜前监测时看到离海龙号很近距离有 1 艘日军潜艇浮在水面上，他快速让海龙号转向，向日军潜艇驶去，以便调整陀螺仪到零角度发射鱼雷。已经有 2 枚鱼雷准备好攻击。

艇长对这种情形已经有先见之明，早就和军官演练过如何应对这突如其来的潜艇，他相信如果在现在的海域发现潜艇一定是敌军的，不必判断敌我，立即开火射击。

艇长意识到在水面行进的潜艇，一定会被在不超过 200 码距离内的潜望镜发现，一旦被发现就根本没有反应时间。当艇长经过控制台时，问道：“潜艇在哪儿？”霍斯金斯说：“它就在海龙号的前方了，那潜艇的艇身是正对着我们，看起来移动得很慢。”就在艇长命令上升潜望镜之后，观察员报告说，潜艇正以 6 节的速度前行。后来声呐兵侦听不到敌人潜艇发动机的声音了。我们不得不用肉眼观察。

当艇长将眼睛靠在潜望镜上观察时，他快速地来回转动潜望镜观察着前方，但没能发现任何日军潜艇。霍斯金斯紧张得全身发抖。随后他发现海龙号左转，正好越过敌人潜艇的方向，于是他命令全速向敌人潜艇靠近。

艇长注意到了海龙号正向左转，于是命令我“稳住方向，将潜望镜对准潜艇方向”，并向罗洛发出命令：“告诉外面的人将前舱的鱼雷舱打开待命。”

我抓着潜望镜的手柄来回转动，仍然不能发现敌军潜艇。“它到底在哪里？”艇长冲霍斯金斯喊了起来，霍斯金斯焦急地看着罗盘指示，“它在325度。”霍斯金斯已经紧张得说不出话来了，全身发抖，然后说海龙号正在向左转动，正经过日军潜艇的方向。

艇长已经注意到海龙号仍然在向左转，于是命令道：“稳住艇身。”对我下令：“把潜望镜对准敌军潜艇的方位”，然后对罗洛说道，“传令下去将艇首鱼雷舱的外舱门打开”。

我抓住潜望镜的手柄来回搜索，好为艇长找到最佳观测点。宝贵的时间都花费在锁定敌军潜艇的方位上。等到艇长发现它后便粗鲁地吼道“确定方位”，但日军潜艇已经转向离开了攻击范围。

艇长带着厌恶的语气说：“它已经渐渐消失了。”说完，双手拉下潜望镜，从降下来的潜望镜前回来咬牙切齿地盯着霍斯金斯。艇长的不悦全写在脸上，霍斯金斯这时心神不宁，想笑却不得不憋住。

片刻之后我们返回军官室。所有军官都对这突如其来的转变愤懑不已，艇长在盯着桌面看了一会儿之后，严肃地说：“他们已经向我们发射了鱼雷，我们必须做得比这更好，不然我们全都得葬身海底。”

那天晚上大概10点，海龙号浮出海面，开始用柴油发动机给电池充电并保持5节速度前进。在明月的映照下，海龙号非常明显地暴露在海面上。约翰逊在驾驶台值班，大家在玩纸牌游戏。突然有人大喊一声：“鱼雷。”在军官室打牌的人们都惊出一身冷汗。艇上的报警器紧接着响了起来，既高亢又刺耳。这使得整艘潜艇上的人进入战备状态，大家马上关闭了船舱之间的所有水密门。艇员们的反应很自然，不幸的是这样的行为使得所有军官暂时被困，除了在前舱电池储备室里的约翰逊。绝对不能打开进入控制室的水密门，因为要是鱼雷击中了海龙号，海水就会迅速涌进来。

海龙号因为鱼雷的爆炸而强烈地震动着，而我们坐在那里只能无助地干等着。所有人神经紧绷着等着约翰逊传来是否躲过了鱼雷袭击的消息。那种感觉真是如坐针毡，度日如年。我注意到，斯莫基的胡子已经有了白色的胡茬。我开始疑惑为什么我是这艘潜艇上唯一胡子刮得干干净净的人。我的心跳加速，我所有的感官都已经调整好准备听到震耳欲聋的爆炸声。我脑海中突然掠过一个想法，瞭望哨在40秒之前看见鱼雷尾迹，但只剩下20秒鱼雷就要爆炸了。这是一个缓慢的事情，就像开始等待深水炸弹一样。所以我开始计算有多少秒，艇长他板着脸，犹犹豫豫地拿起电话想呼叫舰桥上的人，但他还是决定拨打，因为这样能缓解舰桥上约翰逊一直想方设法躲避敌方鱼雷的紧张情绪。罗洛和斯莫基像被吓出了病一样。他们表情紧张，显得过分担心，我喃喃自语道："讨厌鬼。"不一会儿罗洛从嘴角露出一个微笑。

随后军官室的电话铃响了，约翰逊报告艇长说发现有鱼雷从艇尾处擦过，海龙号在电力驱动下以最大速度驶入安全区域。约翰逊还强调要注意艇尾方向可能会遭到第二枚鱼雷袭击，但还没发现它的踪迹。

日本潜艇巧妙地攻击了海龙号，显然，它们的艇长能清楚地看到海龙号前进的路线。与此同时，在暗夜中的海峡一侧，海龙号还没能被敌军的潜望镜探测到。日本潜艇的艇长显然认为海龙号已经完蛋了，所以不再攻击。

纸牌游戏从那时开始就结束了，没人有心情再接着去玩。

当我结束午夜在舰桥上的观察任务时，我对约翰逊关于鱼雷躲避的事开玩笑说："嘿！你的预备军官做得相当不错啊！"这时正巧艇长也来到甲板上吸烟，他无意中听到约翰逊和我的这番话，于是变得很生气地吼道："我不希望听到关于正式军官和预备军官之间的任何区别，如果再这么说，那以后你就别再上这潜艇！听清楚了吗？"

我虽然不满但也表示了同意。看来以后得学乖了，不能乱说话。艇长训斥我之后，又假装轻松地说笑了一会儿，但是他说的并不好笑。毫无疑问的是，他认为，在长期的战争中，正式军官可能会牺牲，赢得战争的关键在于那些源源不断的预备军官，所以预备军官是非常重要的。

18日晚上，1艘日军驱逐舰从北方全速驶来，离我们就只有大约6海里远。几小时后，又发现1艘排水量5000吨的油轮。海龙号迅速下潜至潜望镜深度并向目标接近。明亮的夜空使得水面攻击变得不切实际。艇长也才想到为什么他不能尝试水面攻击。

尽管消耗了大量电力，海龙号却依旧没能接近到4500码的距离。由于在黎明之前只剩下两小时给海龙号充电，所以我们不得不放弃了追赶。

19日中午刚过，我们在海面上发现由2艘驱逐舰护航的1艘小货轮。到了黄昏，我们听到北方传来大量的爆炸声，这表明拉包尔港正遭到轰炸。

接下来，又出现大量的驱逐舰，还有一些护航舰，这样的架势很不常见，这很可能意味着，日本人已经准备好派出整个舰队，为了夺回瓜达尔卡纳尔岛，他们耗尽物力，准备来一场硬仗。

20日是星期日，这天显得异常平静，直到黄昏时海龙号浮出水面。我们很快发现在黄昏的海面上，薄雾中有4艘大型灰色舰艇，瞭望哨喊道："驱逐舰出现在艇尾！"我立即按响了报警器，海龙号随即迅速下潜，在短短47秒时间内下潜到了水下54英尺（约16.2米）。

大家迅速进入战斗岗位。艇长在经过简单观测后，3枚鱼雷发射出来，像以前一样，霍斯金斯抱怨了陀螺仪没有从他的MK-1鱼雷数据分析中心自动设定。尽管如此，3枚鱼雷以奇怪的角度发射出去了。就这样，我们又浪费了3枚鱼雷。显然，驱逐舰没有发现鱼雷在水中的痕迹，因为它们并没有改变航线而是直奔曼达一带去了。尽管如此，鱼雷还是在发射出去后爆炸，而驱逐舰还是继续航行，很快就在视野中消失了。

21日晚上7点在下潜不久，艇长进入军官室在吃晚饭前进行最后一次潜望镜观测，了解海面的情况。令他吃惊的是，有1艘敌军潜艇正在海面行驶返回拉包尔港，而这艘潜艇正是17日那天在圣乔治海峡外8海里的位置攻击海龙号的那艘。现在它离我们左舷只有20海里。艇长兴奋地喊道："真是一条大鱼！"然后又说，"如果我们能正确设置好鱼雷，我们就一定可以击沉它！"他摩拳擦掌，充满信心。

日军潜艇的艇长很坚定地认为不会有美国潜艇会冒险在日军势力范围内的拉包尔巡航。他们认为美国潜艇已经在四天前被击中，要么沉入海底，要么被日军的潜艇给赶跑了。"艇长，它还在前进吗？"我问。

"不，"艇长回答，又看了一眼日军潜艇，"它优哉游哉的，一点也不担心，真是个蠢货。”艇长咯咯地笑着，关上潜望镜把手并放下了潜望镜。

“能向我们描述一下日军潜艇吗？艇长，它速度快不快？”

“它很大，真的很大，从它的尾迹来看至少有 14 节的速度。”

声呐兵报告：“它发动机大概每分钟 200 转。”这证实了艇长认为航速为 14 节的猜测。当艇长继续盯着潜望镜时，一丝笑容闪过他的眼角，身穿白色军服的士兵正在甲板上擦鞋子，并准备进入港后去好好休息，艇长完全沉醉在观测中。“有没有敌机，艇长？”我问道。“让我好好看看，”他回应道，并推动潜望镜，升高了潜望镜向天空巡视，“空中安全。”他下令降下潜望镜。

在潜望镜下巡视的过程中，他命令让 4 枚鱼雷准备发射：“我们发射 3 枚，并留下 1 枚，以防那 3 枚失败。”第二枚鱼雷以零度陀螺仪瞄准了日军潜艇的指挥塔后方。

为了将失败的机会减小到最小，助理军官对我说：“我们将使用霍斯金斯的鱼雷数据分析方法并且由你来每间隔 8 秒钟发射鱼雷。”将潜望镜再次升上水面进行观测的时候，艇长再次快速转动潜望镜观察海面上空，“没有敌机”，然后他将潜望镜聚焦在直线航行的敌军潜艇上。他小心地计算着数据：“它的艇首角是 45 度左舷，它将会经过与我们不到 100 码距离的地方，这下完美了。”

对艇长来说这不单是一个复仇的问题。他知道他的潜艇战绩良好，但他觉得是该死的烂鱼雷会让他功亏一篑。

海龙号以 3 节航速缓缓接近，所以我需要从罗洛那里得到正确的角度，提供给艇长作为射击定位。

艇长根据潜望镜观测估计距离约 800 码，进入了鱼雷攻击的射程。

最后一次观测，我将潜望镜转到 17 度，这样，当艇长看到日军潜艇指挥塔的时候他将发射第一枚鱼雷。艇长的眼睛紧盯着目镜等待着。

我从来没有停止猜想在每次水下潜艇攻击到底浪费了多少时间。我也等待着，焦急万分。然后在艇长宣布“发射鱼雷”后，我发射了 3 枚鱼雷，每枚鱼雷间隔 8 秒钟。第一枚鱼雷发射了 8 秒后，听到了巨大的爆炸，我觉得海龙号的所有艇员都听见了鱼雷的爆炸声，爆炸引起的冲击波使得嗖嗖的水浪不停地在我们周围响起。艇长仍然用潜望镜保持对敌军的观测，高喊：“潜艇都盯着我们的方向。他们无法弄清楚爆炸的是什么。”

然后又是一声低沉的爆炸，艇长不确定地说：“我们可能已经击中了它船体的中间了。”听起来似乎是真的。

紧接着又是一声沉闷的爆炸，然而他的声音很坚定：“我们把他们的艇尾炸上天了。”他的声音高了半个八度。“我们真的命中它了。”日军潜艇上的瞭望哨盯着艇尾不知道发生了什么事。人们挤在舰桥上，有些甚至跳入水里。艇长像一个电台播音员眉飞色舞地描述美国队率先完成百米冲刺赢得冠军一样宣告着这次攻击的胜利。

突然间面对敌军潜艇的悲惨结局让我的胃感到不适。我屏住呼吸等待艇长描述当日本潜艇由艇尾开始下沉的细节。要知道这艘潜艇以同样的方式在四天前对海龙号进行攻击，差点让我们命丧黄泉。没有得意扬扬的感觉，只为这些准备上岸获得解放的日本人觉得惋惜。同样，敌人也是人。他们非常恐惧，只是想活下去。一时间潜艇大战已被中断，我担心他们的命运。但艇长宣布说：“它从视线中沉没。”日本人也消失在视野中。

艇长的声音听起来很开心。他不是没心没肺，他的开心只是因为日本给我们造成了很多痛苦和死亡，包括对我们潜艇的重创，我们终于报了一箭之仇。

斯莫基在控制室大叫，海龙号很有可能出现大麻烦。“我不能控制艇身，艇身严重倾斜。”

第一次爆炸不是我们发射的第一枚鱼雷过早爆炸，而是敌军1枚炸弹在离海龙号很近的地方爆炸。它的弹片已经穿透了潜艇的沉浮箱，斯莫基证实了这一点。

我看到1架日军轰炸机又返回来了，而且它已经可以看见我们的潜艇了，所以我敦促艇长来看看敌机。

当指挥塔的扬声器传来疯狂的报告时，艇长正再次搜索天空的飞机。“4号鱼雷管发热，我们无法关闭外舱门。”

这绝对是个坏消息。这意味着爆炸的炸弹使得4号鱼雷管的鱼雷无法发射，并且鱼雷有一半已经露在了外面。鱼雷的发动机已经在燃烧了。但是更糟糕的是解脱保险的风扇也已经在水流中快速地经过海龙号的艇首。在将它发射出去，或者移回发射管之前，它可能已经打开了保险装置。

前一天，艇长让我做火炮和鱼雷军官。霍斯金斯在发射 3 枚鱼雷没有命中驱逐舰后，艇长就把这项工作交给了我，因此，卡住鱼雷是我的责任。所以，我告诉艇长，我正在前往前舱室的路上，设法解决这个卡住的鱼雷。当我爬下梯子到达控制室并向前舱室跑去的时候，我感到艇长就在我身后，他把我推着通过了前电池舱的门，让我们更快地到达前舱室。海龙号正处在危急状态！

我们爬着通过向前舱室的水密门，艇长下令："除了大副和鲁赫，其他人都走出房间。然后，你，鲁赫，如果鱼雷发生爆炸，把门关上并打开隔间的气压，检查流入的海水。"

在三位鱼雷手向艇尾移动后，我开始关闭舱门并将气压灌入房间，直到我的耳朵突然出现疼痛。因为受损的鱼雷前舱室到处充满了烟雾。但是 4 号鱼雷管的通风管上并没有烟雾，这表明鱼雷耗尽燃料。更糟的是，有足够的时间使得鱼雷解除保险，所以轻微的颠簸会触发爆炸装置引爆鱼雷。并且艇首也会被炸出大窟窿！但是，一切都发生得太快以至于来不及有一丝的焦虑。

"你怎么想的，大副？"艇长在走向狭窄的鱼雷管之间检查 4 号鱼雷管的通风管时问道。现在通风管被关闭了。因此，鱼雷管应该在卡住鱼雷后被海水完全淹没了，使它更容易让斯莫基保持艇身的平衡。艇长已经挥汗如雨，汗水浸湿了他皱巴巴的卡其布短裤和皮凉鞋。

大副耸动着肩膀，他的声音都在颤抖："我们不能将卡住的鱼雷弄回潜艇。稍有不慎就能让它引爆。我们甚至无法用一个潜水员到外面将它拔出来。"大副斯莫基是一个有经验的人，他还是很坚定地让大家积极地再想一些其他的解决困境的方案。

"让我们进入深水区排除弹头。"我愚蠢地建议，感觉很无奈。

艇长半信半疑地摇摇头，提醒说："有时候，它们会爆炸，就像上次发生的那样，记得吗？"

艇长仍在摸索解决方案，当他用火柴点烟时手不停地颤抖。

"我们也只能保持航行稳定，希望永远不要让鱼雷发生震动。"但是我想在这种鬼天气里很难不让潜艇产生严重摇晃，从而触发弹头引爆鱼雷。我想到的另一种靠谱的方法是赶在它爆炸之前在下潜时让鱼雷和海龙号的艇体之间有一点距离，从外部将之引爆。我对自己能突然想到这个切实的方法也感到很吃惊，于是我把它讲给艇长听。

艇长若有所思地点了点头，于是他走向控制室的通话扬声器："斯莫基，你修理的进展如何？"声音浑厚而又坚定，没有透露出半点紧张。但我分明看到他拿扬声器开关的手在不停地颤抖。

"我可以把船舱修好，现在正在加速把前舱的水排出去。"斯莫基回答道。

艇长摸着下巴，抽了口潮湿的烟。为了点着那支烟他差点把自己的眉毛都烧光了。然后又下令："将潜艇降到水下 100 米，修好后告诉我，然后我们就全速返航。"

对艇长来说，问题已经解决了。当他向大副发出命令："将 4 号鱼雷舱的气压弄到最大值。即使会在中途爆炸，我们也要把鱼雷发射出去。"此时艇长的声音已经没有了急躁感。

"发射装置只能承受 600 磅的重量。"大副说道。但这足够了，当 600 磅的气压从后面撞击被卡住了的鱼雷时就会快速牵着它向前并将之击为碎片。但海龙号的艇身足以承受鱼雷爆炸的破坏力，船舱不会被炸坏。

斯莫基向艇长报告，潜艇已经在 100 米的水下位置，状态良好。所以艇长下令"全速返航"，海龙号发动机高速运转，使得前舱室剧烈震动。

"当我们正在全速前进时向我报告，"艇长告诉斯莫基，"准备引爆。"

所有的水密门紧紧关着，通风挡板封锁，海阀柄紧紧锁闭，海龙号已经准备好迎接一个严峻的考验。

当斯莫基报告，海龙号将全速前进，艇长又下令"4 号鱼雷管准备"。

大副把他的手放在了发射键上。我紧紧抓住我旁边的鱼雷滑道，紧张地和艇长弓着背，他的肩膀紧紧背靠鱼雷管光滑的一面。

"开火！"

大副立马按下了开关。

我数了数："一，二。""轰"的一声！

爆炸威力使得海龙号像被拳击手一拳打在鼻子上一样。我被从空鱼雷滑道上弹了下来，倒在甲板上。艇长趴在了鱼雷管之间。火光似乎穿透了鱼雷管的门照入舱内，十分耀眼，也许这也是我脑震荡产生的错觉。

海水通过 4 号鱼雷舱厚厚的铜门上参差不齐的裂缝涌了进来，我刚开始愣在那里不知所措，后来艰难地穿过巨大的水流，和艇长一道协助大副关上了外门，堵住了水流。要知道我们使出了吃奶的劲儿才慢慢关上了受损严重的外门，经受剧烈的撞击它还能存在简直是个奇迹。

当鱼雷管的外门被堵上之后，涌入的海水渐渐变少。尽管还有海水流入舱内甲板，但影响不大。

艇首渐趋稳定!

艇长摸索着通过仍旧漏水的房间。当他召集所有的部门告诉他们受损情况时，还有许多海水通过裂缝涌进房间。

斯莫基第一个向艇长报告:“你差点让我们全完蛋了，但是我们正在清理船舱，并且我能将船控制在这个深度。”斯莫基的嗓音有些沙哑，好像他刚从绞刑架上被抬下来暂免一死一样。

而我像木头人似的愣在那里。

潜艇上的人员接连不断地向艇长报告：电路系统出现故障。但是总电务长已经迅速将之修复以至于我没有注意到灯曾经灭过。通海阀重新被打开，但却很容易被关上。大家都被炸弹震倒在地上，所幸没有造成人员伤亡。回转式罗盘已经不见了。还有一些海龙号受损的报告，但整体来说都在可控制中。

当我们转移到军官室时，艇长露出了坦然的微笑，并坐下来听着我们兴奋地闲聊。

在侃侃而谈中，被压抑已久的紧张感也烟消云散了。

从潜水观测中解脱出来，斯莫基整个人瘫在了军官室的舰板上。他精疲力竭地讲述着至少五处身体的病痛应该让他辞去潜艇的职务。“我浑身不舒服，”他叹了口气，“我的牙一天到晚都在疼。它们已经烂掉了，让我全身痛苦不堪。”我瞥了一眼斯莫基的嘴巴，并没发现任何蛀牙。“我的后背疼起来完全睡不着觉，我像一个活着的僵尸一样。”

我觉得斯莫基以前作为一个足球后卫真的很棒。然后很不愉快地想到这五次巡逻已经让他成为一个装病逃差者。所以大家是不会怜悯他的。

霍斯金斯继续滔滔不绝地说着，完全淹没了斯莫基痛苦的抱怨声。

我根本不想听霍斯金斯的絮叨。因为都是关于赛古号上发生的事情如何比在海龙号更糟糕。约翰逊也在聊着，赞扬着发动机工程师和电工非凡的表现。我试着理清艇首鱼雷舱发生的事。大家貌似讨论热烈，但都是自说自话。就在这时罗洛从控制室跑到了军官室。

“怎么样，霍斯金斯？”罗洛凑近霍斯金斯的耳朵喊道。

霍斯金斯一副泰然自若的样子，心里比较着赛古号和海龙号遭受鱼雷攻击的损失。他扬起眉毛若有所思，掂量着眼前的事和2月在赛古号上经历的事。然后脸上闪过一丝笑容，很自信地露出闪亮的牙齿。他已经准备好对罗洛怀疑他中肯而完美的判断的回击了。

“快点，霍斯金斯！”罗洛催促道。抓住了他的胳膊把他拉到了过道里。在那里，他推着霍斯金斯进入艇首鱼雷舱，而我就跟在后面。

在艇首鱼雷舱，罗洛很快就打开了军官室的门推着霍斯金斯进去了，而我就跟在他们后面。

“现在让我们看看我们的马桶怎么样了。”罗洛嘀咕着。在这一刻充满了戏剧性。霍斯金斯总是抱怨赛古号上遭到炸弹的破坏，将军官室的马桶完全给震碎了。这次，他被逼着走上前不动声色地查看厕所。

我尾随在他们后面，就像一个不必要的裁判。我们的马桶已经不见了，只剩一堆碎片散落在地上。

这样一来我们通过打扫垃圾又多赚了75美元的工资。

22日，日军驱逐舰在北方的频繁活动表明日军仍不想放过海龙号。下午，海龙号发现1艘日军驱逐舰正在为1艘中型货船护航，但是海龙号无法接近。下午茶时间（我们一边打牌一边喝茶）发现4艘驱逐舰在4600码的距离外。等到天黑之后，又有1艘驱逐舰经过海龙号附近，但却不在鱼雷攻击范围。在午夜之前又发现2艘驱逐舰从我们前方经过，同样还是在我们的射程之外。

对海龙号无能为力的状态大家很不满。它吸引了日军出动大量驱逐舰来进行反潜搜索，而且让日本人知道海龙号仍在他们周围，不肯懈怠。

23日下午，一次无法预见的危机差点让海龙号成为战争的牺牲品。下午3点51分，我们听到远处传来微弱的爆炸声。然后下午4点21分，又是一阵爆炸声。在下午4点30分，就在前面爆炸的大致方向，发现1艘排水量为3000余吨的远光丸号货轮，有2艘小型驱逐舰为其护航。6分钟后，其中1艘驱逐舰开始在这3艘船的后方投掷深水炸弹。

大家都进入战斗状态，准备开始进行鱼雷攻击。到下午4点46分，3枚鱼雷的鱼雷管被打开了，准备向货轮发射2枚鱼雷。剩下的那1枚用来对付威胁我们的驱逐舰。这3枚鱼雷的发射深度都被设置在水下2英尺（约0.6米）。

这时艇尾鱼雷舱报告MK-10鱼雷的陀螺仪又不能自动定位，只能手动操作。

潜望镜观察表明，只是用艇尾鱼雷的话，我们需要调整角度向左舷大转弯。4分钟后再次进行观测，货轮以“Z”字形不断前进，这就需要海龙号频繁地手动调整瞄准方位。艇长下令：“右满舵。”然后补充说，“我们正在接近左舷的驱逐舰，我们将对其进行攻击。”

爆炸每15分钟一次。但是，这对我们没有多大影响，直到我注意到时钟已接近4点51分。我瞥了一眼航海日志，可以预计下次很有可能在海龙号的头顶上会有1枚深水炸弹爆炸。

我急忙向艇长解释，这样很可能被日军随便投下的深水炸弹炸毁，艇长下令让海龙号停止前进。

4点51分20秒，又一个接近潜艇的深水炸弹炸响，表明它已经离海龙号只有几码的距离，情况十分紧急。

在接下来的观测中艇长被迫使用直线航线。使用艇尾鱼雷用零度陀螺角并不容易。等所有的鱼雷准备完毕后，角度已经拉大而且距离也迅速拉开，以至于艇长不得不放弃了攻击计划。但是在他之后的观测中发现艇尾方向的驱逐舰又扔下1枚炸弹。

24日，快接近中午的时候，海龙号接近了1艘小货船，但是仍有3900码的距离。好像日本人非常清楚海龙号的准确位置，总是让他们的船在我们的射程以外航行。

随后我们在明朗的月光下浮出水面，在9000码之外发现1艘驱逐舰。当驱逐舰接近到离我们6000码时，它开始朝着海龙号的方向开过来。海龙号迅速下潜。驱逐舰继续靠近，并改为短波雷达搜索模式。然后在离海龙号非常近的地方投下1枚深水炸弹。日军的驱逐舰好像想告诉海龙号不要低估了日军的实力，如果敢出来和他们对抗只有死路一条。不一会儿驱逐舰就加大马力离开了。

1942年平安夜的晚上9点，当军官们坐下来玩游戏时海龙号似乎没有什么不同。在我抓到了黑桃皇后后，大家都不放过我，艇长更是一刻也不肯放过我。大家谁也没提圣诞老人或者礼物什么的事。

在游戏时通信兵报告收到一封给艇长的消息。是太平洋战区总司令尼米兹上将写给我们全体潜艇人员的指令，上面写着："我祝你们在圣诞节能猎获1艘日军潜艇。"对此我觉得"至少我们艇长雄心勃勃"。

通信兵也告诉我们东京玫瑰在那晚的播报，关于她如何取笑美国潜水兵假日狂欢的事情。因为他们没有什么值得庆祝的事，也没有什么礼物相互赠送。她在讲话中透露当日军士气很高的时候会在圣诞节这一天偷偷穿越美国潜艇的封锁线开始大批运输的计划。

在午夜开饭之前大家还在不停地玩着纸牌，而我也去舰桥上值守，执行午夜的巡逻任务。

当我进入控制室时发现一些长筒袜被悬挂在晾衣绳上。每只袜子上都有一张字条。我对这种小孩儿的把戏丝毫不感兴趣。但是在舰桥的大副对我喊道："鲁赫先生，你最好看看写给你的字条。"在他递给我应急手电筒并指了指给我的袜子的方向时，我分明听见了一声窃笑。我走上前去，给霍斯金斯的字条上写着："亲爱的圣诞老人，给霍斯金斯先生一个金属的马桶吧。"

那些围在控制室的人都在等着我发现我的字条，所以当我读着"亲爱的圣诞老人，请在玩纸牌扑克的时候给他一张2，这样他就不用再委屈地要什么花招，偶尔也赢上一把了"的时候完全被他们激怒了。我一脸的不高兴，怒骂着他们："你们这些自作聪明的人，不管是谁写的都太浑蛋了。"尽管很生气但我表现得还是很客气。在围过来的时候我注意到大家都想刺激我，围着我起哄。

我本应该装作若无其事的样子但是不料自己粗暴地说："有没有什么好牌我都可以赢你们！等着吧！"

在爬上梯子去舰桥之前我读了最后一张字条，上面写着："亲爱的圣诞老人，请给艇长送上1艘大船作为圣诞礼物吧！"我也这么想，要是能早点捕获1艘日军潜艇，这比什么礼物都让人开心。

在艇长的字条上面还有另外一张字条，但是没有和袜子放在一起。出于好奇，我上前看了看："亲爱的圣诞老人，给海龙号一个总统集体嘉奖吧。"它一定会得到的！我有很强烈的预感。海龙号已经很出色了，但是可恶的鱼雷拖累了它，没有让它发挥到最好。

当我返回舰桥和别人换班的时候，我告诉约翰逊关于字条的事。他也觉得没有什么好吸引人的。也许因为大家没有为他祝福让他觉得很失望吧。

在午夜巡逻的最后，声呐兵报告前方在不同方向发现了信号。

2艘船正在侦察海底的情况。很显然，它们为了确保航行的安全，想把我们的潜艇赶走，这样它们就可以高枕无忧地通过这片海域而不会在圣诞之夜遭受鱼雷袭击了。

我把正在玩纸牌的艇长叫过来，商量是选择逃离反潜驱逐舰的搜索，还是选择让海龙号潜伏在海底的有利位置，在海峡处拦截敌船。

当艇长和我站在舰桥的时候，他就已经下定决心。如果他们离我们太近我们就潜入海底，并排除一切困难和它周旋，然后再返回海峡。之后他又继续下去玩他的纸牌游戏了。

20分钟以后，敌船越来越近。月亮渐渐变成残月，但还是很明亮。所以我可以很模糊地看见敌船的轮廓。它们体积都比较小。很可能是排水量为1000吨的护卫舰，和美国的护航舰很相似，它们的目标只有一个——打击潜艇。但其威力不亚于日本的反潜舰。

我向正在打牌的艇长报告，我们能在10000码以外看到2艘日军舰艇。他命令"继续保持向前航行并在他们发现我们之前下潜"。所以我拉下下潜开关。我不会放弃任何让我们的海龙号创造历史的机会。全体艇员都士气高昂，都觉得我们一定会有所作为。

艇长终止了纸牌游戏，进入了控制室下达命令：“下潜至水下 150 英尺（约 45 米）的深度，前往圣乔治角。”后面的命令目的在于让测绘小组能够绘出日军 2 艘反潜舰艇的航线。

这样一来，艇长就可以让海龙号在他们巡逻并移动到最佳位置时进行拦截而不会被发现了。

25 日天亮的时候，海龙号摆脱了日本反潜舰艇的威胁。之后保持在下潜的状态，确保在日军船只经过的时候随时都可以来个大反击。

罗洛早些时候提到在中午的时候吃顿大餐是庆祝圣诞节的最好方式。尽管晚饭一般只在午夜的时候才会提供。当然必定会有火鸡和小红莓酱。

圣诞节的正餐是干巴巴的火鸡还有土豆泥，当然还有胡萝卜、洋葱和南瓜派。这比当时在 S-37 号紧急备用箱里发现的食物好不了多少。

晚上 7 点，发现北部有 1 艘排水量为 9000 吨的运输船，有 2 艘大型的护卫舰为其护航。这些船只都向着斯洛特方向驶去。我希望上面运了很多日本兵。海龙号为了使最后的攻击更加顺利，迅速调整航向，将艇尾对准了正在向这边驶过来的船只。

目标在鱼雷射程内，距离大约 2550 码。但是艇尾鱼雷发射管要瞄准一个不断以“Z”字形运动的目标实属不易。这 4 枚鱼雷都可能比预想的设置深度还要深 2 英尺（约 0.6 米）。此外，如果驱逐舰出现在不同的地方，我们就可以向运输船和驱逐舰分别发射 2 枚鱼雷。但最终，使用罗洛 · 米勒发明的 MK VIII 角度的解决方案将所有 4 枚鱼雷都射向了运输船。

发射出第一枚鱼雷后，轮机长报告鱼雷从离船体很远的地方过去了。鱼雷似乎很不稳定。根据艇长的说法是“进入右侧的海域”。接下来的 2 枚鱼雷的尾迹显示它们都从运输船前面擦过。但最后那枚鱼雷在 1 分 40 秒后击中了敌船的舰桥前部。射程被估计得很准确。运输船迅速地向左舷倾斜，渐渐沉下去，并且声呐兵报告其螺旋桨已经停止了转动。

艇长升起潜望镜想知道天是否足够黑，这样就不会被驱逐舰发现了。

他看见 300 码的距离处有 1 艘驱逐舰投下的 2 枚深水炸弹。过了 4 分钟之后，他看到驱逐舰又丢下 2 枚深水炸弹。然而等到晚上 7 点 50 分，天色渐渐暗下来时，3 艘船只都消失在了暮色之中。

艇长心里清楚，单靠 1 枚 MK-10 鱼雷无法击沉这艘大船。所以他选择了等这艘受损的船只靠近的时候再给其致命的一击。

声呐兵报告，从驱逐舰螺旋桨的噪声来看，2 艘驱逐舰正在运输船周围来回地巡逻。不一会儿有 1 艘驱逐舰通过雷达探测到我们的位置，朝着我们这边开过来。很明显要和我们决一死战。它将雷达的搜索频率调成了短波模式，加速向我们这边奔来。艇长随即下令："下潜。"

迅速关闭舱盖的布巴说道："使用紧急下潜模式。"但圣诞节还没结束，在接下来的 15 分钟里没有深水炸弹再丢下来，敌舰也没有频繁地进行搜索活动。

驱逐舰显然迷失了方向，并没有找到我们的准确位置。艇长将海龙号上升到水下 60 英尺（约 18 米）的地方，不料又遭到了驱逐舰的追逐，重新把我们赶回了水下 250 英尺（约 75 米）的地方。

等驱逐舰又迷失方向的时候，艇长又将潜艇再次升回了水下 60 英尺的地方。而日军的驱逐舰也没有放弃的意思，坚持要和我们周旋到底。最终艇长决定，让海龙号继续待在水下，直到驱逐舰的发动机声渐渐远去。晚上 9 点 30 分，艇长估计驱逐舰已经走远了，于是下令上升至水下 60 英尺的地方。

这时，一轮明月悄然升起，缥缈的月光照在如镜的水面上。我们很快发现在离我们不到 400 米的地方有 1 艘大船正向我们靠近。在微弱的灯光下，艇长发现有 1 艘驱逐舰正在其左右进行护航。艇长猜测它正在运送军队。

艇长下令潜入水下 200 英尺（约 60 米）深处，但是同时让海龙号做好进攻准备。

"就是这里，"艇长喊道，"60 英尺深，斯莫基机灵点。"

在上升的过程中，艇长总结了他的攻击计划："我会迅速进行最后一次观测。鲁赫，你确定方位。罗洛，你计算出攻击的路径。我会给出鱼雷修正路线。鲁赫，当我说发射 7 号、8 号、9 号鱼雷的时候你就把它们发射出去。"之后他又想了想说，"如果有 1 艘驱逐舰靠近我们，我们就在完成最后一次定位和射击后迅速潜入海底。"这些完全是很令人紧张的事情，艇长却把它们描述得很平淡。

我已经觉得喉咙发干、心跳加速，而且感觉有点眩晕了。但所有这些都可能是因为船舱内的空气太闷造成的。要知道，我们已经在水下待了太久没有呼吸到新鲜的空气了。当艇长估计已经离它们不到1000码的时候，将潜艇浮出水面。匆匆观望了一眼，说道："进行最后一次定位，准备射击。"然后艇长升起潜望镜，又是一段紧张的时间。所有的一切井然有序，好像我们已经完成这个完整的程序有1000多次了，非常熟练。

随后鱼雷顺利发射。很幸运，有1枚命中目标。在第四枚鱼雷发射一分钟之后，我听到了爆炸声。艇长告诉我们可以看见运输船顶部的轮廓已经被海水淹没了。

"另外1艘驱逐舰在哪里？"我焦急地问道。

"见鬼，赶快！紧急下潜！"艇长转动潜望镜发现了正在向我们袭来的驱逐舰，这时已经丢下了4枚深水炸弹。海龙号剧烈地震动，所幸只是被震碎了几盏灯泡，并无大碍。

当潜望镜被收起来的时候，艇长把手掌摊开示意"一切都结束了，现在该回家了"，然而，事情并没有那么简单。驱逐舰不停地穿梭，又投下4枚深水炸弹，好在每次都错过海龙号。深水炸弹仅仅是让潜艇非常轻微地摇晃，很明显驱逐舰没能发现我们的位置。

声呐兵可以先从运输船的方向听到船只断裂的噪声。他打开了接收器，让我们都可以听到呻吟声和内部的爆炸声，运输船正在不情愿地沉入海底。

"让我们继续打牌去吧。"艇长又对约翰逊说，"保持向东的航向缓慢行驶。我们必须节省电池中的电量。"

在比赛开始的时候，我因为船舱内污浊的空气觉得头脑很不清醒。我真的需要一些鬼点子。霍斯金斯很有礼貌地对付我，"这就是对你的13点，哥们儿。"他愉快地说。

当艇长频繁地用黑桃皇后压我的时候，我抗议："难道你不知道今天是圣诞节，艇长？"艇长只是微笑，而罗洛解释说，在海龙号跨国际日期变更线时圣诞节这天已经是26日了。所以我不应该求饶。之前没有告诉我，因为他们都联合起来对付我，这次我可是输掉了12美元。

晚上 11 点 23 分，根据雷达兵的报告，日军的驱逐舰看起来距我们很远。艇长反应很强烈，终止了打牌让海龙号上升到水下 58 英尺（约 17.4 米），然后故意长时间看周围的一切。驱逐舰似乎离开了，海面一片宁静，但光线不够亮，很难确定。他下令，“让海龙号浮出水面”。

当海龙号升到水面时，艇长爬上去通过舱口盖进入甲板上温暖的夜晚，快速看了看周围的情况。突然，他猛地跳下梯子，外面巨大的爆炸声在指挥塔内回响。“2 艘驱逐舰正在向我们射击。”他喊道，舱口被“砰”的一声关上，潜水警报拉响，神龙再次快速下潜，几乎无法听到外面的喧闹声。

在海水淹没船体的安静时刻里，艇长解释说：“它们静静地躺在海水中，等待着去伏击我们。”从拉包尔出来更多的驱逐舰，参加对我们的追捕，这意味着它们将会展开长期的反潜搜索，直到击沉我们。艇长说：“所以我们现在要进入紧急戒备状态。采取一切措施节约这艘船上的一切电力和氧气供应。”要知道在水面短暂停留并没有为潜艇补给空气。

所有的灯、仪表、电力设备，包括咖啡壶都被禁止使用。艇首和艇尾的操作都改为手动操作，海龙号缓缓而行甚至中间停航了很长一段时间。空调也被关闭。值班室所有的人被勒令返回他们的铺位静静待着以节省氧气。进行灯火管制的潜艇给人一种慢慢死去的假象。

在潜水站用手操作的艇员付出了很大代价。在只有 15 分钟时间的工作里，大量体力消耗在恶劣的空气中导致胃抽筋，非常难受。后来，每个人回到自己的铺位，降低了氧气的消耗。

从午夜开始没有进一步的深水炸弹攻击。但从驱逐舰的推进器发出的声音和疯狂的雷达搜索声显示，它们使用压迫战术，目的就是迫使海龙号耗尽氧气和电力，而不得不浮出水面。

每过一小时都有少量的氧气会从应急储罐释放出来，二氧化碳吸收剂分散在甲板上，以保持空气纯净。白色粉状物质吸收空气中最有害的部分，尽管如此，大多数人还是觉得头痛。

我在结束正午舰桥观测任务后，回去继续和大家玩纸牌。呼吸越来越困难，我的头像是要裂开似的。我注意到霍斯金斯像狗一样用舌头喘气，气喘吁吁。我意识到，为了获得空气中足够的氧气，我们呼吸频率每分钟超过30次。试管检查显示我们所呼吸的空气中的氧气含量已经小于10%。

在我抓完第一把纸牌之后不久，电工将头探到军官室里并报告："电量已经不够用了。"

艇长吃惊地张开了嘴巴，手里的纸牌早已经掉到桌子上。"电池组受损严重。"电工说，"从现在开始，仔细地检查每一个电池组。"艇长又问道："我们还能支撑多少时间？"

"大约三小时，先生，或者更长的时间。我们能使用的电量越来越少了。"电工说道。

"产生了大量氢气吗？"艇长问。

"没有，长官！"

氢气的问题至少不用担心。然后，我开始猜想有谁会意识到现在已经是圣诞节了。

艇长挠了挠头，若有所思。天亮后不久就会有来自拉包尔的飞机来进行搜索，尽管海龙号在很短的时间补充了电量和新鲜空气。但是，当电池没电的时候，我们不得不冒险浮出水面，运气好的话，我们可能会在到处是飞机和驱逐舰的海面上多充会儿电，然后抢在它们赶过来之前下潜。

又玩了几个回合的纸牌游戏，艇长为了缓解自己的紧张情绪，站起来慢慢走出了军官室。他的身体需要做出一些努力才能得到足够的氧气。我跟着他来到指挥塔，在那里他解释他的行动计划："我们升到潜望镜深度，并迅速观察情况，如果没有任何飞机近距离看到我们的话，我们会接上SD天线。如果10英里内没有飞机，我们将浮出水面。一旦我们成功了，就有可能得到足够的电力，支撑到接下来的这一天。"值班电工报告显示电池损耗严重。"许多电池不堪重负出现故障。"

26日早上9点，这种情况真的很讨厌，我想，"让我们想想办法吧"。几乎30个小时，我们没有呼吸过新鲜的空气，我觉得我快忍受不了了。而且，海龙号正面临因为缺乏动力而下沉的困境。但艇长继续推迟上浮到海面的时间，只把他的手肘靠在图表上保持直立。

9 点 20 分，电池组已经超负荷运行了。艇长终于下令："好吧，让我们浮出水面，斯莫基，让我们回到水下 58 英尺的地方。"

对水平舵舵手来说将潜艇升到潜望镜深度是一个费时费力的过程。最后，在 9 点 30 分，艇长一直通过潜望镜在寻找敌舰，后来得到报告："没有飞机靠近，只有在远远的海平线上看见驱逐舰桅杆的顶部。"他说，"上升到水下 52 英尺（约 15.6 米），打开 SD 雷达。"一次快速的 SD 雷达扫描显示，只有 1 架飞机在 18 英里之外。"就这样吧，"艇长说道，"停留在水面上，保持警惕。"

艇长下令："返回水面。"我们四个人围成一团，随时准备冲出水面。

当上面的舱盖被打开时，约翰逊、米勒和我沿着梯子飞快地冲了上去，迫不及待地拥抱耀眼的阳光和凉爽的空气。但我们还要摸索着到瞭望台的位置，因为我们完全看不清四周的景物。等待在指挥塔的黑暗中，不戴着红色护目镜，我们就像盲目的蝙蝠一样，到处乱撞，看不清楚周围的一切！

2 台发动机都轰隆隆地开始应急发电，为电池储备电力。艇长在舱口下面喊道："上面安全吗？"大风通过上舱口灌入船舱让他的声音变得很模糊。在风力的作用下，船舱内污浊的空气被一扫而空，充满了清新的味道。

"我什么也看不见，我失明了。"我向斯莫基大叫，我当时感觉自己就像一只瞎眼的老鼠，可怜极了。刺眼的阳光让我无法忍受，不得不眯着眼睛。

"约翰逊和米勒情况如何？"斯莫基向那两个踉踉跄跄摸索着走向天线台的人喊道。

"我什么都看不到。"米勒抱怨。但很快米勒报告："潜艇左舷的天空没有威胁。"约翰逊也经历着同样的痛苦，这使他搜索飞机的时间拖延了很久。然后他报告："右舷无威胁。"

当我终于把刺痛的眼睛完全睁开时，我在我的岗位——那个剪状物后面，发现深蓝色的热带天空空无一物，但是，我用望远镜观察远方时，我看到了 2 艘驱逐舰的桅杆，它们距离我们至少有 2000 码的距离。如此远的距离对我们不会造成任何威胁，于是我平静地向斯莫基报告有 2 艘驱逐舰在我们艇尾。他又将信息告诉正在忙于连接 SD 雷达的艇长。

在飞机离我们 10 英里时，约翰逊看到了它："飞机正从右侧向我们飞过来了。”

当 SD 雷达操作员喊出来：“8 英里之外有飞机正在向我们靠近。”艇长向斯莫基下令：“把海龙号下潜到 280 英尺（约 84 米）的水下。”

当我向舱口盖跑去的时候，约翰逊和米勒紧紧地跟在我身后。

“海龙号在水面的停留时间只有 8 分钟，充电时间远远不够。”当海龙号下潜时，艇长气愤地抱怨道，“这并没有帮助，我们得试试……”头顶突如其来的爆炸声打断了他的讲话，还好炸弹离我们很远，除了让海龙号晃来晃去并没有造成实质性的伤害。艇长继续说：“我们需要更多的电量来维持我们接下来的下潜任务。”

驱逐舰直奔海龙号而来，但无法侦测到它们的声呐探测波。就像隐藏在云背后的飞机一样，海龙号躲在冰冷的水下使得驱逐舰无法搜索到我们，所以很安全。

经过 30 分钟的等待，驱逐舰的发动机声渐渐远去，并没有炸弹扔下来，艇长让海龙号返回 58 英尺（约 17.4 米）深度。视野中没有飞机的痕迹，在地平线上，只看到 1 艘驱逐舰。艇长将海龙号升到水下 54 英尺（约 16.2 米），SD 雷达显示 1 架飞机在 18 英里的地方，还有 1 架在 22 英里之外。然后艇长指示：“我们返回水面。2 台发动机紧急充电，在水面上保持警惕。”

神龙再次冲出水面，在水面这段时间，给了海龙号 19 分钟的充电时间，随后 1 架飞机冲向海龙号。这次确实是危险距离。我们被迫再次下潜到水下 280 英尺（约 84 米）。

但是这一次充电足够让海龙号在接下来的时间在黑暗中保持低速航行。

为了重新恢复纸牌游戏，我们理所当然地把军官室的灯都打开了。我的头脑也已经清醒了很多。我拿起第一手牌，希望可以来个大逆转。但我要实现这一目标，就必须采取一些花招。

面对我的这些伎俩，艇长不动声色。他从手里拿出一张纸牌。我紧紧地盯着他。接着他有些犹豫，拿不定主意是否应该压我。我猜它是黑桃皇后。我的心一沉。不过，他若有所思地把牌塞回手里。

接下来霍斯金斯的牌打得很不错。这次艇长从他手里猛抽出黑桃皇后，得意扬扬地压了一把霍斯金斯的牌。霍斯金斯和米勒惊异地望着纸牌，而艇长轻笑一声。“圣诞快乐，圣诞快乐。”我不停地对自己喃喃自语，因为咒语失效了。我就知道，霍斯金斯想要花招，他满脸通红，下巴紧绷着。

我不得不揭开他的旧伤疤。“你不会再需要金属马桶，”我挖苦地说道，“我们马上就回家了。”

纸牌游戏因为艇长被稍微耽搁了一会儿。我们的压力也消失了，不再担心艇内的电池电量和新鲜空气。艇长已经击沉了 1 艘大船（后来被确认为排水量 8416 吨的运兵船南柯丸号，东京玫瑰称是被野蛮的“红色潜艇”所击沉），艇长回到自己的小舱理所当然地睡了个好觉。海龙号这时潜入 280 英尺深的水下并向东驶去。

据推测，日本船只在圣诞节那天非常活跃，因为几乎每一艘美国潜艇在巡逻时，都击沉了“1 艘大个头的日本船只”。遍罗鱼号击沉了 1 艘排水量 50000 吨级的运兵船；斯皮尔菲什号重创 2 艘排水量 7000 吨的货船；长尾鲨号击沉排水量 70000 吨级的货船；旗鱼号击沉了 1 艘日本军舰；灰鲸号用甲板炮击沉 1 艘登陆艇。当然，海龙号也是凯旋了，这是到今天为止，战争开始以来，美军潜艇最勇猛、收获最大的一天。

后来海龙号在天黑后浮出水面时我正躺在我的床位上。所有迹象都表明搜索驱逐舰在下午 4 点左右就消失了。相信海龙号已经平安归来，在很长一段时间内将会无仗可打，因此，我上床睡觉了。模模糊糊地我听到了海面的报警声，然后潜水警报被拉响了。过了一会儿听到从很远的地方传来许多爆炸声，在离我床铺很近的地方又传来两次爆炸。剧烈的震动让我无法保持平衡，在舱壁上头磕了个大包，差点从上铺掉下来。

然而，实际情况是海龙号在一片非常黑暗而空旷的海域浮出了水面。在超过 2 小时的充电后，2 艘驱逐舰在黑暗中若隐若现，并用搜索灯光向海龙号发出挑衅，之后它们朝着海龙号猛冲过来。我们快速下潜到水下 200 英尺（约 60 米）的地方。2 艘驱逐舰不久就到达了我们头顶上方的海域，连续投下 10 枚深水炸弹。其中有 2 枚在离我们很近的地方爆炸，使得海龙号剧烈晃动以至于让控制电机的电路发生了跳闸。推进器失去几秒钟的电力供应，直到电工重新合闸后才重新运转。

为了逃避这些驱逐舰，艇长放慢了潜艇的速度。海龙号的位置就在这 2 艘驱逐舰之间。这给了海龙号一个很好的喘息机会。驱逐舰继续守株待兔，直到午夜后，才依依不舍地离开。

最后，在 27 日凌晨 1 点 30 分，海龙号再次浮出水面。视野内没有威胁。因此，4 个发动机同时启动，以 18 节的速度前往布干维尔岛的北端周围地区。然而，在海龙号航行几英里后第二台发动机汽缸破裂。可以说这在巡逻中是最大的伤害，尽管我们遭受过日本舰艇“一连串的”深水炸弹的攻击，还有海龙号上次来自自己鱼雷的打击。

在返回珍珠港的过程中，艇长在玩纸牌游戏时神情恍惚。他花了一点时间说了他的担忧：“因为陀螺仪的问题最后我们发射鱼雷没有让它遭受重创，它们看起来没有下沉。我觉得我们的射击出了问题，鲁赫，我要你分析为什么最终我们的射击如此糟糕。上将一定会在我们到达珍珠港之后厉声责备我们的。”

在检查所有数据的时候，我很惊讶地发现，大家除了霍斯金斯外都至少犯了一个愚蠢的错误，似乎没有人明白鱼雷射向的是已经失事的船只，长时间呼吸污浊的空气也让我们头脑昏沉，无法发挥出最好的水平。

之后在纸牌游戏中艇长昏昏欲睡，后来，他去指挥塔通过潜望镜观察正向马金岛海岸驶去的 1 艘商船。他发现有 1 门大口径火炮被安装在商船的尾部，因此决定敬而远之，他将海龙号转向珍珠港的方向。

在此期间，我们其余的人都在讨论到了马雷岛大修时我们将要做什么。出乎我们的意料，罗洛说：“我要结婚了，然后我会要一个月的假。”

我觉得没有女孩在等待他回去，所以，我不相信在他在一个月时间内能找到老婆并获得休假。我打赌说：“我赌 10 美元，你不可能在回到珍珠港后马上结婚。”罗洛接受了。

斯莫基急于得到罗洛的钱，但表现出一定的谨慎。“我很想给你 10 美元，罗洛，但我觉得可能在我们到达珍珠港后不会在周围逗留。”

对此，我的想法是：他仍然认为他会把他所有的牙齿都拔出来，尽管他在潜艇上已经拔去了一颗。

去珍珠港途中，我在海面执行观测任务时有大量的时间去思考关于这次巡逻中可以学习的经验和应当吸取的教训。当我站在海龙号的舰桥上，盯着平静而空旷的海面时，我一直想知道这次巡逻哪里出了问题，尽管皮特艇长和海龙号实际上已经完成了任务。

我对在布里斯班的潜艇司令部将海龙号分配到圣乔治海峡巡逻这件事很不满意，那是南太平洋最热的巡逻区域，让海龙号携带破旧的第一次世界大战时期剩下的古董 MK-10 鱼雷出征简直不可想象。要知道它们可是麻烦制造者！应该有一些像样的鱼雷分配给海龙号，这样我们也许可以更出色地完成任务。

我也不得不承认潜艇部队司令官洛克伍德海军少将，曾用良好的判断力让沉稳和勇敢的艇长皮特在所罗门群岛战役中发挥了关键作用。事实上，早些时候，当洛克伍德看到残破的红色海龙号潜艇抵达布里斯班时，他可能已经确信，它是最小号的潜艇。在他的指挥下，使用这种潜艇作战，这和把猎物放到狮子的嘴边毫无区别。

部署在拉包尔地区的美军潜艇大大降低了日本在南太平洋的物资和部队的输送能力。它们对日军的海上运输所造成的影响无法衡量。但很明显，日本海军不得不出动大批高速驱逐舰给陷入困境的日本陆军运送部队和应急物资。他们在执行任务前已经失去了宝贵的时间，这打乱了日军的整个计划。由于美军潜艇的威胁，不可避免地要改变航向，然后再继续投掷深水炸弹，都造成时间的延误，增加了他们遭到美军飞机轰炸或美国军舰拦截的危险。

与此同时，日军高速行驶的驱逐舰和商船使得我们几乎不可能得到一个很好的鱼雷射击机会。尤其是鱼雷需要用最原始的方式进行射击时，采用手动设置和只能进行很浅的深度设置的陀螺仪让我们失去了很多射击机会。我印象最深的是艇长的高风险策略，敌人的潜艇指挥官觉得在这样一个不太可能的和危险的位置绝不会有美国潜艇的身影，这就叫作舍不得孩子套不到狼！

巡逻时的几个问题一直困扰着我。为什么我们使用的鱼雷弹头只有 385 磅的炸药？为什么丝毫不考虑在紧急状态下由于我们呼吸的空气中氧气的含量比较低会造成坏的结果呢？也许是因为对海龙号潜艇完美质量的信任。日本人似乎认为海龙号在海峡区域内无处不在。从大量的深水炸弹爆炸表明敌人在他们认为的海龙号所处的位置耗费了大量的弹药。进入珍珠港的时候我感慨良多，尤其是当和我1942年4月上旬离开珍珠港时相比我已经经历了很多真实的战斗。我看到大约15架飞机一直在空中与港外的24艘反潜巡逻舰艇同时进行巡逻，我们采取一切必要的预防措施，避免海龙号被错认为“日本巡洋舰”而遭遇轰炸。在高海拔地区的飞行员发现我们的潜艇巡逻归来的时候曾经犯过这样低级的错误。港内大部分因为珍珠港事件而被损坏的船舶和设施的修理工作已经完成。当海龙号停泊在潜艇基地时，洛克伍德海军少将派来一名工作人员到潜艇上向艇长询问海龙号的巡逻成果。他告诉艇长，从截获的日军消息中得知，海龙号在圣诞节当天可能击沉了2艘敌舰，并希望艇长能详细描述驱逐舰在为运输船护航时被鱼雷击中的情形。艇长说他不能。不过，他又被要求在巡逻报告中汇报驱逐舰被击沉或损坏的细节，但艇长没有告诉他。

斯莫基在医务室体检后回到潜艇上，他报告说他的大多数牙齿已经发炎松动，必须拔掉。后来，回到美国的时候，医生发现在斯莫基的背上也有一些因为弹片碎片引起的发炎，这也是他一直背疼的原因，这也让他结束了在潜艇服役的生涯。

这次巡逻，海龙号击沉2艘敌船，重伤1艘敌船，不过上级强烈批评艇长皮特·费罗的表现。发射19枚鱼雷只有4枚命中的结果并不令人满意。上级觉得由于陀螺仪过度的日常维护，导致陀螺仪的设定齿轮磨损严重，造成鱼雷发射遇到问题。“设置鱼雷2英尺（约0.6米）的深度瞄准大船”被认为是艇长判断力不够造成的问题。这使得海龙号进入加利福尼亚马雷岛开始了它的检修，皮特艇长被转调到在华盛顿的船舶局。没有迹象表明皮特艇长将获得海军十字勋章，所以此次巡逻得到了海军集体勋章的希望也没有了。

至于罗洛要结婚这件事，我们早应该知道他有结婚的想法。这样我们就不会白白输掉10美元了。到达马雷岛后他就离开了海龙号，回到了他的家乡宾夕法尼亚州的威廉波特市。到目前为止，一切都很顺利。12天后，我接到他的电报：“找到心仪的女孩，正在向她求婚。”14天之后，又收到电报：“我与妻子简回去，你欠我10美元。”这绝对不可能如此迅速，直到一年后罗洛透露，在我们去巡逻之前，他最好的朋友查克·雷曾告诉罗洛，他的妻子多蒂最好的朋友是个完美的女孩，是结婚的合适对象。查克·雷强调道："在她被别人追上之前先把她拿下。"罗洛很有品位，在女孩面前也很自信，所以我输掉了10美元。

直到4月中旬，海龙号才在加州的马雷岛造船厂完成了大修。经过一系列的适航测试和几次返回船厂纠正实验后，在鲁特上尉的指挥下海龙号前往珍珠港开始它的第六次战斗巡逻。它并非像期待的那样看起来"焕然一新"，仍然有阀门不灵活，操作杆停滞不前，舱盖漏水，原因不明的电池短路等问题。在马雷岛穿着运动衫的女工人的帮助下，我们极大地提高了工作效率，让这里成为整修的一个首选修理厂。

1943年5月下旬，我收到命令我们将在缅因州接受新的任命，我可能会调到另一艘潜艇上，这样一来我就不会在战斗中一直因为设备原因而苦恼了。我和妻子、儿子一起在宾夕法尼亚州艾伦敦度过了将近一个月的假期后，登上了克里威利号[1]，就在它调试结束后，我登上潜艇开始履行鱼雷和枪炮军官的职责。8月下旬，克里威利号前往太平洋，开始为战争的早日胜利而奋战。

1　克里威利号（Crevalle）潜艇

舷号SS-291，按照美国海军潜艇以海洋生物命名的惯例，应该译为热带鲈鱼号更为确切，和海龙号一样属于美国海军的白鱼级，详细资料请参见前文注释1海龙号的相关介绍。

第四章　严峻考验

1943年10月20日早上8点，克里威利号离开位于澳大利亚布里斯班的新农场码头的修理舰，进入布里斯班河开始它的首次巡航任务。一些在码头上的佩利亚斯号护航舰上的工人纷纷驻足观看，为克里威利号送行。他们既没有挥手也没有欢呼说“祝你们好运”这样的话，只是静静地看着我们离开。就这样我们在这沉闷无风又灰蒙蒙的早上开始了巡航。对我们来说这并非好兆头。但在克里威利号的舰桥上，大家士气高涨，准备在巡航中击沉日本舰艇，给日军点颜色看看。“现在我们可以去干掉他们了！”我们的职业棒球选手卢克说，他说的时候，就像一个棒球教练准备带领他的团队到赛场上去决一雌雄。这表现出了此时克里威利号上军官和艇员们高昂的士气。

克里威利号1943年6月24日在朴次茅斯海军造船厂完成建造，7月11日开始试航，20天后即被派往新伦敦岛。巡航中，克里威利号只用了40分钟的时间通过了被艇长亨利·G.曼绅科德称为鳕鱼运河角的地方。艇长的心情可以理解，他自己也笑着承认说：“也许我是过于急切地想回到战场了吧。”这也是他一贯的幽默自嘲方式。

在新伦敦岛，我们花费了8个工作日修复和安装克里威利号的装备。然后又花了12天进行海上演习，主要是练习鱼雷攻击。那时候，艇长允许艇员们一直睡到早上8点。当艇长允许进行第一天训练的艇员睡到早上8点才起时，大家都有点惊讶，因为这是前所未闻的。不过艇员们很高兴，除了乔治·莫兰上尉讽刺地说：“这简直就是把潜艇变成舞台和艇员们一起赚钱！”然而，这只是曼绅科德艇长为他的艇员们所做的一件体贴的小事，这使得艇员们对他更加忠诚，并且使得克里威利号的艇员都满怀希望地想成为海军最具有战斗力的艇员。

随后我们花了 12 天的时间进行枪炮演练和鱼雷攻击训练。在此期间，艇长和艇员们赚了更多的“外快”。正如他在军官室告诉大家的那样，他觉得大家在离开这儿前往巴拿马之前应该留一些钱给家属。然后他补充说，在新伦敦岛的最后三天，大家需要好好地狂欢一下。按规定艇员要到星期天才能领到钱，但军需官并不喜欢曼绅科德这样爱管闲事的做法，并将此事向基地指挥官报告。下午基地司令与其他基地人员组成的代表团来到克里威利号，责令曼绅科德向军需官道歉，如不道歉，后果将会很严重。艇长紧绷着脸，极不情愿地向军需官道了个歉，并嘟哝着说其实他也只是很关心自己艇上官兵的需求而已。第二天，艇长在军官室得意地告诉艇员们，他听说，军需官已经被调回基地了。艇长如此体贴关心手下的艇员，艇员们都对他心怀感激。

去巴拿马的行程花费了 7 天时间，唯一的大问题在于美国飞机的飞行员奉行“不论青红皂白，一有发现就坚决击沉”的宗旨。他们轰炸任何浮出水面的潜艇，而不管潜艇的国籍，显然他们把视线内发现的每艘潜艇都当作敌人的潜艇了。

在巴拿马完成了 5 天的改装工作后，克里威利号横跨太平洋，计划在 25 天内赶到位于澳大利亚的布里斯班市。行驶途中，在厄瓜多尔群岛和皮特凯恩岛有两次为期一天的停留。按照艇长的说法，去厄瓜多尔岛是“为了缓解长途航行的无聊”。他很聪明地以需要更多的燃料为由停下来休息。所以克里威利号只开了 600 英里就又加满了油。即使克里威利号在巴拿马有足够的燃料在 2 台发动机同时开启的情况下可连续航行 12000 海里。然后，当他在图表中看到了皮特凯恩岛的时候，发现克里威利号已经偏了该地 70 英里。于是他决定改变计划：“进入皮特克恩岛的背风处，进行一些紧急的修理。”什么东西需要维修？艇长通过扬声器向大家讲述了当年的邦尼号叛变者如何隐藏在这个岛上 10 年而没被英国军舰发现的故事。现在回忆起来，这也是当时战争开始前一段不能忘怀的小插曲。

在布里斯班的海上进行了为期 8 天的集训后，克里威利号准备开始战斗巡逻，这样终于可以看看我们的第 81 潜艇分队指挥官切斯特 · 布鲁顿是不是真如传说的那样厉害了。要知道他曾经在格瑞林号潜艇担任艇长期间得过三枚海军十字勋章。在克里威利号向莫顿湾航行时他在潜艇上进行了 102 毫米火炮射击测试，并在下潜时采用鱼雷攻击对抗轻型护卫舰和黑鱼号潜艇。如果布鲁顿认可克里威利号的攻击小组的测试，他将会转到轻型护卫舰上并返回总部的珀利阿斯号修理舰上。

在通过设置在布里斯班河的雷区后，操纵 102 毫米火炮的艇员完美地击中了护卫舰拖拽的布靶子。布鲁顿在射击中熟练操作枪炮并在前几次射击中就准确命中的成绩也让大家印象深刻。

但鱼雷攻击对布鲁顿来说就差强人意了。他似乎觉得曼绅科德艇长组织的潜望镜攻击火控小组战术全都不对。克里威利号上使用了布鲁顿的较为激进的战术，之前，我们的战术是大副在潜望镜的位置，而艇长在指挥塔周围走动，不做战术决策，对潜望镜观测和判断没有施加压力。而曼绅科德艇长觉得布鲁顿艇长通过潜望镜看到战斗场面的时候太兴奋。和大多数的艇长一样，布鲁顿觉得曼绅科德是在回避潜望镜观测的责任，还向其他人坦言艇长“根本没有胆量做这工作，还拿出借口说他需要时间解决火控问题”，又批评曼绅科德指挥的 S-38 号潜艇如何在瓜达尔卡纳尔岛争夺战中使用声呐对付运兵船的事。当时，曼绅科德艇长觉得停留在潜望镜深度实在是太危险了——于是选择下潜到水下 90 英尺（约 27 米）通过声呐定向发射鱼雷。虽然他成功击沉了日军运输船为美国保卫瓜达尔卡纳尔岛立下汗马功劳，但曼绅科德缺少良好的进攻意识和必要的勇气，因此并没有为此赢得声誉。这可能是他最大的成就了，但我认为结果说明一切，对他的评价是片面的。我强烈地感觉到这次首航肯定会让我们在组织进攻的胆量和判断力方面重新认识曼绅科德艇长。而副艇长弗兰克 · 沃克，也在克里威利号上组织的多次鱼雷攻击演习时，在潜望镜观测的精准度方面证明了自己的实力。

在鱼雷攻击“运输船队”时，布鲁顿站在指挥塔上不满地看着艇长曼绅科德和弗兰克在战斗中的每一个动作。对许多庞然大物——例如黑鱼号的成功攻击，都没有获得布鲁顿赞许的微笑，然而，随着时间的推移，面对指挥员在指挥舱内对我们的操作不断观察，开火控制小组的操作不再那么紧张，每个人都觉得克里威利号一定是最好的，这让气氛变得相对轻松一点。事实上，在接近敌船的过程中，弗兰克一直哼着《奈丽·凯丽》。然后在命令“升起潜望镜”之前，他开始轻声唱：“就像老歌中唱的那样，我爱你，船长凯丽的女儿，所有的男孩都为你疯狂，也让我整日整夜地思念着你……”当潜望镜慢慢向上移动时，我注意到除了艇长，其他克里威利号上的人员都在指挥塔上与弗兰克一起演唱，并试图给他和声。艇长注意到布鲁顿脸上的神情变得很不好看。他紧闭双唇，不满地皱着眉头，在弗兰克开始报告他在潜望镜中看到的情况之前，布鲁顿转身从梯子上爬下来到控制室。经过那里，他去了军官室并生气地命令格雷戈让司务长给他一杯咖啡。

当艇长发现布鲁顿已经离开了指挥塔时，他急忙赶到军官室想知道哪里出了差错。布鲁顿只是说：“叫我的船把我送上岸吧。”

布鲁顿对曼绅科德艇长没什么多说的，曼绅科德便毫不客气地说道：“你认为我们准备好了，可以开始执行巡航任务了吗？”

“你们准备好了。”布鲁顿厉声地说。他仍然在沉默中等待克里威利号被岸边的轻型护卫舰发现。护卫舰到了后，他立即跳上护卫舰的主甲板，也没有向曼绅科德艇长挥手示意再见。

下午4点以后，克里威利号向北珊瑚海行进。“我们现在是在敌人的领土上，我们要进入战斗状态。所有人必须保持警觉并为紧急情况做好准备。我的目标是使这次巡逻成为你们永远记得的辉煌。”艇长毫不含糊地说道。

刚过半夜，我被弗兰克吵醒了，他给我读着从潜艇基地发给我的消息：“比尔·鲁赫，他是一个宝贝女儿的父亲。”我知道这是与我经常打网球的墨菲发的消息。弗兰克向我表示祝贺，并说：“现在生个女孩很难得。”但是这听起来不是那么正确，因为以前在军官室的统计表明，潜艇里有女儿的人大约是有男孩的两倍多。并且这归结为一种理论，电池的瓦斯气体抑制男性精子的产生。但是我很高兴，要知道，我的妻子卡尔现在有一个小女孩陪她打闹，而且可以给女儿穿漂亮的衣服，她不会再那么孤单了。

对在甲板值班的人来说，第一天的战斗巡逻是最愉快的。太阳很热，海面光滑如镜，还有轻柔的微风。对那些“船舱里的人”来说春天已经来了，珊瑚海通常是波涛汹涌，很少有这么平静的时候，但克里威利号还是有些颠簸地向前继续航行。在船舱下也不是那么有诗意，艇长不安地在潜艇里来回走动，对那些正在执行观测任务的人有效的修理工作和值得信赖的在船舱操作设备的工作表示祝贺。他还问到他们的妻子和孩子是否生活得幸福。他能叫出大多数人的名字并与他们进行更重要的谈话。并且他好像有用不完的精力，总是能对每个艇员工作的专业素质表示肯定和欣赏。

同时，艇长对他的军官室里的军官始终保持着冷淡的态度，他自己待在房间里拉上窗帘，度过他的大多数时间：他迅速地玩着字谜游戏，同时在他的嘴里叼着一支没点着的香烟。偶尔，他也进入军官室，要弗兰克安排桥牌比赛。卢克和乔治总是都有一些站不住脚的借口，避免和艇长玩桥牌。因此弗兰克让杰瑞作为我的同伙，而卢克·鲍德勒则成为艇长的同伴。杰瑞是一个让人无奈的玩家，和他搭伙一点也找不到乐趣。动力军官卢克总会皱眉头微笑着，对艇长打出的牌帮不上一点忙。尽管他智商很高，但艇长好像没有感觉他在出牌时的用意，况且他好像总是做无理性的事情，我应该给他一些建议并且保证他不会再犯傻，但是一点用都没有。

艇长的脾气变化无常，让人捉摸不透。一会儿暴躁如雷，一会儿又保持镇定地处理各种事情，我很难明白该怎样与之相处。

总的来说他是一位出色的勇士，而且更重要的是因为他的智慧非凡。他有着北欧人特点的脸廓，再加上他的小捆状的金黄色头发，使他看起来像是现代的维京人。

晚饭之后，征得弗兰克同意，我在军官公共生活室播放了一些古典唱片，有幸听到莫扎特、格里格、海登和贝多芬的交响乐不能不算是一件很开心的事。但是只有卢克和我待在军官公共生活室听这些唱片。艇长没等开始播放第一个唱片，就去他的房间玩拼字游戏了。而其他军官听了一会儿唱片，也并没表现出什么兴趣，发出几个不买账的嗤声后走开了。

10 月 22 日星期五，有很多关于如何进入澳大利亚东北边缘的大堡礁的讨论。克里威利号上的澳大利亚海岸飞行员——布鲁斯队长，他对该地区很了解并建议经过格拉夫顿航道进入珊瑚礁。但他承认担心入夜后通过珊瑚礁是有危险的。因此，中午时，艇长将 4 台发动机全部开启，给飞行员一小时识别珊瑚礁，标记克里威利号通过这个危险的暗礁和浅滩的路径。

正如儒勒 · 凡尔纳《海底两万里》一书中所描述的那样，布鲁斯说克里威利号将沿着尼摩船长的鹦鹉螺号潜艇的航线航行。

克里威利号在向着格拉夫顿航道驶去的时候，受到了大风和洋流的阻挡，它朝格拉夫顿航道驶去并在天黑后一小时到达。但我们并不能确定当前的位置。布鲁斯建议艇长将克里威利号抛锚，等到天亮之后进入礁区。但曼绅科德艇长继续向前穿过珊瑚礁，只使用 1 个发动机控制潜艇通过情况不明的区域，使用测深仪连续探测，确保克里威利号保持在一个安全的航线上。

克里威利号进入格拉夫顿（位于澳大利亚新南威尔士州北部）航道的入口时，与 2 艘巡逻中的澳大利亚小船擦肩而过，2 艘小船似乎完全没注意到附近有潜艇通过。在克里威利号的探照灯不断闪烁下，它们才发出了回应信号，克里威利号旁若无人地通过巡逻区让他们感到十分疑惑。

23 日星期六上午的时候，克里威利号进入了大堡礁外围的托雷斯海峡。水是珊瑚绿色，在流水中珊瑚礁随处可见，闪耀着璀璨的光芒。在图表上显示的一些岛礁被清楚地标明，但有些不能被看见，它们显然被淹没在水下了。远高于水面的其他的珊瑚礁，却也没有显示在图表上，让人疑惑不解。不管怎么样克里威利号一直在前行中。

夜里我们经过储备站点。据艇长说，当年驾驶邦蒂号的布莱格船长第一次经过此地时，船上发生叛变，他们被船上的叛变者放逐，漂流在太平洋中部，当布莱格船长终于靠岸时，看见岛上有不少土著人，土著人拿着长矛充满敌意地望着他们，吓得他们离开了小岛。随后经过另一些小岛时，他们只是匆匆取些淡水就走，还得注意躲避那些可能隐藏着的不怀好意的土著人。后来布莱格船长又依靠海面中天空的倒影调整航线，千辛万苦避过重重礁石，最终穿过海峡得以生还。

下午 6 点，当克里威利号驶出托雷斯海峡的时候，布鲁斯突然想到这就是尼摩驾驶鹦鹉螺号潜艇搁浅的地方。搁浅之后尼摩遇到了一大群来势汹汹的土著人，他们手持长矛划着小船登上了他们的甲板。但是尼摩船长关上了所有的舱门，任凭土著人再怎么用长矛攻击也不打开鹦鹉螺号潜艇。

星期二日出之时，克里威利号开始驶入航道向达尔文港进发。乔治 · 莫兰刚要结束水面观测任务时看见有潜望镜接近克里威利号，于是他迅速命令舵手左满舵，将航速提高到 18 节。好在他思维敏捷，马上想到要帮助克里威利号躲开敌人可能发射过来的鱼雷，这样快速的反应肯定让敌军的鱼雷攻击计划落空了。随后，我们立即向达尔文港报告我们的情况。不到两小时，达尔文港方向飞来几架飞机，通报发现了海面上有敌军潜艇。敌军潜艇在飞机靠近时迅速潜入海底。不过，这已经可以判断敌军在达尔文港附近海域安排有反潜舰艇，侦察可能进港的美军潜艇，并在海底大规模地布雷，所以我们有必要在完成扫雷前禁止任何美军潜艇冒险通过该地。正午时分，2 艘扫雷舰为我们开道后向北驶去，而克里威利号随后安全驶入达尔文港。

当克里威利号停靠在达尔文港的码头后，麦克 · 格雷戈登上潜艇向曼绅科德艇长传达巡航指令。他说里德 · 库指挥的西斯科号已经延期未到，有可能是被敌军击沉了。它 9 月 19 日完成氢气系统修理后离开达尔文港，28 日以后再也没有回复过总部的消息。

晚饭后，我漫步在被密集轰炸过的达尔文镇。许多建筑物已经变成一堆堆的瓦砾。还有一些建筑物也已经坍塌了一半。和我一起散步的澳大利亚飞行员走过曾经的银行，如今只剩下一对断裂的大理石柱子和台阶。在这废墟中长出了许多美丽的树木和灌木。随处盛开的野花，散发出阵阵清香，令人心醉。遍地都是春天的气息。

澳大利亚飞行员说在最后一次空袭中有 11 架英国喷火式战斗机被日军击落，而日军只损失了 4 架零式飞机。英军的老练飞行员被更敏捷的日本战斗机所击败确实令人震惊。事实上，澳大利亚飞行员说整个英国调到澳大利亚的“帮助澳大利亚人赢得他们的空战”的喷火式战斗机在遭受挫败之后已经停飞一个月。这一个月让他们能够学习战术，提高和日本战机对抗的实力。

之后，我返回了达尔文港外的军营。在那里，一群军官正在为 8 名战地女护士举办派对。弗兰克 · 沃克喝了些酒并唱着歌，只是娱乐，而不是为了给护士留下深刻的印象。军官们语无伦次地讲着下流的故事给这些害羞的护士听。在派对上，弗兰克接到波克的一个电话，他问："导航员（弗兰克）是否希望午夜时进行常规检查？"弗兰克喝醉了的时候，会做那种愚蠢的事。

克里威利号第二天一早从达尔文出发，向帝汶岛北部进发。这是相当令人不安的航线，不知道在我们到达达尔文港之后，澳大利亚扫雷舰是不是将辖区内的水雷扫除干净了。

早上两次有飞机逼近，克里威利号被迫潜入海中，尽管它们被认为是盟军的，但我们也不敢冒险停留在水面上。

28 日，克里威利号穿过帝汶海，在那里，带黑色条纹的绿色水蛇浮在水面上，成千上万条扭在一起，搅动着平静的海面。热带阳光更加耀眼，三小时的水面观测任务，让我觉得有些头疼，体力已经透支。

下午 2 点 30 分，克里威利号为了通过东帝汶的东端韦塔岛附近的航线，继续下潜。艇长认为日军在东帝汶海岸派驻有观察员来监视过往潜艇。实际上，克里威利号的航线离海岸观察者的位置太远了，从海岸上根本就不可能看见遥远海面上的潜艇。

在接下来的一天，克里威利号朝视野内发现的有烟雾的地方驶去。在舰桥上观测的人们都很兴奋。当克里威利号向可能有船的地方驶近时，却发现我们之前看到的烟雾实际上只是一群鲸鱼喷出来的水柱。

30 日，甲板上的人员和我因为远处出现的可能是同一架反潜单翼飞机而不得不让潜艇在一小时内下潜三次。每次我在潜望镜看见它清晰地出现在视野里时，雷达上显示它离我们只有 8 英里，我就听从艇长的命令将潜艇下潜。每次都没有炸弹落下来，这似乎是我们的错觉。第一次下潜，因为在飞机发现我们之前就顺利下潜觉得很开心，结果我把便携式舰桥麦克风留在顶部。在克里威利号浮出水面的时候，麦克风已经被冲走了，而艇长对这个低级的错误感到非常恼火。

在我完成观测后下到船舱的时候，麦克 · 格雷戈从珀斯的潜艇总部收到了情报，包括许多反潜巡逻编制报告，并截获日本对反潜方法的详细的描述。这些消息来自众多的潜艇巡逻报告以及截获的日军信息。总之，信息是相当令人沮丧的，因为它表明，日本军队被证明要比我们猜测的更强大、更狡诈。但后来我觉得，尽管日本军队的反潜能力很强，但是我们的很多潜艇在巡航时也击沉了很多日本船只。因此，我觉得他们的战斗力并非像描述的那么厉害。

这时，我从电台广播得知，海军队击败杜克大学队，圣母大学队输给了五大湖海军训练站队。显然最优秀的橄榄球选手都被招募进了海军，有些去了安纳波利斯（海军学院），有些去了五大湖队这样的临时球队。还有一则消息报道多拉多号潜艇在从新伦敦前往巴拿马的途中失去了联系。记得克里威利号在新伦敦时就和多拉多号在一起，接下来的几小时我的胃开始像打结了一样很难受。

下午晚些时候，空气变得凉爽并下起了暴雨。雷达显示远处有敌情，但是不在视线之内，于是艇长取消了备战的命令。克里威利号随后在海面高速行驶，向着目标接近，以18节的高速行驶，但是却没有发现任何大船的踪影。所以艇长觉得一定是一朵云彩，于是放弃了继续追踪。雷达人员已经将在海面的雷达微调做到非常完美，以至于我们可以发现一些小船的踪迹。

在11月1日早上的观测任务中，雷达显示有飞机接近，潜艇迅速下潜，我们在舰桥上什么也没有看见。尽管当我们下潜的时候天空很干净，并且最后距离目标只有5英里远。当克里威利号潜入海底后。艇长等我从扶梯上下来后在控制室门口用鄙夷的眼神看着我，露出很多牙齿，他笑起来的样子并不好看。然后他向我做了个鬼脸，像一只老鹰一样挥舞着他的手臂。我知道他在试图羞辱我，嘲笑我在甲板上的一举一动，他以为我一定会像小鸡看到老鹰一样吓破了胆。但是我只是镇定地告诉自己，要保持冷静和警觉，要知道那些及时发现敌机并能指挥潜艇迅速下潜的人才能活着看到新的一天。

之前一天，艇长也对曾指挥潜艇下潜躲过敌舰的杰瑞做过这些，类似挥舞起他的手臂，咯咯地傻笑。在我之后，甲板军官卢克·鲍德勒也得到同样的“待遇”，当时雷达显示就在5公里之外有可疑目标接近克里威利号，卢克指挥下潜后再没看到任何飞机的迹象。

后来，因为我准备好去舰桥执行午夜观测任务，甲板军官麦克将克里威利号的速度提升到 18 节，并向艇长如实汇报在海面的情况："我已经看见它了。它是某种小型反潜舰，似乎并没有看到我们。它只是在水中缓慢移动，没有大船的航迹。指挥塔的雷达兵报告战舰距离我们 3200 码。"

克里威利号通过锡布图海峡，进入苏禄海，到此为止我们已经成功地避开了日本的巡逻舰艇。

不过艇长还是担心可能错过一个潜在的鱼雷攻击目标，所以他询问麦克军舰具体的大小。

"它没有一个排水量 600 吨的反潜舰大，但我们没有发现其他鱼雷可以攻击的目标，艇长。"麦克报告道。艇长待在指挥塔，没去舰桥亲自观察情况。因为他夜间视力差，什么也看不见。

第二天，克里威利号在海面上穿越苏禄海，卢克发现"6 英里外"有目标接近并迅速下潜。艇长在他跳下军官室的时候冷笑道："另一只鸟？"但在克里威利号执行"下潜命令"到水下 70 英尺（约 21 米）的时候，1 枚炸弹在我们头顶炸开，灯泡都被震碎了。卢克显得很高兴，而艇长起身静静地去他的船舱，拉上了窗帘。

在接下来的 5 天，克里威利号靠近吕宋岛南部海岸附近进行全天的水下巡逻。大量的渡船，摩托艇和渔船不断在视线内出现。然而，没有任何值得射击的目标。它们太小，所处的海域太浅不值得浪费鱼雷。有一天晚上，我在舰桥上几乎完全黑暗的夜里值勤时，瞭望哨喊道："右舷发现鱼雷。"我马上下令："右满舵。"眼前一个明亮的发光体正向克里威利号快速袭来，清晰可见。它的尾迹掠过了艇身，好在克里威利号已经向右掉转了艇身而幸免于难。但最后一刻鱼雷击中了正在嬉戏的海豚。我僵在那里，完全被吓到了。我都忘了要马上下潜以避免敌人的第二枚鱼雷以同样的轨迹发射过来。

9 日晚上，艇长将克里威利号驶向了旁边正在行驶的螃蟹船。因为他想知道这一带的海上交通情况，他威胁道："如果船上的人不和我们合作就向他们开枪射击。"他觉得这样的船只是在为日本执行巡逻任务，理应被摧毁。我被指定为甲板炮人员，但我不赞成这么做，因为我不希望看到菲律宾本土人士遭到杀害。艇长什么也没说。所以我不知道他是否觉得我违抗军令。

幸运的是，当看到船上载着4个女人，8个孩子，只有4个男人时，艇长改变了主意。几个人在螃蟹船里不停地叽叽喳喳喊道："我，菲律宾人。"当艇长说"这是美国的潜艇"，他们都高兴地笑了起来，然后螃蟹船上又是一阵叽叽喳喳的吵闹声。艇长打断了他们的谈话，问道："有没有看到任何大型的船舶沿着这条海岸线行驶？"一个小个子的男子光着脚，只穿着一条破旧的脏裤子吞吞吐吐地回答："在北部有50个日本兵。"他指着靠近北部黑暗中的海岸说，"没有大船从这里开过去。"一个小个子也附和道："没有。"艇长确信他听到的都是实话，便将潜艇上的一大袋米送给了他们，而船上的女人给了我们好几捆香蕉。每个人都沉浸在这友好的氛围里，艇长又解除了潜艇的戒备让克里威利号开始了海面巡逻任务，他甚至还对我笑了笑。

第二天早上，克里威利号下潜，就在收到"无威胁船只"消息的几小时后，杰瑞在视野中看到一缕黑烟在海面升起。通过潜望镜观察很快就证实了是1艘烧煤的货船正向着克里威利号方向驶过来，并有2艘排水量800吨的护卫舰为其护航。很明显它们会从克里威利号现在位置几海里之外的地方通过。所以艇长让我们用电力发动机全速接近这个小型运输船队。我们花了两个多小时才追上它们，而那时电力已经不足。但艇长忘记了电池没电就无法顺利下潜的危险性。他说："我们先放弃使用鱼雷，然后想想要如何逃避护卫舰的深水炸弹。"我问是否先向护卫舰发射鱼雷，但是弗兰克却告诉艇长护卫舰排水量太小无法顺利进行鱼雷攻击。

当距离船队第二纵队的最大敌船只有2200码时，艇长下令转向，准备用前舱鱼雷发射管发射6枚鱼雷。"瞄准船身，以扇形发射。"从日本商船册中我们确定它是排水量5600吨的日本明洋丸号货船。1艘很老旧的货船，但仍然在服役。希望第五和第六枚鱼雷能击中明洋丸号的船尾，也可能命中编队中的第三艘船，因为它几乎和克里威利号的瞄准目标相重合。

当鱼雷被发射出去的时候，弗兰克报告，它们正脏兮兮地冒着浓烟，护卫舰在货船前面。令人不安的是，弗兰克说："在3艘货船上有许多穿着白色制服的男子正在水中寻找潜望镜的身影。他们已经察觉到这个地方附近有潜艇。"

因此，他们迅速发现了鱼雷的尾迹，并让护卫舰向克里威利号的方向冲过来。我们电量不多，想要从护卫舰的包围下逃跑并不容易。

弗兰克高喊："第一枚鱼雷向目标逼近。"随后又喊道："它提前爆炸了！而且，另一个也是！炸出水柱在1000码之外。"舵手证实了这一范围，在船舱清楚地听到这一爆炸声，分别在第一、第二枚鱼雷发射37秒和36秒后。不久，又有两次爆炸，听起来似乎命中了，但实际上它们也是在离商船50码之外爆炸，没有命中。然后弗兰克大叫："有1枚命中船体中央结构，爆炸使得很多的船舶碎片和烟雾飞上天空，船尾开始慢慢沉入海底。"可以证实被击中的是排水量为4400吨的海翔丸号。

艇长同时下令克里威利号掉转过身将艇尾鱼雷发射管对准敌方编队的第二艘船。浓密的黑烟从这艘船的两个烟囱中冒出来，它正试图快速脱身。不幸的是，当我们调整好艇尾的鱼雷发射位置时，大船和我们的距离已经大大拉开。但艇长仍旧下令："发射艇尾全部4枚鱼雷。"结果它们全部发射出去，却都没有命中。

弗兰克冷冷地说："护卫舰正恶狠狠地向克里威利号直奔而来。"然后，他大骂："没有命中！另一枚也是！"与此同时，许多深水炸弹扔下来了，炸弹落水的声音可以清晰地被听到，弗兰克说道："克里威利号潜望镜附近没有水花溅起。有这么多烟雾，我无法区分最后2枚鱼雷是否命中。"虽然有接近30声爆炸，但是没有人会觉得命中，也许那2枚鱼雷除外。

弗兰克不停地监视护卫舰，注意着它在用深水炸弹攻击克里威利号发射6枚鱼雷的地方。然后，潜望镜观测显示，护卫舰已经直奔克里威利号而来，克里威利号只好慢慢下潜，这迫使它几乎耗尽所有的电力，但好在没有深水炸弹投下来。此后不久，通过声呐侦察得知，护卫舰和另外1艘船向佛得角岛航道方向驶去。

艇长很快让克里威利号回到潜望镜深度，弗兰克看看周围的一切，报告说只看到1艘商船和护卫舰向北撤退，另外2艘商船失去踪影，无法找到它们的位置。

天黑前的5小时，克里威利号在水下很节俭地使用电池电力。所有照明专门用于战斗准备。所有风扇、空调和烤面包机被关闭。克里威利号保持在潜望镜深度，它几乎保持静止不动。而我们通过压缩空气将水排出水箱来调整艇身的平衡。

随后，在离我们很近的上方有炸弹爆炸。艇长下令克里威利号下潜到150英尺（约45米）。麦克通过潜望镜观测发现有轰炸机正在潜望镜周围徘徊。随后1架轰炸机将2枚深水炸弹丢下来，但设置的深度太浅，没有震碎任何东西。这些轰炸机显然是从马尼拉飞来对克里威利号攻击3艘商船的行为给予回击。

天黑后克里威利号终于浮出水面，为电池充电。许多电池组发生了故障短路。通过2个柴油发动机充电，电池电量迅速恢复。克里威利号等待下次机会，但希望不会再让6枚鱼雷都错过目标。

鱼雷攻击表现令人担忧，作为鱼雷攻击军官，我向艇长建议取消鱼雷的磁性感应引信。我猜测这可能就是鱼雷过早爆炸的原因。但艇长说："不可以。但我们会将此问题报告给克里斯蒂上将看看他会采取什么措施。"克里斯蒂上将在纽波特测试过这些鱼雷，知道它们的性能，因此也许他会将艇长的意见报告总部并改变鱼雷引爆模式。

在11月11日午餐时，艇长宣布："因为今天是停战纪念日（注，第一次世界大战的停战纪念日），我们将用一场炮弹横飞的海上激战来庆祝。"不久甲板军官麦克报告称，他发现视野中有1艘排水量为750吨的货船，艇长听到这个报告后，看着我兴奋地说道："这就是我们想要的！"他立即下令，"各就各位，准备战斗。"

我在执勤位置上通过望远镜观察，那艘货船在明亮的月光下看上去并没有武器装备，好像并没有什么威胁。但我仍然觉得紧张，这看起来太简单了，甚至比射击一个陶土飞靶还容易。

不过我看见货船具有日本特征的勺型船体，并印有日本文字。因此，我对于击沉这艘看似没有武器和船员的船并不感到内疚。

然后当艇长控制克里威利号缓慢靠近移动的货船时，我心里紧张地等待着艇长下令开火，对于艇长延迟下令我开始有些不满，因为很有可能从敌船上冒出一杆枪对着我和战友扫射，所以站在空地上等待让人焦急万分，而且面临着随时可能被乱飞的炮弹碎片击中的危险，事情并不显得有趣，实际上在漫长的等待中我的身上已经冒出冷汗了。

当雷达兵报告目标距离我们1500码的时候，艇长终于下令：“开火！”我立即向枪手示意：“开始射击！”经过三轮射击，炮火全部命中敌船。我下令“开始急速射击”。炮弹贴着水面飞向目标，像打水漂那样在水面留下一连串锯齿印记。然后我又下令让他们对准舰桥继续射击。所有敌船上的士兵都不见了，而且我可以看到，在敌船上并没有任何人员活动的迹象。在向敌船发射了15发102毫米炮弹后，艇长下令“停止射击”。在此期间，我旁边位置的20毫米机炮至少将50发燃烧弹射中敌船。不过，敌船上并没有燃起大火。

随着货船慢慢下沉，艇长让克里威利号贴近千疮百孔的船的一侧。然后他让我跳上去看看船上装载的是什么东西。我对此印象深刻，我跃过正在下沉的货船主甲板，去查看情况。甲板上很滑，幸运的是我穿的是运动鞋，这样在布满燃油的甲板上还是能够平稳行走的。从桶中泄漏液体的气味我可以肯定那就是燃油。我想到舰桥上看看是否可以找到些文件，但是我发现驾驶室里好像有人。想到很有可能遇到还活着的敌人朝我扔过来1颗手榴弹我就毛骨悚然，还好在我跳下克里威利号之前弗兰克塞给我一把手枪，如果有鬼子向我扔炸弹就在他行动之前一枪毙了他，但是实际上我觉得自己并没有那么勇敢。所以，我向艇长报告：“没有任何人在驾驶舱。”希望这样一来艇长能够结束让我搜索船只的任务。很快他向我喊道：“回到潜艇上来吧，鲁赫。货船在海面撑不了太久了。”

当我笨拙地爬上舰桥时，艇长忍不住笑了，说我像死里逃生的日本兵。但是我很确定日本兵就在驾驶室内走动。

克里威利号解除了警戒，小货船的船头和海面成30度下沉，并且在它快速下沉的时候，水已经漫过了它的主甲板。

在下潜之前，我注意到操作甲板炮的艇员被硝烟熏黑的面孔，我也看到甲板战斗军官杰瑞脸上也布满了炮灰。他把2颗手榴弹和卡宾枪挂在胸前，屁股上还绑着0.45口径（0.45英寸，约11.4厘米）的左轮手枪。他的军龄至少比其他初级军官大十几年，甚至比艇长也多几年。他身材矮小，圆圆的大脸，粉红色的脸颊，走路缓慢，好像很吃力，有时坐在军官室周围乏味地讨论无关紧要的事。杰瑞偶尔会和军官室的军官玩游戏，但更喜欢花时间和士兵聊天。战争开始后，杰瑞就被任命为“海军少尉”。他被人称为“黑马”。曼绅科德艇长也觉得他是船上的一个重要人物，作为一个知识渊博的火炮专家，希望杰瑞不负重任，能在潜艇战中用他的火炮击沉更多的敌船。当然杰瑞也没有让大家失望，他对工作尽职尽责，严格谨慎。

杰瑞的武器让他显得有点嗜血。所以我不喜欢他研究沉没的货船，寻找幸存者的方式。艇长宣布克里威利号解除警戒继续向北吕宋岛的西侧驶去时，我在没人注意的情况下偷偷离开舰桥来到了船舱。

12 日，克里威利号开始在马尼拉海湾入口一带巡逻。背面就是巴丹半岛和马里韦莱斯（菲律宾港口）的高山，在月光下显得更加阴森。在那里，美国战俘曾遭受过日军残忍的虐待。这让我想到麦克阿瑟将军的话：“我会加倍奉还的！”并想抓一些日本的俘虏，像日本人对待我们的俘虏一样给他们点颜色瞧瞧。

全天的下潜任务让人无法忍受。舱内的温度已经达到 97 华氏度（约相当于 36 摄氏度）。空调系统也解决不了问题，它唯一能做的就是可以降低舱内的湿度。我在睡觉的时候也是挥汗如雨，跟我在 S-37 号的遭遇差不多。

白天发现有 1 艘汽船沿着海岸在行驶。但是目标太小，且距离很远，根本不值得浪费电力去追赶。

14 日，克里威利号向海湾入口博利瑙角附近开进。这里距日军首次登陆入侵菲律宾的地方很近。

午夜后，收到台风警报说有台风向克里威利号靠近，并在 24 小时内会抵达潜艇所在的地方。晴雨表下降到 29.2 英寸（约 74 厘米）处，海水翻腾起来像小山一样。尽管甲板军官已尽量减少克里威利号的颠簸，但很多人还是晕船了。凌晨在舰桥上值班，我看着潜艇的艇身被一个浪接一个浪打得在水中起伏不定，以至于海水漫过了我站立的两侧。海水漫过舰桥。克里威利号在颤抖和动摇，并开始上升到海浪的最高点后，又开始滑入另一个陡坡。这非常可怕，因为如果速度太快可能被下一个浪淹没。但也有人认为，如果事情变得糟糕，克里威利号可以下潜到深处避开风浪。

全天的水下巡逻正在进行中，在我睡觉时警报又响起来："各就各位，开始鱼雷攻击。"幸运的是，这时海水已经渐趋平稳，鱼雷的发射路线不会受太大影响。

我穿着内裤光着脚迅速跑到指挥塔的岗位上，发现台风带来的大雨笼罩在潜望镜周围的海域，很难看见是否有东西接近潜艇。杰瑞正在执行观测任务，通过潜望镜观望时，结果发现有船在约4000码的地方行驶着。身份不明的船只正驶向克里威利号，但此时只有前舱4枚鱼雷发射管完成发射准备。谁也没有想过或许有更多的敌船隐藏在雨幕后面。在我来到指挥塔不久后，艇长和弗兰克也赶到了。

弗兰克通过潜望镜看了三次，每次间隔三分钟，我喊道："我们必须马上开火。这是不可错失的良机。""鱼雷发射距离太短不适合发射。"艇长冲我嚷嚷，"我才是这艘潜艇的艇长，军令如山，由我决定什么时候发射！"

与此同时，弗兰克高喊证实了那是排水量为7065吨的塔图卡米丸，它正在以"Z"字形向克里威利号方向开进。针对弗兰克发布的数据我们推断它距离我们1300码，我大声说："估计鱼雷射程为900码，并且距离正在缩小。"

艇长反应很慢，但也下令发射鱼雷："干掉它！"

第一枚鱼雷发射时距离已经小于900码。所有4枚鱼雷向迎面而来的敌船发射过去。第一枚鱼雷命中，巨大的爆炸和震荡让克里威利号摇晃起来。第二、第三和第四枚鱼雷都没有击中。弗兰克降下了潜望镜，他肯定第四枚鱼雷直接奔向了大船底部。然后冷静地打满舵避免目标船下沉殃及我们，并向艇长建议马上下潜，以避免发生碰撞。

在指挥塔的边上，我们听到敌船的螺旋桨停止了转动。然后伴随着台风带来的海浪，传来敌船被撕裂时响亮的断裂声、呻吟声还有爆炸声。

当克里威利号轻松下潜的时候，听见了2艘小型军舰螺旋桨的噪声。潜艇停在水下350英尺（约105米）的位置并熄灭了发动机，保持住平衡，确保没有任何声响。所以，即使是最好的日本反潜舰艇也无法用它们的听音器检测到克里威利号的位置。此外，台风搅动的噪声太大也让检测声音的方式变得不可行。它们向克里威利号头顶驶过来，能听见它们在潜艇前面的位置投下了6枚深水炸弹，这说明日军的反潜舰艇已经在潜艇上方，但是它们的深水炸弹都设置太浅对我们没有造成任何伤害。反潜舰艇一直在用短频声呐搜索，然后又有1艘护卫舰也过来了，好像它接到了反潜舰艇的命令，于是不再继续投掷炸弹。但这不过是敌军的诱敌之计，麦克·格雷戈的情报材料中曾描述过日本人的这种战术。这是最令人担忧的，我猜6枚深水炸弹爆炸造成了太多的回响，也给他们的搜寻工作增加了难度。

艇长感觉潜艇升降舵的噪声太大，就让他们从液压动力操作转为手动操作。这个决定很正确，因为日军的2艘护卫舰徒劳地四处搜索，终于调回长频搜索模式。

很快日军反潜舰艇就离开了。克里威利号再次回到潜望镜深度。弗兰克通过潜望镜看了看周围的情况，没有敌情。我们小心地浮出水面，尽量减小海水在舰桥上的水压。然而，扑过来的海水径直打在敞开的上舱盖上，在下一个浪来临之前，一位甲板军官立即爬上去把舱盖关上并踩在上面，直到碎浪打过。在压力下舱盖会自动压紧的。

不停地涌上潜望镜的海浪让我们无法获得很好的观测视野。于是艇长决定让克里威利号骑在浪上，这样才能有机会赶上另一艘敌船。他命令用三分之一的速度和航向迎向波浪，让舰桥上少溅上一些海水。我们戴上护目镜，顶着雨，借着风速，航速超过20节。但因为雨水不停地打在护目镜上，所以我们什么也看不到。

电台报道说，台风席卷吕宋岛并且造成了很大的损失。幸运的是，连续不断的风向监测表明，台风眼已经过克里威利号的位置并缓慢向北移动。这就意味着在舰桥上的观测条件会越来越好，并且当观测条件一点点改善的时候我想到了弗兰克和他在台风来袭时的表现。而且当事情逐渐好转以后，他就像一个训练有素的运动员，即使在压力之下也可以游刃有余地将工作做好。但弗兰克不是运动员，从1934年起他一直在海军学院担任橄榄球队的经理。

曾经有一次在军官室，我注意到，艇长是唯一点咖啡的军官。其余人员都要的茶。但不久才知道他已经将茶叶给了岸上那些因为战争无法得到茶叶的澳大利亚朋友。

16日夜间，克里威利号前往马尼拉南部地区巡逻。艇长认为在博利瑙海角的沉船会导致所有的船只在接下来的几天里远离那一带。期待我们的运气可以更好一点。

在完成早上的观测任务后，我回到自己的铺位。在执行任务时，倾盆大雨伴随着海浪打在我身上，在和舰桥上不断上涌的海浪无休止地对抗后，我已经精疲力竭。那天我睡了一整天。以前我从来没有这么累过，当我醒来准备执行下次观测任务时发现，艇长将每班的舰桥监测时间缩减为三小时，因为他觉得四小时过于劳累，而且三个小时后，工作效率已经变得非常低了。

在换下麦克的班后不久，我就发现有一团黑色的烟雾出现在地平线上。通过望远镜观测，发现它看起来像 1 艘大型油轮。艇长到了舰桥上后果断地叫来了雷达跟踪小组。夜幕降临，确定目标类型的工作变得越来越困难。雷达显示我们之间的距离从刚开始发现时的 16000 码正在缓慢地缩小。为了简化从鱼雷数据计算机（TDC）获得跟踪方案的步骤，艇长下令让克里威利号暂停行驶几分钟。很快，我们确定这是艘大船，在没有月亮的漆黑的夜晚几乎无法用肉眼观测到。它正以 19 节的速度以“Z”字形前进，并渐渐接近克里威利号现在的位置。目标移动方向是西北方，离我们大概有 6000 码，完全在我们射程之外。艇长把所有 4 台发动机全部启动，并排空所有压载舱的水以增加一两节的航速，根据本迪克斯记录的日志显示当时航速达到 20.5 节。

在这个时候，在大船后面隐约可以看见护航的军舰。它留下的尾迹很明显。

“约 1 万码距离，”卢克轻声说，“它看起来像一艘平顶船，但它没有船体中央部。它不是 1 艘大油轮，因为没有舰桥或任何漏斗尾部。”艇长只是哼了一声。由于他的夜间视力差，他可能只看到一堵黑漆漆的墙。因此，他很怀疑卢克的判断。

“看起来船体前方是平的……莫非是航空母舰！”一想到是航空母舰，艇长整个人就立刻兴奋起来，他生性英勇，于是无畏地窃笑起来。在克里威利号翻过一个大浪时整个身体向前倾了起来。他的表现如同一匹脱缰的马载着一个土匪赶超急速行驶的火车一样。大家都知道每年放一个星期假的时候，他都会在载货列车上带上许多箱玩具汽车，这是他的爱好。而他的妻子安妮总是抱怨他给儿子买的玩具火车自己玩的时间总是比陪儿子玩的时间多。

当克里威利号跟着目标船的路线想要接近时，2艘船都在它的左舷方向。这条路线将它带到潜艇现在位置前方很远的位置。很显然，克里威利号和大船的船速相差无几，所以我们必须以每分钟50码的速度缩小两船之间的距离。两小时过去后我们由最初的16000码缩小到现在的10000码。

雷达可以搜索到那只大船的信号，但必须非常谨慎使用雷达的天线方位发射机。雷达被调整成瞬间接受单程回波模式。似乎这样的2艘日本军舰在战争中会使用电子设备拦截从美国军舰发射出来的雷达信号。但是，一个从克里威利号发出单一传输信号的雷达将难以被日军察觉，如果连具体方位都难以检测到，更不用提是否能监测到美国潜艇雷达的特性。

乔治修正了克里威利号的方位以及雷达显示的距离。他的计划表示如果目标船以“Z”字形彻底离开，克里威利号可能需要花费整晚的时间来进入攻击位置。他还表明，如果艇长变得不耐烦，试图向目标靠近以更迅速达到鱼雷攻击范围，克里威利号将错过艇尾加速行驶的目标，远远偏离鱼雷射程。

这次靠近需要足够的耐心，但不管是舰桥上还是指挥塔上，大家都变得越来越紧张。时间一分一秒地过去，克里威利号正在以几乎无法察觉的速度靠近目标，直到达到鱼雷攻击的范围。

弗兰克默默徘徊在亮着红灯的指挥塔周围检查火控小组的攻击方案，并根据导航图的指示调整克里威利号。弗兰克想确认克里威利号是否已经远离浅水区，以避免发生搁浅。这次决不允许搁浅。弗兰克专心操作甚至没有哼着小调。

艇长偶尔会到指挥塔研究乔治的跟踪计划，然后，他检查弗兰克的导航图，随后，他研究了鱼雷发射方案，最后他研究了我根据技术数据中心的数据提出的攻击计划，但什么也没有说。后来，他爬回到舰桥上，盲目地看着漆黑的海面发呆。

过了一会儿，10个鱼雷发射管已经将水排空，并没有重新灌入水，直到克里威利号靠近到鱼雷发射距离。

艇长完全信赖卢克，并告诉他在暗处我们看不到的情况会造成的失误。除此之外，乔治·莫兰上尉向艇长提供了需要检测的雷达方向和距离。所有担任此次夜间作战任务的都是战争开始之前不久才开始服役的海军预备军官。卢克和来自纽约州大草原的乔治只接受了12个星期课程的训练。他们都思维敏捷，充满良好的运动员般的活力。卢克像一支棒球队的经理一样健谈，而乔治大多数时间沉默不语，有时他轻声细语，就像有什么重大秘密一样。

又有两个多小时过去了，捕猎者和猎物之间的距离慢慢地缩小。没有任何迹象能让敌人的军舰知道有潜艇正在危险地靠近自己。距离目标只有4000码了。此时艇长开始想象他会在黑暗中看到大船上的浓烟，并下令所有鱼雷发射管注满水并准备好发射鱼雷。突然2艘军舰开始快速以“Z”字形向克里威利号逼近。1个大型探照灯照向克里威利号方向。艇长喊道：“把星条旗升起来。我想让他们知道谁攻击他们，免得他们死不瞑目。”

看起来他们肯定发现了克里威利号。但是是怎么发现的呢？

“我们来了。”艇长在甲板喊道。克里威利号改为正对着航空母舰的方向。

此时，甲板军官杰瑞，下令将舵扭转过来，然后迅速纠正方向让克里威利号恢复航线，避免遭受敌舰的袭击。

当我们距离目标只有3000码时，艇长通过黑暗的雾霾窥视，难以置信地大喊起来：“嘿，真的是航空母舰！”然后，他下令“停止前进”，以减少在克里威利号前进时对发射鱼雷造成的误差。因为如果在航速超过12节时发射，鱼雷会发生颤抖，在水中航行会不稳定。

技术资料中心发来的数据表示鱼雷发射距离只有1500码。克里威利号的速度下降到12海里，艇长下令发射艇首全部6枚鱼雷。鱼雷都被设置在水下6英尺（约1.8米）的深度，目标距离600英尺（约180米），采取扇形发射。6枚鱼雷都被发射出去了。

卢克认为平顶船是由商船改装的航空母舰。艇长却令人怀疑地说这是某种型号的航空母舰，而且它很大，是由巡洋舰改装的，船边上有很长的平顶甲板，用于起降飞机。

一分钟前，艇长是这么说的：“一个完美的毁灭性的袭击，爆炸将碎片和火焰抛上了1000英尺（约300米）的空中。”克里威利号里面的人又听见了三声命中的声音，但并没有观察到任何人在舰桥上。在短暂的爆炸声中敌船开始疯狂地拉响警报。这是一个表明航空母舰正在遭受潜艇攻击的信号。

不一会儿，传来了漫无目的的枪炮扫射声。机枪在无休止地扫射，20毫米口径的炮弹密密麻麻的，就像用花园软管喷洒的水一样，而且发射的时候根本看不见火光的闪烁。日本人似乎使用了无烟火药。在许多方面，他们的武器技术远远领先美国。

指挥塔内回荡着枪声，因为炮火射击的后坐力，艇体也有些晃动。每一刻都可能有枪弹从头顶掠过留下弹道，2艘敌舰上的炮手似乎没有发现克里威利号，但是有些时候潜艇还是险些被击中，有人急切地报告："我觉得我们被一些炮弹击中了。"

当克里威利号艇尾正对着平顶船时，艇长下达了下潜指令。在敲击控制室甲板时他大喊着让我发射艇尾鱼雷。但我并不确定航空母舰的方位。卢克已经下到了舱内，没有给我任何方位信息。当我问声呐兵目标螺旋桨的位置时，他报告说航空母舰的螺旋桨已经停止转动了。但是他很清楚地听见了驱逐舰螺旋桨正在快速转动，"它们正在向我们快速接近"。

艇长忽略了一个事实，我之所以不发射艇尾鱼雷，是因为我们没有确切的数据和良好的攻击方案。当我想求助弗兰克时，他也没有给我任何信息，只是很消极地耸了耸肩。

杰瑞在下到船舱的时候忘记了盖上舰桥通话箱，这意味着通话箱将会被海水浸泡，在接下来的巡航中都无法使用了，他肯定会被艇长叫去挨批的。但是从舱内扬声器里传来机枪的扫射声，可以听见有很多子弹打到潜艇的外壁上。那一刻我想也许我们潜艇军官会因为受伤而得到1枚紫心勋章。但实际上在潜艇上要么全部阵亡，要么安然无恙。很多人都失去了生命，但是很少有瘫痪的伤员。

我们还在痛苦的下潜当中，而通风管道也无法用液压关闭。麦克作为潜水军官在扬声器里大喊："手动下潜！手动下潜！"各部门的人都迅速集合在一起将阀门关闭，很显然在以后的巡逻中一定要选一群有力气的战友。作为大副的老鲍勃在战斗中负责控制歧管开关，不经意之中关掉了液压系统，还误以为自己关掉的是控制海水进入深度测量计的一个小阀门。大副比杰瑞年纪大一点，但看起来饱经风霜，从他沧桑的脸上可以看出他经历过那些光辉岁月。虽然老大副的精力正在衰退，但我们的艇长还是挑选他作为潜艇上的一员，作为有资历的艇员理应得到那些年轻艇员的尊重。但我看到老大副总是昏昏欲睡的样子，真是觉得他时日不多，大可不必在此受罪，再说克里威利号也不能负担太多像这样的艇员。

此时我在日记中写道，我已不再单纯地把克里威利号当作 1 艘潜艇，而是一个人了，好像我们的克里威利号已经从一个没有生命的物体变成一个带有女人般感性气质的人。因为一般来说，潜艇常常被比作女性，而水面舰艇则更具有男子气概。

卢克说在舰桥上最后一次看到驱逐舰的时候，发现它正向我们追过来，但是并不能在准确的地点投下深水炸弹。然后我们听到深水炸弹在离我们很远的地方炸开，让我们觉得那些枪炮的射击声已经扰乱了他们的雷达侦测信号。

我们清楚地听到了船只断裂的声音。等到驱逐舰的声音渐渐远去的时候，艇长命令克里威利号返回潜望镜深度，但是弗兰克在漆黑的海面上并没看到可疑目标。乔治又确认了平顶船停止行驶的方位以使我们不会在黑夜里撞上它，但是我们的位置并没有发现受损船只。在浮出水面后他报告了一个不同寻常的消息：“尽管已经试图排空压载舱来获得向上的浮力，但是并没有什么反应。船舱内所有的气体似乎都跑光了。”

艇长命令我下到主甲板看看究竟哪里出了差错。我借着手电筒的灯光发现在潜艇压载舱的位置有一个很大的锯齿形的洞。很显然，在日军疯狂扫射的时候大口径的炮弹击中了我们，如果是弹片再往后一点就会击中压力舱，那样潜艇就没法下潜了。

在进行舰桥观测时，我们紧密地注视着我们周围黑暗的海域，观测结束后克里威利号以 17 节的速度继续行驶。

后来在军官室，艇长和卢克还在争论平顶船的大小和型号。作为甲板军官的杰瑞一句话也不说，好像完全没有意识到发生的这一切。卢克坚持认为这艘船排水量不超过 10000 吨，而且并没有任何飞机停靠在它的甲板上面，但是从船体的形状来看完全有能力停靠飞机。艇长则坚持认为这是某种型号的航空母舰，排水量至少有18000吨。而卢克则很担心艇长会将这些内容写在巡逻报告上。

接下来的四天没有什么消息，还有4枚鱼雷在艇尾鱼雷舱。所以在返航前不可能有机会派上用场了。

克里威利号在马尼拉南部的吕宋岛东海岸附近执行每日的巡航任务。吕宋岛附近总是有很多小商船、帆船和电动汽艇来来往往，它们不依循航道行驶，到处乱跑，好像在执行反潜任务一样。但是它们对鱼雷来说，目标吃水太浅了不适合发射。之前的鱼雷发射也证明，MK-14号鱼雷总是比发射时设置深度要低，以至于常常无法击中浅水区域的船只。

23日晚上，克里威利号撞上一个水下物体。用来测量航速的压电轴向计被撞弯了，因此，它再也不能被收回潜艇内了。午夜的时候，又有一个东西砸中了克里威利号的尾鳍，但是弗兰克的航海表上始终没有发现附近有什么可疑目标，我们猜想有可能是被水流冲过来的沉船残骸。

24日星期三，是艇员们洗澡的日子，为了节省水资源每周只允许洗一次澡，但厨师却要求每天洗一次。对于这个沐浴时间表，并没有人发牢骚，因为当下潜的时候，为了减少流汗已经把空调系统打开了。天黑之后1艘日本的医务船闪着灯光，并且船身两侧都有红十字的标志，离克里威利号只有几百码的距离。美国潜艇观测到太多这种享有特权的船只了，但也怀疑它们实际上另有目的，例如运输作战物资和武器装备，但医务船是不允许检查的，只能眼睁睁地任其自由通过。

11月25日是感恩节，这一天我们希望可以将4枚鱼雷都送给敌人，然后我们想如果能活着回家那就更好了。中午饭后有冰激凌和南瓜派作为甜点。在这一天要结束的时候，我们借着月光发现有船烟在飘浮，可能是在搜寻克里威利号的敌船。之前发现的2艘船的相同航线上有1艘货船，日军并没有调整他们的航线。他们仅仅派出一群小巡逻船就试图将我们的潜艇驱逐开。

在接下来的一小时里，我们继续跟踪这艘货船以确定它“Z”字形的航线。其航线很简单，只有很小的改动。看来在漆黑的水面发动攻击不会成功，但难以置信的是艇长将克里威利号下潜至100英尺（约30米）的水下来避免被货船发现。克里威利号以低速行进。根据雷达提供的数据，等这艘排水量大约400吨的货船经过艇尾时再发动攻击，也许艇长想完全根据SJ雷达的数据进行射击是因为发现有多艘巡逻船在这一海域。

很快，距离缩短到1800码，顷刻间4枚鱼雷从潜艇的艇尾鱼雷管发射出去。第一枚在12秒钟后爆炸，又失误了！第二、三枚均造成巨大的爆炸，第四枚与货船擦肩而过。有两枚鱼雷命中！被击中的船只的螺旋桨立刻停止了运转。这艘货船在停下来的过程中投下2枚深水炸弹，在听见第二枚鱼雷爆炸后我们就听到了2枚深水炸弹的爆炸声，随后，敌船在雷达上的小点从屏幕上消失了。通过潜望镜观察，没有看到可疑目标。克里威利号很快浮出水面，但没有发现任何东西，连1艘救生艇也没有发现。这时，突然有艘中型巡逻船向克里威利号的方向驶来，并且很近了，好像没有注意到克里威利号的存在似的。

因为24枚鱼雷已经全部发射掉了，艇长开动3台发动机全速前进开往澳大利亚的弗里曼特尔港，并向珀斯发出一封电报报告克里威利号的巡航成果：击沉4艘敌船，另外重创1艘。返回的途中我感觉真的很棒，但途中有很多狭窄而又危险的航道，所以仍不可以掉以轻心。据另外1艘潜艇的报告显示日军在这段海域部署的反潜兵力更为密集，也更让人担忧，所以需要加倍小心。

11月29日，当穿过西里伯斯海时，发现1艘形单影只的货船向塔拉坎方向驶去。由于潜艇再没有鱼雷可以发射，而且西里伯斯海上空敌军活动过于频繁，使用甲板炮击沉1艘船也实在是太危险，并且周围海域又没有美军的其他潜艇可以策应，所以艇长便果断放弃对货船的徒劳追踪。

30日，克里威利号进入了马六甲海峡，仍开启3台发动机行驶在海面上。傍晚值班的时候，似乎在3500码以外的地方发现1艘潜艇，航线与克里威利号截然相反。克里威利号迅速掉转航向，以防它是敌军潜艇或者是船身很低的巡逻船。艇长确认我们要躲开的是美军的潜艇，并向它不停地闪着信号灯，但没有得到回应，所以艇长将4台发动机全部开动，继续让克里威利号向北部开去。要知道在漆黑的海面上向可疑目标亮出信号灯是非常冒险的事情。当舵手在向它们发出身份确认信号时我觉得后背发冷，心神不安了很久。

12 月 1 日，发现了 2 艘菲律宾的螃蟹船，从船上装载的货物看，好像是爪哇岛的渔民。他们只缠着腰带并且头上包着红橙黄相间的印花大手帕，艇长召集起 20 毫米机关炮的炮手们，并告诉他们如果这些当地的渔民是日本间谍就将他们全部消灭。杰瑞已经准备好将手中的手榴弹投向螃蟹船上的人，如果他们的行为充满敌意的话，艇长也将美国的国旗升到了潜艇的顶部，为战斗做好准备。这次又是同样的话："我们必须将星条旗升起来，为战斗做准备。"

当克里威利号靠近最近的 1 艘螃蟹船的时候，他们的船帆突然降了下来，艇长认为外国帆船降下帆是对美国的尊重。螃蟹船上的这 16 个人看上去很规矩。爪哇人一般来说让女人在家负责全部家务，这样男人们就可以在任何时间迅速地开始在海上长期的捕鱼之旅。克里威利号不再进行进一步盘问，继续我们的航行。

下午 2 点，我被一阵疯狂的喊叫声惊醒，"下潜，迅速下潜！"之后，又是一声大吼："快，马上下潜！"卢克在高空中发现 1 架飞机。就在克里威利要下潜时，它离我们只有不到 2 英里的距离了，在潜艇下潜到 60 英尺（约 18 米）并继续下潜之前的那几秒真觉得度日如年，万分焦急。之后我才稍稍松口气，在下潜至 130 英尺（约 39 米）的时候在我们头顶有 1 枚深水炸弹炸响。因为炸弹设置爆炸的深度很浅，克里威利号没有受到太多影响，只是震碎了几个灯泡而已。紧接着，第二枚炸弹被投下，"砰"的一声，似乎是一枚哑弹。从第一枚炸弹的延时来看，飞机在克里威利号最初下潜的地方投弹，并未击中我们。卢克转过身气喘吁吁地对我说："没有发现飞机。"没有投在克里威利号上的深水炸弹，但这让瞭望哨更加警觉了。

在通过罗姆波海峡时，克里威利号一边充电一边全速在海面上前进，这天已是 12 月 3 日早上。我们被 2 艘巡逻船发现并且追踪，很明显它们根本无法赶上克里威利的速度，在黄昏前向我们射击时被远远甩在后面。

按说，就快要到达北部地区我应该很高兴才对。但我发现自己总会被一点小事情惹得不高兴，杰瑞想参加艇员的放松活动更让我恼火，卢克在我上铺一睡不醒的状态让我也觉得很闹心。海流很急，每次站在舰桥上观测都会把我的衣服浸湿。并且随后厨师总以各种低级的借口为我们奉献上令人难以下咽的食物。为了避免暴露我的心烦，我不想再和任何人谈话。随后乔治也对我爱理不理。我自己猜想是不是因为长期在潜艇上缺乏维生素所致，还只是因为体重下降或者因为没了巡逻船带来的兴奋而感到失望。

艇长告诉我们说我们中的一名军官要被调离克里威利号，我担心我会是那个人。他随后对我的体能报告露出了大笑脸，报告显示 3.6 分，我失望极了，这是我得到的最差的体能报告。正常来说，潜艇军官的体能报告要得到 4.0 分，3.6 的成绩似乎很有可能被调到其他地方，但我发现弗兰克和我的得分一样低。弗兰克这么解释："艇长认为 3.6 分已经很不错了，他把我们的等级排得如此之高，我们应该觉得被表扬了才是。"我不想去争辩，但弗兰克冷漠地说道："战时的体能报告并不意味着一切，不会影响到我们未来的任命的。"

在巡逻快要结束的时候，我发现自己在思考事情，试着总结在克里威利号的首次巡逻任务中能够学到什么教训和经验。

战争中，鱼雷的表现真的糟透了。大约有一半的鱼雷，要么提前引爆，要么跑到深水区，要么是哑弹——我觉得艇长在回家休息的空当中应当联合所有的艇长去见克里斯蒂上将，并坚持马上改善当下鱼雷的问题。所有的艇长都在巡逻任务结束之后的报告中，都总结了关于鱼雷发射失败的相同问题。所以克里斯蒂上将应该因为大家的强大压力，意识到他所谓鱼雷失败的理由是因为艇长无法瞄准命中，是多么站不住脚。

从远处飞来大量的飞机正向克里威利号接近，直奔克里威利号而来的飞机逼迫我们下潜，这说明日军的飞机有某种电子拦截接收器，他们由此可以得知克里威利号雷达发出雷达信号的确切位置。日军战舰似乎也有电子信息拦截设备，可以发现潜艇的雷达信号。如此一来，克里威利号从现在起，要保证使用雷达并且不让敌人飞机上的电子信息拦截装置发现，似乎不太现实。

克里威利号并没有很好的策略可以利用。难道要将美国潜艇密集派往有商船经过，并且有机会击沉它们的地方？如果跟踪他们的舰队，尤其是驱逐舰和巡洋舰会怎么样呢？这场战争看来是持久战，但若选择军舰作为主要攻击目标也许会提早一点结束战争。

艇长一直努力关心士气高昂的士兵，却不关注军官，这是令人质疑的。幸运的是，弗兰克一直在说一些振奋士气的话给军官们听，这也是他被贴上“教官”标签的原因，但艇长似乎应更好地担任士气鼓舞者的角色。

在抵达弗里曼特尔港之前的那天，弗兰克让大家围拢一团，为大家演讲“在岸上痛饮”“个人卫生问题”“信息安全”“和市民关系”等问题，同时，我必须花大半天时间检查邮箱里积攒的信件。令我吃惊的是有人对巡航的成绩很满意，因此写了一封信炫耀此事。当我一封接一封检查时，有一个经过军官室的士兵把头探进来，问是否可以在潜艇上办一个派对来庆祝巡航的大收获。既然没人担任娱乐指挥官，士兵觉得我会举办一个派对，并且弗兰克会帮我的。说真的，他们应该得到奖励举办个派对！

12 月 7 日早上，克里威利号抵达弗里曼特尔港。视野中出现了 1 艘潜艇，克里威利号迅速下潜，再也没有收到消息。考虑到有美国潜艇在克里威利号航线上，所以当克里威利号向弗里曼特尔港海港前进时，艇长选择与身份不明的潜艇保持安全距离。

在进港时我仍在甲板执行观察任务，我们被允许将克里威利号停靠在码头边上。在那里有一大群人：工人、市民，还有潜艇军官都在为我们的凯旋而欢呼。甲板上的乐队正在演奏《起锚进行曲》和《把你的烦恼放入口袋里》。这时我看见了穿卡其色裙子的美女，原来是为克里威利号军官们准备的轿车司机。如此周全的服务让我格外开心。接下来两周的休假在等我呢！我突然间觉得站在码头上的每一个人都是为了使战斗的士兵们保持昂扬的士气而被派到这里举行欢迎仪式。这真的很重要。因为大多数的潜艇都在战场上遭受了很多磨难。

艇长曼绅科德接到通知，在抵达码头后有人会立即安排一场啤酒派对。当克里威利号的艇员们冲向码头时，大家都迎上来并都很热情地问道克里威利号需不需要修理，有什么工作指示，好像所有的事情都要在 24 小时内被完成一样。克里威利号没有人写哪里需要维护的报告。之后找到了艇员们，却发现他们已经喝高了，根本说不出需要维修的地方。

当我们爬上指定的专车前往休整的住所时，对麦克、乔治、卢克和我来说真是一个大解放。卢克所坐的车的志愿驾驶员是达西，而她很快就要和在南非托布鲁克的小伙子结婚了。

一到勒克瑙我们就遇到了欢迎我们的女人。在她询问我时，万斯带着严肃而又不满的眼神打量着我们休息的地方。在她旁边，有个小鸟依人的女孩热情地说："欢迎，热烈欢迎！"后来我们了解到她就是勒克瑙的女主人瑞琪。她穿着黑色的塔夫绸短裙，脸上涂着脂粉。而且，笔直站立，6 英尺（约 1.8 米）高的她将手臂交叉放在丰满的胸前，就像在监督一个戒酒联盟，管理社会上所有的戒酒者。我可不希望这次又和上次在布里斯班休假一样乏味无聊。瑞琪在周围絮絮叨叨地说："试着让我做些可以让你们这些男孩子开心的事。"瑞琪因为让每个军官支付了 14 澳元的费用而不断地道歉。要知道这是两周食品、白酒和啤酒的开销。但是 24 夸脱的啤酒被送来一大扎后，我们觉得在这里待着实在是太划算了。

第二天早上，艇长向勒克瑙发来消息说麦克将会被调到新岗位，他需要马上收拾行李赶下午开往悉尼的飞机。这意味着我们要为其干杯送行，并祝福他能登上一条好潜艇。麦克总是很容易满足，喝得头晕眼花，之后他登上飞机的楼梯时摔倒在最后一级梯子上。这是要和我们告别吗？两位乘务员马上走上前把他扶起来，扶入机内后把门关上了，梯子也被收起来。麦克的朋友们挥着手为其送行。

我想选麦克去新岗位的原因是艇长不想改变火控小组的阵容，他对那些人很满意。似乎克里威利号更可能会在下次巡航时在弗里曼特尔港的其他潜艇上找到一个更有经验的潜水军官。

上将克里斯蒂签署了他对克里威利号的巡航报告的背书："这种对敌人有效的打击说明了我们的正规潜艇在指挥官的睿智领导和训练有素的官兵的努力下是多么有力的武器。"读到这里，我想到实际上上将竟把潜艇当作武器，他根本不清楚糟透了的 MK-14 的鱼雷究竟有多么使人伤脑筋。

这次巡航战功显赫，曼绅科德艇长领导我们击沉 4 艘船并使 1 艘船受重创的成就让他获得了海军十字勋章，而我们的艇员也因此被授予潜艇战斗勋章。

第五章　叛乱？

1943 年 12 月 30 日下午 5 点，克里威利号在弗里曼特尔港的码头解开缆绳再次拥抱大海，开始了它的第二次作战巡逻。

就在巡逻前不久，艇长曼绅科德接到了令人不安的报告：凯佩林号潜艇已经于 12 月 10 日失去联系，现在已经被认定为沉没了。西斯科号作为在新罕布什尔（美国州名）的朴次茅斯港建造的 4 艘舰队潜艇中的第一艘已经在 10 月失去联系。这是否意味着这些潜艇有结构上的缺陷，也可能会让克里威利号陷入危险中？

岸边只有很少几个人在为我们送行。在码头上不同寻常地出现了小规模送行队伍，一群弗兰克的酒友，三位放假休息时为我们开车的女司机，“大雄袋鼠”汤姆 · 萨达斯，还有似乎对克里威利号并不抱太大希望的全体布雷军官。

“大雄袋鼠”在检查完装载在潜艇的艇尾鱼雷舱的 11 枚 MK-12 鱼雷后就离开了克里威利号。他最后一次给我演示的是如何设置好水雷做好布雷准备。他担心我会把水雷放错位置。我们在潜艇上装载的水雷以及我们的布雷区域等一些具体任务只有等潜艇离开澳大利亚拆开密封的信封才知道。

克里威利号的行动密令是“先通过埃克斯茅斯海湾（补充燃料），再依次前往龙目岛克海峡、望加锡海峡、西布斯海峡以及巴拉巴克海峡，然后在完成特殊使命之后前往危险境地（南中国海），然后在危险境地（南中国海）和中南半岛沿岸之间展开巡逻。”并非是被派往西伯利亚，但是稀稀拉拉的送行人群让我们隐约有一丝不祥之感。

站在码头的一小群人旁边的“大雄袋鼠”也没有传来友好的呼喊。不知为何我觉得我们的布雷计划会远比预想的更艰难也更具危险性。

由校长带领的学生们挤在了“大雄袋鼠”旁边的空地上。这 50 多个身着灰色的法兰绒夹克，穿着短裤戴着蓝帽子和蓝领结的“小修理工”拥向了码头岸边目送克里威利号的离开。他们围在“大雄袋鼠”周围，看着他们心目中的英雄——这些美国潜艇兵奔赴战场歼灭日军。

意识到机会来了，“大雄袋鼠”让这些孩子靠近码头边上站成一排，而他就像啦啦队队长一样站在他们前面让他们高喊：“嗨，嗨，万岁！”

萨达斯先用低沉的嗓音吼道“嗨，嗨”，再让孩子高喊“万岁！”伴随着欢呼声，他们将手中的小蓝帽抛向空中。这是我见过的最振奋人心的送行仪式。如果我们回来的时候他们还能如此欢迎我们那就更完美了。

在返回大海的时候，克里威利号经过罗特内斯特岛。这就是舰队拖船闪迪科里号用 100 英尺（约 30 米）长、4 英寸（约 1 米）粗的海洋缆绳拖着克里威利号在爪哇海域进行实地测试的地方。

在顺利驶出罗特内斯特岛时，艇长突然下令：“在开向北部之前常规下潜。”两天前我们刚刚装载了零件、燃料和润滑油之类的货物，这样做太疯狂了。在重量不断变换的情况下高速下潜会使船舱内失去平衡，实在是很危险。但克里威利号还是以 14 节航速启动 2 台发动机下潜。

卢克 · 鲍德勒接管了动力军官麦克的职务，竭尽全力做好补偿运算工作。但在下潜途中事情变得异常失控，作为潜水指挥官的我也被克里威利号艇首失控地向海底跌去的情况吓住了。

那时根本就没有时间去考虑需要做什么，在这令人窒息的时刻完全凭直觉而非经验行动。“返回紧急戒备状态！”接着我又喊道，“排空艇首浮力舱和救生舱。”我们需要将安全舱内几千磅的水排到海里来调整潜艇的平衡。听到高压气流涌向安全水箱的巨大声音时，让人安心很多。

克里威利号艰难地重新浮出水面，发动机也停了，像一只受伤的鸭子，毫无生机。在控制室的艇长正带着担忧的表情嘀咕着：“我们中的某些人应该好好学习一下如何让潜艇正确地下潜。”他似乎对他不假思索地发布的下潜命令造成的混乱感到十分不满。

我们重新尝试下潜，但这次更为谨慎，并且在它浮出水面向北前进之前我们已经很好地控制了平衡水箱。

12 月 31 日，花费了大量的工时检查克里威利号各个部件的情况，寻找可能是导致凯佩林号和西斯科号沉没的结构性弱点。很偶然的机会，我发现了克里威利号结构上可能是很致命的弱点。我将我的手滑向后面更远的地方发现有一个透气孔的凸缘（在下潜时的水压下从压载舱用来控制通风的管道系统），我试着摸上凸缘外边，发现在那边有两个螺栓没有被拧紧。很显然，在朴次茅斯船厂的工人已经发现太难将凸缘上的螺母拧紧，因为它们被设计得很糟糕，并且无从下手，甚至把它们插进螺栓洞里都很难。进一步的调查发现艇首鱼雷舱通风管凸缘上的螺栓也没有完全被拧紧。因为这些通风管完全暴露在海水压力之下，附近深水炸弹造成的冲击更容易让螺栓打开而失去控制，涌入海水，尤其是潜艇在深水区的时候，会给我们带来意想不到的灾难。

两个辅助修理工开始使用弯柄棘轮扳手拧紧螺母。但是在克里威利号的凸缘螺栓都被固定好之前，艇长就向鲈鱼号潜艇发送消息，告诉他们我们发现了潜艇的结构性问题。

我们几乎忘了是新年之夜了，直到弗兰克 · 沃克在午夜的时候用喝水的玻璃杯往我脸上泼了一些水，并大笑着说：“新年快乐，鲁赫！”

在新年的早餐上，吉姆 · 布莱德作为我们潜艇上的新军官，接替了卢克 · 鲍德勒的职位，现在由他给我们供应军粮。他很骄傲地宣布，他带了许多箱雪茄，每一个吸烟的人每天都会分到两包来满足自己的烟瘾。布莱德在克里威利号上囤积了大量的烟草。更糟糕的是，当我想要一些牛奶时，我得到的只是奶粉。带着满脸的不满，我朝布莱德吼起来：“在每次出发前我们都会装载的鲜牛奶在哪里？”他很尴尬地看着我叫来了西莫兰德军需膳务员。他把头探进军官室说所有的罐装牛奶已经在上次的舞会游戏中用来做冰镇啤酒了。到现在他们也没有把新的牛奶送到潜艇上来，所以没有鲜牛奶了。1944年就这样开始了。

元旦这天很安静，既没有演习也没有训练课程。

1月2日星期日，克里威利号停在埃克斯茅斯湾为油箱加满柴油。克里威利号在去那儿的路上时经过一座山。弗兰克如此预言："只有开采石油才适合这个被神所抛弃的地方（事实上，后来在1956年人们曾在这些荒芜的山峦上建了一个打油井）。"

在船中间的压载舱已经改成了燃料箱，这样一加满油，克里威利号就可以连续在海面上以10节的速度航行60000海里，艇长显然期待克里威利号能尽可能地待在海上而不至于太危险。

艇长曼绅科德确实是个精力充沛的人，他到处走动，嘴里总是叨叨着，脑子里动不动又爆出"许多好主意"。乔治被艇长笑着告知："快去准备一个射击目标，拿四个油桶，把它们绑在一起，再把它们刷成黄色，然后在油桶洞上插一面红旗。"突然艇长又严肃地说道，"我们需要为我们的102毫米甲板炮准备一个射击目标，因为我想我们以后会经常使用它的。"

吉姆被命令道："准备好新鲜的饭菜，这样我们等会儿就可以好好吃一顿了。"

杰瑞·格鲁姆提议晚餐的菜单中应当增加鱼肉，艇长似乎被他这个主意给打动了，于是对他说："你去指导这些艇员如何钓鱼，这样我们就可以有鱼有肉吃了。"

相比之下，艇长给我的指示就不那么让人兴奋了："搜索所有在下潜时让艇体叮当作响的源头，并想方设法消除这些噪声。"然后他又沉思了一会儿开心地笑着说，"当你完成任务之后，我希望让你绘制用黑色线条的涂料伪装克里威利号艇体的草图，这样一来日军就无法区分出艇首艇尾，甚至无法判断克里威利号来去的方向。"

克里威利号由原来的黑色船体，变成了现在的灰色。因为艇长觉得"灰色更好一些"，在上次巡逻回来的路上黑色的克里威利号和浅灰色的闪电号相比时，我们发现不论有无月光，在夜间灰色都更具有隐蔽性。

我却觉得在克里威利号浅灰色的船顶涂黑色线条会让它在夜间更容易被发现，无法蒙蔽敌人。但我不得不迁就艇长荒唐的想法。所以那晚我画了几个潜艇的轮廓，并用我的水彩笔将它们涂成灰色，然后给它们涂上不同的线条：直线，“Z”字形，线条宽度不等。在我回去休息之前艇长研究了我的素描。他选择了“Z”字形那个，咯咯地笑着说它将会如何蒙蔽敌人。他又不停地重复：“这个一定会愚弄他们，这个一定会愚弄他们，这个一定会愚弄他们。”好像打破纪录似的。之后，他告诉我：“按照你的草图我会好好监督克里威利号的涂漆工作。”

“但我一会儿要值守舰桥观测任务，艇长。”我反抗道。

“好吧，你不用做涂色工作，只要告诉你的人应该带着黑色的涂料桶做些什么，这不难吧？”

“不难。”我想，但并没有想象的那么简单。

第二天早上，尼梅兹科和恩莱特提着涂料桶拿着刷子在舰桥上向我报告。我给他们看了我选的一张草图，并给他们说了他们应该如何涂艇体的大体想法。之后他们就爬下梯子到主甲板上开始工作了。这两个人吹着口哨，有打有闹，快乐得像百灵鸟一样。我觉得他们应该不会很认真对待他们的涂漆工作。

半小时以后，他们完成了露在水面外的艇体以及指挥塔的涂漆工作。两人爬回了舰桥上，他们表现得很愚蠢，好像他们的工作只是为了娱乐一样。

下午，我们完成了20毫米口径火炮的射击测试。他们试着将两个小油箱放在一边，等克里威利号驶出500码时用最新安装的带瞄准镜的机枪向油箱射击，很轻易就将油箱打得千疮百孔并沉入海底。

后来我问艇长是否可以消除鱼雷弹头上爆炸物的磁性。艇长深思熟虑之后，给了我一个很坚定的“不”之后，又解释说克里斯蒂上将坚持继续使用所有的磁性爆炸物。“但我认为上将很快会改变主意的。”他接着说。

1月4日到6日，克里威利号继续向龙目岛海峡靠近。去往龙目岛海峡有时限的航线（为了利用黑夜、水流和避免被反潜舰发现）要经过一个叫“障碍物”的地方。该地从苏门答腊岛西部一直蔓延到帝汶岛东部，由一连串的小岛组成。穿越此地极具危险性。因为在每一个关口：马六甲、苏丹、龙目岛都有日军的反潜舰重兵把守。

我注意到作为一名甲板军官的杰瑞在执行观测任务时表现得无精打采，毫无兴趣。我和他谈了他的工作态度。他总是抱怨自己状态不好，并要求退出海面巡逻的任务名单。当我向艇长这么建议的时候，他笑了笑并提醒我这样就得将海面瞭望哨削减到三人，我们的任务就更重了。

吉姆·布莱德仍是我的下属，他的学习能力有点差。因为在该听别人说的时候他总是在滔滔不绝地讲话。我给他的许多海面监视建议都被他这样反驳：“我们在潜艇学校可不是这么教的。”也许在战时他对我的经验没有足够的尊重。他告诉我自己之所以不会游泳是因为在他长大的爱达荷州周围没有河流。我在想到底是出了什么差错竟然让一个不会游泳的家伙上潜艇？他是一个聪明的雷达专家。但我却对他在火控小组中的表现很有看法。

1月6日凌晨，克里威利号进入了龙目岛和巴里海峡。只是提一提龙目岛海峡就给我一种令人不安的感觉。因为之前穿过这片在日军势力之内的海域曾遭到过猛烈的深水炸弹攻击。然而，当月亮落下去，克里威利号以18.5节的速度行驶在漆黑的海面上时，我们预料中的海面和空中都没有敌人巡逻的影子。

克里威利号继续在海面行驶，向北通过爪哇海进入望加锡海峡。

就在午夜之前的那段时间，有瞭望哨兵报告视野中突然出现了像潜艇的东西，在我用双筒望远镜证实这个事实时，顿时觉得鸡皮疙瘩都起来了。

当艇长被叫到舰桥上时，非但没有用他的望远镜观察，反倒是让我快速接近这艘潜艇。因为他希望能和这艘潜艇的艇长通过信号灯交流，他确定它是从南部巡逻回来的河豚号潜艇。

对此我并不确定前方潜艇是敌是友。我喉咙有些干，而且腿也有点打战，出于小心我将潜艇保持在靠近对方潜艇的安全范围内。可疑潜艇并没有发出挑衅的信号。艇长告诉舵手发射“这是曼绅，这是曼绅，这是曼绅”的信号。我已经开始感觉到心跳加快，因为舵手使用的信号灯也有可能成为日军鱼雷最好的瞄准点。

等到克里威利号的雷达收到微弱的信号时，它已经离我们只有 400 码的距离了。这时对面潜艇发回了消息：“弗兰克在艇上吗？”

我把消息告诉船舱内的弗兰克，他回复：“发给他消息：一杯酒也不许喝。”后来证实对方是河豚号上的塞尔比，是弗兰克最要好的酒友。

当河豚号向南驶去时，艇长曼绅科德继续发建议给他们，大多是关于如何通过龙目岛海峡而不被察觉的方法。

当我午夜下到船舱之后很担心艇长对身份不明潜艇会有错误的直觉。在夜里任何一艘看起来可能是小巡逻艇的船只都有可能是潜伏在水面的敌军潜艇。

早上 5 点 30 分，我们从沉睡中被噪声吵醒，哨兵急促地说道：“我们又发现了 1 艘潜艇，鲁赫。”然后他又说艇长在舰桥上，是沃克发现的潜艇。我从铺位上跳了起来，赤脚只穿着内裤就跑到了舰桥上。

我刚将头伸出舰桥就不安起来。在黎明时暗淡的光线下，有 1 艘潜艇清楚地出现在我们的视线里，离我们很近。它就在我们右舷附近，几乎和克里威利号平行而驶。我推了一下杰瑞，并把他手中的双筒望远镜拿过来查看情况。潜艇在 200 英尺（约 60 米）之外。可以肯定它不是美国的潜艇。这艘可疑潜艇看起来像是荷兰的 K 级潜艇或者更像日本的 RO 级潜艇。然后我发现了在潜艇的指挥塔两侧涂的日本旗帜。与此同时，一个瞭望哨也喊了起来：“在它的两侧有太阳旗。”

艇长站在后面，就在正在不停地发“这是曼绅”的信号的舵手旁边，没有一丝紧张感。

我问杰瑞，对方是不是不明船只，我们的信号是否得到积极的回应。杰瑞躲躲闪闪地说潜艇已经用正确的信号回复质疑，那应该是 1 艘自己人的潜艇。

当弗兰克从舱盖爬到舰桥上，站在我旁边的时候，我告诉他我们遇到的是 1 艘日军潜艇，他应该打开目标方位发送器，并且确定潜艇的方位。之后我跳下船舱的指挥塔，设置用艇尾鱼雷管进行攻击的方案，并通知弗兰克将克里威利号调到艇尾攻击位置，准备发射 2 枚艇尾的鱼雷。

艇长兴高采烈地下来，但发现潜艇在转向时，他喊道：“这是怎么回事？”

过了一会儿又问，“谁在改变我们的航线？”我听到弗兰克的回答：“那是 1 艘日本潜艇，我们正准备发动攻击。”

弗兰克向我喊起来，日军潜艇在周围转动，现在在我们左舷 80 度角的地方，从日本潜艇的操作来看，他们也被局势搞蒙了。

尾舱报告 7 号和 8 号鱼雷管已经准备就绪。弗兰克的目标方位发送器的方向显示敌军潜艇已经稳定在 160 度。所以我给尾舱下令“准备开火”，雷达显示目标距我们只有 1650 码，船速 14 节。当弗兰克准备完毕的时候，我命令齐射 2 枚鱼雷！在 2 枚鱼雷之间间隔 6 秒，然后我升起 1 号潜望镜查看鱼雷的攻击结果。艇长仍在甲板后面喊：“发生了什么事？”

在 2 枚鱼雷射向日军潜艇时我可以很清晰地看到它们的尾迹，但第一枚鱼雷在还没到达日军潜艇的位置就突然爆炸了。爆炸在水中产生巨大的浪花并且鱼雷的碎片也被炸向天空，第二枚鱼雷在相同地点接着爆炸。我很怨恨地在心里咒骂：“这些该死的磁性引信鱼雷又一次让计划破产，为什么不在不让艇长知道的情况下让鱼雷手取消所有鱼雷的磁性引信呢？”

当海面上平息下来时，我发现日军潜艇正以危险的角度迅速下潜。日军潜艇要么是因为恐慌而失去控制，要么就是想尽快在克里威利号再发射鱼雷之前赶紧逃脱。

整个局势难以置信，特别是日军的潜艇受到询问时使用了正确的回复。奇怪的是，我们用涂料伪装船体的做法也将它完全迷惑住了。艇长之前说“这会捉弄到他们的”似乎确实比我预计的有作用，但是为什么日军潜艇不先发射鱼雷呢？

日军潜艇正确回应克里威利号质询的事一直让我百思不得其解，所以我逼问舵手谁发送的克里威利的询问信号，并问人家给予了什么回应。他紧张不安，但他不确定他收到了什么信息，“是和你发送的信号相同吗？”我对他吼起来，舵手说他觉得不是，但却不能百分之百认为绝对不一样，而艇长对我的质问毫无兴趣。

弗兰克和我下到船舱时一个劲地直摇头。

艇长下来后走到他的房间，然后把我叫过去凶恶地怒骂道：“你和弗兰克到底怎么回事，为什么要把我放在舰桥上？”他的眼睛里充满了杀气，又气冲冲地朝我吼道，“你们竟然敢私自下令向那艘潜艇发射鱼雷。”他仍然觉得我们刚才开火攻击的潜艇并非日军潜艇，尽管有日军的旗帜涂在指挥塔上。之后，他给总部发送了一封电报，艇长简单讲述了克里威利号如何在海面遭遇了日本RO级潜艇以及日本潜艇如何正确回应给我们消息，以及我们如何发射2枚鱼雷并在距离600码时提前爆炸又意外让日本潜艇侥幸地逃脱了的事。

在经受了这些猛烈的斥责之后，我和弗兰克坐在一起。我问他艇长到底怎么了？我们真的有麻烦了吗？

弗兰克说曼绅科德一直是一个难以相处的人，他和曼绅科德待的时间久所以知根知底，知道曼绅科德总是以很古怪的方式对待军官们。虽然他说得有理，但弗兰克对我们干涉艇长命令的问题漠不关心让我觉得不舒服，至少我们都有责任，而非只有我受训斥。弗兰克预言，按常理我们都会受很多处分，然后表扬我们在这次行动中的果决。

8日一整天，克里威利号都在海面上行驶，向孟加锡海峡进发。来自西里伯斯岛的空中巡逻机没有出现。但在阳光下暴露在海面上行驶仍然让我们惶恐不安。

天黑以后，20毫米炮和12.7毫米机枪的枪炮手们都被召集起来去对付2艘小巡逻艇。幸运的是，经过一轮扫射后，那2艘船被证实只是一堆残骸。

在这次战斗之后，杰瑞就从海面巡逻小组成员名单中除名了。他说他觉得很糟，但是医护员卢斯并没有发现他有什么不妥。杰瑞也认为没有能让他放松并摆脱痛苦的药。

1月9日下午1点，克里威利号开始接近被艇长认为是可疑船只的双桅螃蟹船。“可能是由日军控制并且用来报告向孟加锡海峡行进的美军潜艇情况的监测站”，艇长的观察判定，螃蟹船的位置除日军用来做瞭望哨看不出有任何其他用途。

当克里威利号向之靠近时，有一个穿红橙棕相间的当地服饰、头戴帽子的人，很像一个印尼的当地人，他似乎很恐惧，并不像日本军人那么勇敢。尽管他们看起来很友好，对我们没有敌视行为，但我们仍向它开了炮。经过几轮20

毫米机关炮射击之后，一般的螃蟹船不会马上沉下去，但这艘船好像装载了军火之类的重物，不一会儿就沉下去了。而且在螃蟹船沉没的地方露出了六个人头。艇长似乎对这个结果很满意，但是我却因为击沉没有武器的船只心里觉得很沉重，尤其是在星期日。

战斗结束后，我跳到主甲板上打算找几个空弹壳作为烟灰缸用的时候，我很惊奇地发现我们的艇员伪装潜艇时将指挥塔的两边用油漆喷成了长方形且中间有一个很大的黑点，如同日本国旗。但更令我吃惊的是在克里威利号主甲板下面的边上用黑漆写着："干死你小日本！"如果日军看到这些就会确定克里威利号是艘美国潜艇而非本国潜艇了。

天黑以后，我拿着一桶黑色油漆上到船顶，悄悄地将日本国旗和字母都抹去，但并没将此事告诉任何人。

10日傍晚，克里威利号穿过锡布图航道时我正执行最艰难的舰桥观测任务。站在舰桥上面对着空旷的海面，倾盆大雨连续不断地下了两小时，以至于我的脸被雨打得都有些肿胀了。我只好凭借毅力强忍着捂住脸让自己可以不时地通过望远镜观察敌情。要知道克里威利号通过的是最危险、最狭窄的航道，而且在雨水中的SJ雷达潜望镜因为密集的雨水回声也失去了作用。在这种恶劣的天气下，雷达侦测不到任何有效情报。所以我必须在滂沱大雨中努力地透过雨幕监视海面。

吉姆和我一起可怜兮兮地值班，大多数时间他都缩成一团坐在那里护着他的脸。当他抬头快速巡视四周时表情很痛苦，以至于我想让他下到船舱里休息。但他总是不停地抱怨让我觉得很恼火，所以我决定就让他这么待着吧。

11日，克里威利号通过了苏禄海，但我听说丹普斯特患了很严重的阑尾炎。医药师建议让他转到1艘刚执行完巡航任务的潜艇上去。

我们向在珀斯的潜艇总部发了一条需要把丹普斯特立即送回港口手术的消息。医生卢斯觉得如果他能多吃一些磺胺类药剂也许可以缓解一点病情。然后，克里威利号一到达中国南海就被安排与凯布拉号会合。

但首先克里威利号要穿过纳索不达海峡到达巴拉巴克岛东边，菲律宾游击队员报告发现日军已在纳索不达海峡两边设置了水雷。因此，克里威利号在夜间通过需要万分小心，时时确保总是待在海底最深的地方。

在向西航行穿越海峡时，弗兰克·沃克用目标方位发射器确定巴拉巴克海峡暗礁的位置，而我则绘制当前的位置并做出航线修改以确保让克里威利号处于海峡的最深处航行。为了有充足的时间修订并改变航线，我们只用三分之一的航速航行。

当我们安全通过航道，克里威利号进入巴拉巴克东部的深水区时，弗兰克下到指挥塔并打开了我的路线图。“我们应该把这份路线图发给上将，好让他们知道哪里是可以通过而不会触碰水雷的。”他提醒道。

1 月 12 日早上，克里威利号接近了凯布拉号，而丹普斯特躺在担架上并被盖上了一条毯子，然后被抬出了发动机舱的舱口。随后我们将他抬上了主甲板的 1 艘橡皮筏。鱼雷手负责划船送他到凯布拉号，小船随即进入波涛汹涌的大海，而丹普斯特又在痛苦中向挤在甲板上的战友们挥手告别。

克里威利号以 10 节的速度在远处绕了几圈，等着凯布拉号接近并将丹普斯特接走。艇长曼绅科德小心地巡视着，避免我们成为敌人的活靶子。

站在凯布拉号上的道格·哈默德冲着曼绅科德艇长喊，称在中国南海的巡逻很枯燥，很高兴现在他可以回家了。而我们最后看到丹普斯特是他被抬入凯布拉号的船舱时。

克里威利号的巡逻似乎并没有什么值得期待的。但那天下午收到了来自第 71 任务组指挥官发来的取消所有鱼雷上的磁性引信的命令。这是官方最终的决定。克里斯蒂上将实际上已经承认并非艇长的失误造成了很多过失，而是鱼雷经过船底时没有被引爆。使艇首鱼雷舱的 16 枚鱼雷的磁性引信变戏法似的失效是一项艰苦的工作，但是鱼雷军官们似乎很乐意做这样的事。

13 日，艇尾水雷准备完毕，等待着执行特殊任务。正如“大雄袋鼠”建议的那样，“要考虑意外事故”，事实确实如此。

我们将 1 枚在 10 号鱼雷管的水雷重新移回鱼雷舱并用链式设备吊起来后，第 2 枚放置在鱼雷管的水雷也被拖出鱼雷管进行发射前的检查。令人震惊的是，这枚水雷也出现了严重的问题，复杂的引爆装置已经冒烟变形。“酸性液体已经泄漏并侵蚀了整个设备。”不知所措的鱼雷手说道。瞄准和发射水雷的部件已经分解了，已经没有了安全保护！面对这枚“定时炸弹”，我们的心都被揪了起来，大家一起讨论该如何处置这枚哑弹。我们应该把它拖回鱼雷管直到返回港口再做修理，还是应该一边祈祷一边将它发射出去呢？

当我将问题汇报给艇长时，他说他没有考虑到会有太多危险：“继续有序地发射水雷。”

是艇长不理智，还是他是对的？因为大多数时间他是对的，我们就按他的命令做了。当水雷小心地滑出了鱼雷管时，看起来我们还是很安全的。

克里威利号装载的这些水雷都是最新型号而且隐蔽性很好。它们有 8 英尺（约 2.4 米）长的黑管，近 2 英尺（约 0.6 米）的半径，高爆炸性。内有高敏感度的机械装置，让它们非常有效，带有强磁的船只经过水雷上方时这个装置就会让水雷自动引爆。但我第一次并没有引爆，只是通过高压气体将水雷从鱼雷管发射，这样水雷被发射到海底沉没入泥中，等有船只经过它上方就会将之引爆。在大批船队经过此地前需要花很多天才能完成雷区的清理工作。日军无论如何也不会猜到在发现一枚水雷之后，后面还有更多的水雷在等着他们。

等所有水雷都检查完毕，我向艇长报告了水雷的具体方位，他召集所有空闲的军官前往军官室，并简述了克里威利号的特殊使命。一张标有路线的西贡地图被铺在了军官室的桌子上。艇长停了一会儿，让大家先熟悉在西贡河上方几海里处放置水雷的具体位置。

“这就是上将想让我们放置水雷的位置。”他前额上青筋暴起，“如果我们驶过这个点就能将水雷放在北部的沿岸，但他想让我们的水雷站在河流的中间。”艇长强调道。

当艇长仔细看着图表，他金色的头发以及童真般的聚精会神的表情让他看起来就像牛津大学的教授在研究一个稀有的昆虫标本一样。他描述的这个大胆的部署似乎比他在自己屋子里做数字游戏更能让他开心。当他指出日本碉堡在西贡河河口时，声音洪亮，瘦小的脸都放光了。有小岛堵住了从左岸经过的航道，水只有 30 到 60 英尺（约 9 到 18 米）深，渔船几乎挤满了入海口，船只之间轻轻地撞来撞去。我们可以想象巡逻船密密麻麻地在河的入口处不停地转悠。

“如果我们可以到达这个碉堡上方，并在200码的距离内以S形设下水雷，”艇长说道，“这就会让敌军很难一次完全清理干净，让他们的工作变得无休无止。”这是个很好的主意。“并且我们在黑夜中悄悄行进，这样就会在月亮升起之前到达上游。水雷的安置工作将会在有足够光线将克里威利号从所在位置暴露之前完成。”艇长的计划听起来太天真了。

弗兰克说道：“太阳在下午6点46分下山，月亮于晚上10点34分升起，并且这样一来我们只有3小时是处在黑暗中的。如果在距海岸带40英里浮出水面且保持平均17节的船速，我们在黑暗中就不会被发现。”根据海岸观察员的指示，水流速度大概2节，但这些听起来都太简单了。

白天，克里威利号悄悄向印度河中国一带海岸潜行，直到太阳下山。之后它及时浮出水面让弗兰克进行形象观测计算克里威利号的准确位置，这次为了不暴露目标我们并没有使用雷达。他报告说，克里威利号比预计的要慢很多，两小时以后全速行驶。雷达报告显示我们离前方最近的地方仍有18英里远，一定是哪里出现了差错。很显然，上游下大雨给我们带来更凶猛的水流，在河口处流向大海的水流速度已经超过5节。

启用4台发动机航行了半小时后克里威利号只前进了6海里，洪水比预计的要猛烈得多。

“我们已经竭尽全力。”当他报告他最新的位置时有点沮丧地告诉艇长，我们直到月亮升起来才可以行动，之后我觉得我们就如同射击馆里的一只等待被射击的陶鸽子。

艇长并没有动摇。几分钟后，他警告鱼雷室可能会耽误一些时间，但布雷工作将会在1小时内开始。艇尾鱼雷舱确认水雷布控小组已经准备完毕。

装弹组和火控组的艇员们做好了6分钟布雷的准备。挤在紧密的水雷之间，这些人耐心地等待着，行驶在渔船中间时潜艇不停地倾斜，他们的眼睛对计划充满了怀疑。

“再等10分钟。”艇长给卢克下的命令我们都听见了。舰桥扩音器的按键被按下去了，所有在舰桥上的对话通过扩音器系统能够被整个潜艇上的人听见。

回到艇尾的鱼雷舱，指挥塔的舵手很容易跟踪渔船的吵闹声，艇长告诉控制室的舵手他正努力操作让克里威利号逆流而上。

弗兰克做了一次观测，虽然做得有些轻率，但是使潜艇避开暗礁保持在了一个稳定的位置行驶。我报告说："我们只能以 12 节的速度正常行进，艇长。"

在右舷的瞭望哨兵也及时报告道："右手边有灯光，长官。"从沙滩到港口之间的灯都亮了。之后，又兴奋地喊道："有 1 艘驱逐舰出现在右舷边上！""2 艘渔船在我们的右舷方向，长官！""有一个小物体一动不动看起来像浮木或是别的什么东西在我们正前方。"

"月亮开始升起来了。"弗兰克发出的警示听起来像是他已经束手无策了。

"右舷的要塞正对着潜艇，长官。"一个瞭望哨报告。这意味着克里威利号进入了河口，并且离最初设定的布雷点只有 1 海里的距离。尾舱的人露出了笑容，渴望早点开始布雷工作。

"驱逐舰向我们发射灯光信号。"一个瞭望哨兵悄悄地报告，好像他害怕会被几海里之外的战舰听见似的，但随后艇长排除这个迫近的威胁。"有人在离开时错误地将门打开了，并非信号。"

"我们到达指定地点了，艇长。"弗兰克说道。

"弗兰克，从现在开始，你给舵手下命令，如果出于必要去避开什么东西，将由我来接管。"这是艇长事先制订好的计划。我们将会独自驾驶克里威利号以"Z"字形前进，并且控制好速度。这都依赖于后舱的伙计们可以在 30 秒内完成一颗水雷的布置工作。

当艇长命令："开始布雷。"我深吸了一口气说道："那就开始吧！"在 6 分钟内疯狂地在拥挤的鱼雷舱里不断发射水雷。

我突然想到卢克 · 鲍德勒在克里威利号进入雷区开始布雷之前说的话："如果有人在这次行动中做得过火，我们就会扔给他一个救生圈和一本日本语语法，还有包含到最近中立国的距离和路线。"由于收回 10 号鱼雷管的那受损的水雷可能会在发射后爆炸，所以我也将这些话传达给了艇尾鱼雷舱的鱼雷手们。

前3枚水雷都按要求在30秒的间歇时间内被放置。鱼雷管中的水雷被很小心地用150磅的压力推出鱼雷管。为确保不会受到射出水雷的意外爆炸的威胁，潜艇以14节的船速前进。将水雷放入水底的泥中，放在那里并没有高敏感性，其实这是没有用的，却会让布雷小组不再那么紧张。装载小组时不时回头看我，面带微笑，然后回过头继续工作，带着一种像进攻球员试着在1码内得分进球一样的活力。

又将3枚水雷按30秒的间隔发射后，艇长不耐烦地呼叫后舱，他声音很尖锐，充满恳求："试着加速布雷，这里越来越热了。"

"热？艇长应该看看这些布雷小组，他们已经汗流浃背了。"

然后我听到艇长问弗兰克："水深是否能让潜艇保持下潜？"

弗兰克答道："很确定，艇长。"随后又补充道，"水深有84英尺（约25.2米）。"

艇长又呼叫艇尾鱼雷舱，询问是否可以在布雷时让潜艇一直保持下潜，我说："没问题，艇长。"潜艇放慢速度稳住艇身已经让布雷工作变得更容易一些了。

"好的，我们要下潜了。"随着下潜铃声响起，我们潜入了海底，通过甲板上面人们的喧嚣声，我们可以听见艇长指挥潜水军官让潜艇慢慢以小角度下潜，并且补充："我们可不想让克里威利号的鼻子也钻入泥里，要知道这水只有84英尺深。"

11枚水雷被准确地安放，克里威利号借着凶猛的洪水的推力迅速返回大海，克里威利号经过中国南海深水区以一条直线撤离。

10枚水雷被埋布在了西贡河水底的泥潭里，它们等着过往的敌舰经过头顶时依靠磁力引爆，将这些军舰炸上天去。感谢上帝的仁慈，第11枚水雷证实只是一个哑雷，没有对我们造成危害。

布雷小组最后一次行动是将剩下的3枚水雷重新放入鱼雷管。大家终于有地方可以好好休息了。

我们在这次行动中付出了大量的精力，但需要很长时间才能知道成果如何。也许可能永远都不会知道。如果有船被克里威利号设置的水雷炸沉了，我们也有可能得不到任何奖励。

克里威利号随后前往瓦瑞拉角附近的区域，1943 年美国潜艇曾在这里击沉了世界上最大的船只。但是一天下来，没有发现任何船只进入沿海地带。我们执行了一天潜望镜巡逻任务没有给克里威利号带来一丝惊喜。艇长对我们做什么都是挑挑拣拣，当他留下“好建议”时，总会引起全潜艇一阵骚动。

17 日下午晚些时候收到了里德芬号发来的消息。他们在克里威利号以南遇到了 4 艘货船，它们有驱逐舰为其护航。当驱逐舰靠近时，里德芬号击沉了它，但 4 艘货船都向克里威利号的方向逃跑，里德芬号告诉了我们货船的航线和航速。

艇长在干什么？他让克里威利号前往驱逐舰被击沉的地方。就像加里 · 库珀正午时分在西部城镇的主要干道上寻找胡作非为的犯罪分子一样，当然，他什么也没发现。但艇长却反驳说：“是他们给的信息不完整。”弗兰克认为是艇长自己心不在焉。

1 月 18 日早些时候，克里威利号向海岸驶去，艇长说要得到一些更准确的“导航信息”并“给艇员一段休息时间”。但我们实际上不需要休息，我们需要战斗。

靠近海岸的海浪很大，这给克里威利号的潜望镜观测任务带来了极大的困难。即使是在处于水下 80 英尺（约 24 米）的地方还是剧烈地摇晃着。下午的时候，1 架日军飞机正好看见我们浮出水面，投下 1 颗炸弹在离克里威利号很近的地方爆炸。正在指挥塔值班的卢克发现日机投弹时命令克里威利号赶快下潜，并建议在控制室的大副采用紧急下潜。但是作为大副的鲍勃 · 布里吉却说周围的环境无法打开真空舱进行排水。因此，在没有真空舱排空多余海水的情况下，又有海浪的托力，下潜变得异常艰难。我们担心接下来的炸弹会让我们陷入困境，但实际上敌军飞机并没有继续攻击。

在 200 米深的水里待了两小时以后，我们重新开始用潜望镜观测，接下来的几天没有发现任何敌情。对此大家感觉十分无聊。

12 日，克里威利号离开印度支那海岸“阻截商船运输线”。

在接下来的一天里，克里威利号驶入了中国南海，艇长宣称日军很狡猾以至于他们会绕行于此，所以这就是我们要捉拿他们的地方，但实际上没有那么简单。

当我到艇首鱼雷舱去巡视的时候，我发现艇员完全被无聊的气氛所笼罩，进入房间的时候我发现鱼雷手坐在野营椅上，正在读一本喜剧小说，完全没有意识到他的左手正在轻抚1枚鱼雷上解除保险栓的风扇。我看了一会儿确定他的手已经在转动鱼雷上轮状的风扇叶片。当鱼雷在水中穿行射向目标的时候，鱼雷顶部的风扇就会脱落从而引爆弹头，而他不知道自己将要犯下大错。

我向他吼道："别动！"他抬起头来吃惊地看着我，完全不知道自己已经为鱼雷开启了保险装置。很明显，鱼雷手消磨时间的方式差点将大家送上西天。

下午，克里威利号向中国南海的中部的危险地带移动，这片地区就在中国南海的中部，由无数的小岛和珊瑚组成。这些珊瑚和小岛有些在地图上被标注出来了，有些没有，而且珊瑚每年都会长出一些新的来。在航海图上对曾陷入暗礁的船只都有记录。失事船只的惨痛教训提醒克里威利号一定要与这些珊瑚保持距离。

接下来的四天，克里威利号在离珊瑚礁西部30到50海里的危险地带西部巡逻，但没有发现任何敌情。

1月23日，我因乔治对我一位部下的诘责而大发雷霆。我命令他："停下来！"乔治对此轻蔑地笑了笑又保持沉默，充满敌意地瞪着我。从那时起，他对我就冷眼相待。这样既孩子气又愚蠢。在舰桥上，当他和我换班的时候，就指向舵手说："告诉鲁赫我要和他交接班了。"在军官室吃饭的时候，他会很礼貌地告诉坐在我旁边的人："请告诉鲁赫先生把黄油递给我。"管他呢！我们两人都讨厌这次巡航进展成这样。但这些也只是对所有恼火的事情一个站不住脚的借口而已。

傍晚，在我冲乔治发完火，艇长建议玩个游戏，但弗兰克说要检查他的导航信息，卢克说需要记录他的发动机日志。吉姆不玩桥牌游戏，而乔治鄙视艇长玩桥牌的能力，已经离开了前电池舱区。

之后艇长开始担心在危险地带西部的南沙群岛。他确定在战争伊始日军就已经占据此地，并设有无线电和气象站。弗兰克确认了一遍图表说："南沙群岛大部分岛礁荒无人烟，高出水平面仅仅 8 英尺（约 2.4 米），且面积很小”他也观察到“有小型台风将会席卷此地”。

弗兰克对靠近南沙群岛并不感冒，因为此地被珊瑚礁所环绕。但艇长坚持要进一步调查下南沙群岛，这难道是要在一个个荒岛上进行军事行动？攻击椰子树上的椰子？

很显然，日军船只已经很好地控制着南沙群岛附近海域，所以克里威利号的袭击计划只能是徒劳地浪费两天巡航时间而已。

第二天早些时候我被“雷达跟踪小组各就各位”的命令吵醒。在 10000 码的距离外发现 2 个目标，雷达显示目标正以 8 节的速度向西航行。当它们距离我们 8000 码时，仍不能在没有月光的漆黑的海面上看见它们。这时克里威利号下潜到雷达深度，开始向目标接近。

很快 2 艘船之间路线巨大的改变让克里威利号离它们只剩下 4000 码，但也让克里威利号丧失了鱼雷攻击的机会。然后，克里威利号没有返回水面，而是继续保持着下潜状态跑到它们前面尝试再次攻击，就这样一直处于下潜的状态直到天亮。

我在心里责骂艇长低级的判断力。当时间一分一秒地过去而克里威利号还是一无所获的时候，我变得越来越焦躁不安。艇长怨恨地瞪了我好久。很显然，他已经察觉到了我不满的眼神。当我还在技术资料中心寻找希望找到最终射击目标时曾嘀咕着：“我们得想个办法刺激这个人。”艇长在旁边肯定听见了我对他的讥讽，因为我看见他下巴紧绷着，眉毛也竖起来，一副凶神恶煞的样子。

两小时之后，当我们浮出水面时，敌船早已经消失得无影无踪了。艇长近乎疯狂地启用 4 台发动机全速让克里威利号追击，希望能再次搜寻到敌船。但看来是无望的。

我和弗兰克争论艇长的行为怪异。弗兰克不得不花大力气说服艇长放弃击沉这 2 艘船，但他只是向艇长怒吼根本没有作用。我认为站在舱盖旁边的艇长一定偷听到了我和弗兰克之间的谈话。因为当他下到指挥舱的时候用他那敏锐的眼睛向我和弗兰克很诡异地笑了笑，连前额的皱纹也露了出来。

很幸运，晌午刚过，瞭望哨就发现了在天际边冒出的黑色烟雾。但和我们预料中的2艘船的位置完全不同。我们怀疑这2艘船是之前被克里威利号威胁过的。克里威利号继续前行，结果证实是相同的2艘船，于是继续接近。

当我们与目标船的距离不到400码时便潜入水下悄悄接近目标。弗兰克每次成功地观察都显示2艘船径直向克里威利号潜望镜的方向驶来，他努力让克里威利号脱离敌军的航道，寻找一个最佳的射击位置。

弗兰克经过很长一段时间的观察后向我们描述了他看到的情况，好像是捕鲸船改装的海军辅助船，1艘证实是日军商船册中的排水量为6581吨的塔崩丸号客货两用船。弗兰克报告说，那艘船的甲板上有堆得高高的卡车、小型吉普车模样的汽车，还有许多板条箱子，而且甲板上挤满了穿着卡其色军装的日本军人。很显然，这艘船是往另一驻地运送部队和武器装备的。

在射击前进行最后一次观测时，弗兰克兴奋地说巡洋舰正向着克里威利号这边驶来，并且距离只有250码，所以艇长命令下潜进入紧急战备状态，并且放弃攻击。这令我们都很吃惊，因为并没有任何的深水炸弹投下来。

克里威利号再一次下潜了许久，直到目标的发动机声消退超过1小时它才重新浮出水面。所以当克里威利号在暮色中回到水面上时，2艘船已经消失得无影无踪，连喷出的黑烟也看不见了。

弗兰克甚至都不和我说话了，因为他太讨厌这个结局了。

克里威利号又开启了4台发动机向西驶去，期望能再次发现目标。这次艇长的直觉很准，在天黑之后雷达就成功地搜索到了2艘船只。而且艇长告诉火控小组要像鱼雷艇一样快速进入攻击状态，并全速行驶。在海面射击时，高船速能确保得到一个好的攻击位置，但这样一来潜艇就增加了危险。但这次的攻击行动，所有的艇员都对艇长的命令表示支持。他们对克里威利号可能会遭受海面火力攻击的危险欣然接受。

当目标船只离我们只有2500码的时候，克里威利号将航速减到了10节。4枚鱼雷从艇首鱼雷管发射了出去，每个鱼雷之间都有1度的倾斜角。1枚鱼雷命中了塔崩丸号，将船的前半部分炸毁，这艘船3分钟之内就以30度的仰角沉入了海底。另外3枚鱼雷都没有命中，因为这3枚鱼雷在射向敌船的时候，敌船正在转弯。

巡洋舰进入战斗状态。它冲向了正在下沉的运输船的左舷，并向认为是克里威利号所在的地方投下了数枚深水炸弹。无疑，这对那些从船上跳海逃生的人没有任何帮助，他们很有可能被这些深水炸弹炸死。

在克里威利号以20节的船速离开这里时，日本海军辅助船仍在用类似于127毫米火炮的武器向指挥塔周围射击，但没有迹象表明有炮弹击中我们。我们用这振奋人心的胜利，结束了多日来的单调乏味的生活。

稍后，在军官室，艇长对他正确的决策发现敌船很是骄傲。大家都不吭声。但我觉得我们应该继续追赶巡洋舰。

接下来的12天都平安无事。唯一值得担心的是在危险地带珊瑚礁一带的航行。因此除了有任务的艇员，其他人总会协调导航，确保航线估算准确无误，不会触礁。

但艇长再次的抱怨和沉不住气影响了军官们，乔治停止了在军官室的进餐，并带着食物和士兵一起进入后舱室。他也开始忽视我。杰瑞似乎已经精疲力竭。弗兰克完全被艇长激怒了，以至于连我也不搭理，只是含糊地回应一句同意的话。卢克平均一天有14小时都待在铺位上。我也无法集中精力进行我的阅读计划。艇长以船舱太脏为由进行为期三天的卫生大扫除，这让全体艇员都加入了无休止的抱怨当中。

2月2日，大约凌晨3点，作为瞭望哨的海恩报告左舷有2枚鱼雷的尾迹。克里威利号立即下潜进入紧急状态避开水中逼近的鱼雷。然后它到了水下100英尺（约30米）的地方，舰桥的观测人员和声呐兵都说没有发现鱼雷的迹象。

艇长觉得海恩可能看见的是一对海豚发出的磷光。

两天之后的晚上，海恩又发现2枚鱼雷正向克里威利号靠近，克里威利号再次下潜，结果还是虚惊一场。

这样一来弗兰克觉得海恩一定出现了幻觉，不再让他执行舰桥观测任务。

当海恩被叫到军官室的时候，他发誓说自己两次都千真万确地看到了鱼雷的尾迹。艇长进一步质询他的时候，他透露了1942年11月在瓜达尔卡纳尔岛东部海域朱诺号被击沉时他正在船上。他告诉我们他在担任瞭望哨时看到2枚鱼雷向他游来，在离他很近的地方爆炸。朱诺号沉没了，最后依靠救生衣他才重新浮出水面。

他记得有240名船员从沉船中生还，但在水中漂了12天后才被救起，不然只能被鲨鱼吃掉了。尽管一条腿断了，而且颅骨骨折，他仍然继续祈祷他能活下来，这样他就可以加入海军学院了。他说的这些让我和弗兰克不禁流下同情的泪水。

当巴拉德号将他带到珍珠港，他认为他将会被送往国内时，却发现自己正和一群人飞向澳大利亚加入潜艇部队。海恩满面红光，英俊潇洒，是个很优秀的后备军官，很有可能成为极优秀的军官，但现在却不得不遭此无情的对待。

我惊愕地听着海恩的解释，尤其是沿海的部队对他们正遭受炮火时的漠不关心，让我感到十分震惊。

在听完他的故事后，弗兰克承诺在这次巡航结束后一定把他送到岸上，并亲自写了尽早将他送到美国海军学院预备学校的指示。（不幸的是，我听说在克里威利号结束第四次巡逻之后，海恩又被命令登上另一艘潜艇执行巡逻任务，在巡逻途中潜艇沉没再没能回到岸上。）

那天，克里威利号为了节省燃油开始使用400马力的辅助发动机在海面巡航。

2月8日是克里威利号接受任务的最后一天，但艇长却要求延长5天的巡逻时间，希望将剩下的15枚鱼雷发射出去，为克里威利号的艇员提升士气。艇员确实需要这样做。

珀斯总部不仅同意了克里威利号延长巡逻时间，而且也下令让克里威利号执行短期的巡航任务，然后再从这里返航，停靠在达尔文港。

2月9日晚上11点，克里威利号小心地通过巴拉巴克的纳索不达海峡。弗兰克小心地驾驶潜艇使它避开日军设下的水雷。但不巧的是，有2艘菲律宾当地的螃蟹船在海峡的边界。艇长怀疑它们是日军监视过往潜艇的瞭望哨，但他并不主张用20毫米火炮对付它们。他只希望集中精力进行精确导航让潜艇顺利通过这蜿蜒而狭窄的深水区。

11日，克里威利进入了爱丽丝海峡开始执行海下巡逻任务。这里是从苏禄海到西里伯斯海之间的狭长航道。艇长凭直觉大胆地猜想，他觉得商船肯定会使用这条封锁的、难以通行的航道，而非宽广的锡布图航道。但我们这些人认为不可能有什么大的收获，所以我和乔治在军官室下起了象棋。下午 3 点，艇长从指挥室传来命令让我上舰桥看看情况，因为他看见有 1 艘小型军舰正在爱丽丝海峡附近巡逻。

当我赶到指挥塔时，艇长就已经降下了潜望镜并迫不及待地告诉我："这艘炮艇就在那里。"他蓝色的眼睛闪现着激动的火花，额头上青筋暴起，看起来像一道闪电在他体内一样。"我们一定要用我们的火炮击沉它。"当我被命令查看这艘炮艇的时候，他莫名地咯咯笑着，像孩子一样不怀好意地看着我。从克里威利号的舰桥上查看这艘炮艇，我觉得艇长在测试我的胆量，在看完之后，他认为我一定会退缩并且回去解除战斗准备。我知道为什么，炮艇排水量只有几百吨，但行动敏捷，并有 90 毫米的火炮，在其船尾有许多投放深水炸弹的弹孔，一看就知道是专门对付潜艇的。而且从它新喷的油漆以及站在甲板上的统一着装的人来看，克里威利号面对的绝对是一群训练有素的敌人，一艘极其危险的敌舰。当我降下潜望镜并转头望向艇长想问问他到底对用 102 毫米火炮对抗炮艇有何感想时，他看起来已经迫不及待地要将炮艇送入海底了。我觉得让潜艇冒险对付这相当不起眼的日军小炮艇简直愚蠢至极。炮艇上的大炮很可能在克里威利号上打出洞来，这样克里威利号就绝不可能从日军管辖内的海域逃进印度洋。对此，艇长和我一样心知肚明。

但我只说："好的，艇长，我们可以击沉它。"当艇长喊"各就各位，准备战斗"时我就下到控制室了。之后拉响警报开始向炮艇逼近。

我对站在空旷的舰桥上用 102 毫米火炮射击敌人仍有些不安。我们必须在日军炮艇离克里威利号很远的地方就把它消灭。没有过多的担忧，枪炮手在主甲板的位置再次确认。里德在梯子顶上，他将在潜艇上浮时用木棒将舱盖打开，靠近他的是聪明老练的炮兵队长，恩莱特是第二装弹手。一场恶战即将展开。

与炮艇的距离已经靠近 200 码了。当它的大口径火炮疯狂射击的时候，可以看见一缕烟雾拖在它的船尾，不祥的征兆。一股海水在离克里威利号不到 50

码的地方被抛入空中。日军认为是克里威利号潜入了附近的海域。我对枪炮手吼道："瞄准目标。不然的话，我们就死定了。"

弗兰克通过潜望镜进行最后一次观测，然后下令："浮出水面。"巨大的气压开始灌入浮力舱并发出尖锐的噪声。

"离海面还有 23 英尺（约 6.9 米），还在继续上升。"很快两个舱盖被打开，艇员们迅速冲上甲板，进入作战状态。我用双筒望远镜观察炮艇动态。它正处在 5000 码之外，并渐渐远去。在我下面是 102 毫米火炮的炮手正在进行准备工作并将第一枚炮弹装入炮膛。达切姆关闭炮闩，并向舰桥喊道："准备完毕。"艇长回复："目标距离 5200 码，准备开火。"

看起来似乎很轻松。给炮艇一发炮弹就能让它灰飞烟灭，沉入海底。

达切姆喊道："开火！"接着火炮开始咆哮起来。

我看着炮弹在距离正后撤的炮艇只有 50 码处落下时，我下令："距离增加 100 码！"

艇员执行了这一命令，第二枚炮弹击中了日军炮艇的船首。我高兴地说："终于击中你了！"

达切姆在装填炮弹时表现得就像一台高效的机器。

第三、四、五次开火都没有出现表明炮艇被炮弹击中的爆炸。更糟糕的是，炮艇开始在水雾下旋转，并朝着克里威利号开来，看起来像是发了疯四处逃窜的小鸟。

然后我观测到第四轮攻击已经有几枚炮弹正中敌炮艇的舰桥，在上面留下很清晰的弹孔，但是炮弹并没有炸响。随后又有几枚炮弹命中，但都只是在船身留下相同的弹孔，没有造成大的伤害。达切姆紧张地看着身后的装弹小组，意识到出了差错。射出去的炮弹并没有在敌船上爆炸。所以我下令"停止射击"，然后跳到主甲板上检查炮弹。发现泰可特手中的炮弹是上了保险的，恩莱特的也是，这就是差错。很显然，底下的人不假思索地将炮弹由解除安全设置又变成了安全设置。实际上所有从控制室运上来的炮弹都是解除保险设置的。我冲下面的装弹小组大喊让他们继续送这样的炮弹上来，达切姆也将手头的炮弹设置为解除保险的状态。接着又开始疯狂地射击。后来调查发现是新来的艇员看见炮弹上都加了保险设置，就将保险设置转向解除保险的状态。

与敌炮艇的距离缩小到2000码以内。当火炮在水面不断射击时一缕青烟在它的船尾飘了起来。在克里威利号附近有一大团水柱被炸向天空。达切姆认为我们的102毫米火炮打错了方向，冲着枪炮手大喊：“看准目标，弗力金，否则我们必死无疑。”

弗力金答道：“我瞄准了。”

达切姆又说：“集中精力，弗力金。不要让敌人的炮弹影响到你的射击。”

弗力金看也没看他，完全忽视达切姆的训斥。

之后日军炮弹在102毫米火炮几码远的地方炸起一团巨大的水柱。有一些弹片甚至打在了克里威利号的边上。

达切姆的反应很迅速，他给我一个警示的表情，但他也被吓得脸都青了。“他们在向我射击，鲁赫。”他朝我喊道。似乎不敢相信这是真的。然后，他疯狂地跑向火炮，确保在被敌人的炮弹打死之前先将他们置于死地。

一大块炮弹的碎片从我旁边穿过去，让我感到十分不安。胃里阵阵翻腾，我迅速看看舰桥有什么地方可以让我暂时躲起来不被炮弹射中，但无处可躲。

我得承认我并非艇长认为的那么勇敢。我甚至考虑跳到甲板下面，这样我就可以避开敌人的炮弹，但我并没有这么做。我只是祈祷我们会先将敌人炮艇击中，并消灭它的大口径火炮。

炮手们一枚接一枚将炮弹射向敌人的炮艇，我感到极度兴奋。“击沉它。”我听见艇长的恳求。炮弹开始击中炮艇并从它的舰桥上撕扯下一大块铁皮。

雷鸣般的爆炸声在炮艇上响起。当炮艇的船尾解体的时候，它的残骸和火焰在空中爬升了几百米。经过两三轮的射击，我们的102毫米火炮已经结束了炮艇的生命。

“噢……”枪炮手士气高昂，十分兴奋。他们在回去的时候，相互击拳，并向着天空大吼，又跳又唱，而我只是向敌人炮艇的方向不停地挥拳示威。艇长也笑容满面。这给我们一股不可抵挡的幸福感。当他不小心将手臂贴在滚烫的炮管时迅速闪开并坐在了指示座上。

炮艇的残骸在渐渐下沉，但却没有沉入海底。然而当许多被浮油浸染的人在炮艇四周漂着的时候，炮艇上已经没有了白色军服的日军。

艇长让克里威利靠近残骸，试图找到几个俘虏。他让克里威利号主甲板的艇员，试着救几个活的上船，但漂在水中的日军大多都没有了生命迹象。他们睁开的眼睛似乎充满了仇恨。有的衣服已经被炸没了，偶尔眨着他们充血的眼睛，但没有人向克里威利号这边游过来。

所以艇长爬到边上向还在水中挣扎的日军伸出手时，日军却将他们的头埋入水下，灌饱水之后就沉入海底了。

另外一个幸存者在艇尾附近，试图自己爬上克里威利号的船舷。但他的手一滑还没来得及呻吟一声就被卷入了克里威利号低速转动的螺旋桨里。

在水中的这些人都是敌军，而我们就在旁边观察着他们在生死间挣扎的样子。很显然，他们宁愿选择去死也不愿做俘虏受尽屈辱。这些人很难被打败，他们承诺在任务完成之前会坚持到底，不管战争持续多久。

在水中的敌人不停地被布满油渍的海水灌饱之后像铅块一样沉入海底，就像被刺破的罐头涌进了海水一样。

“天哪。”恩莱特说道，“真是一帮野人。”恩莱特已经再次恢复了他的兴致，但他不会把日军幸存者的自杀行为放在心上。

在尝试救援的时候，杰里把他的汤姆森冲锋枪放在舰桥上，瞄准水里的日军。艇长让他把枪放在一边，厉声说：“把枪收起来。那些人没有威胁到我们。”这让我心里的石头落地了。因为我一直很担心有人会向水中这些已经绝望的日军狠狠地报复。

第二天，克里威利号向东通过西里伯斯海，没有发现任何可疑目标。

2 月 13 日，我们发现了一艘排水量为 750 吨的货船。这艘小型的商船是一种新型、高效的船舶。艇长想用甲板上的火炮击沉它，但是发现那片海域海浪太大，不适合甲板炮攻击。

情人节这天，克里威利号已经转移到摩鹿加海。艇长又是凭着他的直觉行事。艇长觉得在那里他将发现去新几内亚的海上交通线，但他的胡乱猜测似乎没有依据，所以我花时间给我妻子写了一封情书。

到了午夜，当克里威利号将要离开时也没有出现什么情况，然而艇长决定，如果他再多待一天肯定会有大收获。

15 日这天似乎又被浪费了，但后来发现在东方出现了船烟。通过高倍潜望镜，我们可以看到有 7 艘船正吐着浓烟向菲律宾方向驶去。这群船只的背后仍然是一个毛发状桅杆。难道是 1 艘尾随的护航舰？这一刻是每个潜艇艇长所梦想的。近在咫尺的船只没有任何驱逐舰的护航，正在缓慢地航行，天空中也没有护航的飞机。这为夜晚攻击提供了完美的条件。

因此，尽管考虑到阳光很耀眼，海面很平静，艇长还是决定停留在水面和船队平行行驶，同时与船队的左舷保持了大约 16000 码的距离。艇长的策略是跟踪船队，在白天使用潜望镜观测，当夜幕降临时，根据雷达提供的目标数据来进行偷袭。

通过升起潜望镜至桅杆顶剪状物 16 英尺（约 4.8 米）高处观测，我们可以确定船队的组成。有 3 艘小船在前面为其领航。右舷的第二纵队有 3 艘船，1 艘大型货船和 2 艘中型货船。看上去像由商船改装的 1 艘海军辅助舰进行护航，护航舰被漆成灰色，好像装载着 152 毫米火炮。船只之间的间距大概 1000 码。所有的船只都以“Z”字形保持 10 节船速前进。

下午早些时候，当 1 架四发动机的艾米丽水上飞机[1]出现在船队上空时，舰桥上的人开始有些不知所措。首先发现了飞机那个人的声音在颤抖，他说：“有

1　日军艾米丽水上飞机

日本海军在二战中研制的性能最好的水上飞机，正式编号是 H8K 二式飞行艇，也被称为二式大艇或二式大型飞行艇，是川西九七飞机式飞行艇的后继机型，在二式飞行艇基础上发展出的运输型水上飞机被命名为“晴空”。盟军则称之为“艾米丽”(Emily)。川西九七式飞行艇的性能就已经相当不错，在此基础上研制的二式飞行艇的性能就更为出色，无论是最大航速，还是续航力，都要比当时美英的水上飞机要强。

由川西航空研制生产，1941 年首飞。

机长 28.15 米，翼展 38 米，机高 9.15 米，机翼面积 160 平方米。空重 18380 千克，载重 24500 千克，最大起飞重量 32500 千克。4 台 14 汽缸复列星型发动机，最大功率 1880 马力，推重比 0.22 千瓦 / 千克，最大时速 465 千米，最大航程 7150 千米，实用升限 8760 米，爬升率 8.1 米 / 秒。

武备：5 门 20 毫米机炮，5 挺 7.7 毫米机枪，载弹量 2 枚 800 千克鱼雷或 1 枚 1000 千克深水炸弹。乘员 10 人。

生产总数 167 架。

架飞机在船队上空，艇长。”

轰炸机以三叶草形的航迹在船队西方 4 英里的区域巡逻。在发现克里威利号后，艾米丽开始向我们发射警告信号。飞机显然已经发现了在海面上的一个不明身份的潜艇，它觉得需要进行验证身份。艇长让我和弗兰克在内的艇员都下到船舱，自己一个人留在舰桥上。这时弗兰克猜测这架飞机并不清楚我们是敌是友，便用信号灯枪开始向飞机上发射一些毫无意义的信号来迷惑敌机。弗兰克的举动再加上克里威利号灰色的伪装显然起了作用，因为飞机飞过我们上空后又返回船队上空了。雷达显示飞机在掉转方向之前离我们已经只有 4 英里的距离。然而艇长和弗兰克临危不乱，坚定地站在舰桥上。然后弗兰克兴高采烈地喊道：“我们骗到它了，它以为我们是艘渔船。”在那一刻，我坚定地相信一切都会朝着好的方向发展。这将是里程碑式的一天。如果我们慌张地下潜，很可能就无法继续我们攻击船队的计划了。

弗兰克用这种大胆的伎俩欺骗敌机，艇长则对在危急时刻拖延潜艇下潜十分紧张。

后来，又 1 架艾米丽水上飞机出现在护航舰附近，但克里威利号这次没有受到这架敌机的打扰。

对此，艇长告诉弗兰克让克里威利号从船队的左侧绕到船队的前方 8 英里外的地方。“以 15 节的速度前进！”艇长说道。

对弗兰克来说手动操作不是大问题，因为之前他已经有了很多经验。但是因为敌机的干扰，弗兰克显得有些紧张。他不确定地盯着操作台，将工作交给了我。他承认：“日本飞机的来回巡逻让我心神不安。”其实这很正常，我的大脑也是一片空白。弗兰克向艇长建议：“还是按照原计划在天黑之后向东掉转方向。”

天色渐渐暗下来了，克里威利号也进入了船队前方 8 英里的位置。随着一声“我们来了！”艇长向南掉头以高速接近船队并开始进行攻击。

在这具有戏剧性的一刻，我实在佩服艇长的果决。他骁勇的气势给我们大家极大的鼓舞。他对于战斗非同寻常的兴奋和勇士一般的热情都非常具有感染力，这对我是一种极大的激励，也不去害怕撞上那艘护航舰会发生什么。

当我们离最近的领航船只不到4000码的距离时，所有的船只都以目标零度角向着克里威利号驶来。卢克开始用计算机运算鱼雷发射数据，并报告前方敌船的具体情况。而艇长此时在黑夜中仍然无法看见任何船只。

当卢克描述每艘船的情况时，舵手把这些都详细地记录了下来，并把它交给了在指挥塔的乔治。然后乔治试图从日军船只图册中分辨它们的型号。但是乔治没发现一艘船只和描述的相匹配。于是他把手册扔给了我，然后粗鲁地说："你看看能不能认出这些船只，卢克现在是没辙了。"但我同样没能认出这些船只。"它们可能不是日本船只。"我猜测，"它们可能是在刚开战时被日军俘获的船只，或许是英国的、荷兰的、法国的，有些或许是我们美国的。"

这让乔治感到满意，他在舰桥上观察得出，那些船看起来不像是日本船，更像是被日本人捕获的我们盟军的船只。

克里威利号距离领航的3艘船越来越近。但是无法瞄准在领航船后面的那艘大货船，艇长掉转艇身，在1000码开外的地方，再次寻找合适的攻击位置。

当艇长让克里威利号返回继续向着远处的大货船瞄准时，船舱传来报告，前舱6枚鱼雷已经蓄势待发了。

为首的1艘小船已经疯狂地拉响了警报，告诉后面的船只要警惕潜艇的攻击。还有1艘船，发射了信号弹，警告另1艘船正有潜艇正从它的侧面袭来。3艘船就这样使用灯光、信号弹警告船队其他船只在船尾后方潜在的危险。

我听见卢克被命令向着最大的货船发射3枚鱼雷。艇长又命令我使用二又二分之一的角度，向每一个目标开火。

在6枚鱼雷发射之前，克里威利号减慢到10节速度行驶，因为这样可以避免在鱼雷发射时因高速航行艇身不稳定导致鱼雷发射出现误差。

鱼雷发射后，卢克一直在观察，告诉我们第一枚和第二枚都命中了位于领航船后面的大货船。这枚鱼雷让大货船严重受损。第三枚鱼雷从货船的船舷边掠过，没有击中。第四枚击中了1艘领航的小货船，而第五枚从船队前面擦过，第六枚击中了另1艘小货船。

在第一枚鱼雷炸响之后，日本军舰上的炮手开始对着黑夜盲目地射击。从爆炸声来推断应该是152毫米火炮。来自火炮的巨大冲击使得船身叮当作响并在指挥塔里产生巨大的噪声，就像巨大的卵石砸在大铁鼓上一样。

现场一片混乱。警笛鸣响的声音，在天空炸响的曳光弹的爆炸声，枪炮的射击声，还有炮弹在头顶呼啸而过的声音，刺激着我们每一个人的神经。

在发射出第六枚鱼雷之后，艇长下令右满舵，掉转艇身，让尾舱鱼雷管对准在船队左侧的大货船。当距离1000码的时候，就将剩下的鱼雷从尾部鱼雷管全部射出。

卢克看见第一枚鱼雷在货船前面游了过去并没击中。而第二枚鱼雷却出乎意料地击中了船队的第三艘船。第三枚鱼雷在大货船的舰桥底下炸响。

此刻待在舰桥上十分危险，大家都向艇长喊道："左舷有驱逐舰正在逼近。""它正在从西方过来拦截我们。""刚刚被我们用鱼雷击中的最近的目标被船队打过来的炮火误击了。""领航的2艘小船正在向不同的方向散去。""后面的1艘船正在用大型探照灯照向我们。"

艇长开始掉转克里威利号的艇身，为克里威利号的艇首鱼雷舱重新装载最后的6枚鱼雷腾出空间。但有船只改变了航线直奔我们而来。这就使得艇长不停地与之周旋，之后他让潜艇潜入船队下方的海域进入拦截航线准备攻击驱逐舰。

卢克看见在海军辅助船上出现爆炸的闪光。很明显，它是被船队中的其他船只不分青红皂白地误射了。但克里威利号在水下行进时的尾迹很容易被海面的敌军发现，所以难怪卢克看见在离克里威利号很近的地方有炮弹射过来。

日本舰队依旧在以很慢的速度向北行进，克里威利号则启动四台发动机向南靠近。看起来艇长好像可以让它在这片混乱中成功解脱。

然而日军的海军辅助船似乎正向着克里威利号逼近，艇长决定潜入深海。因为面对这次攻击克里威利号可能很难再有好运气了。

此时，随着炮弹呼啸而来，日军护航舰上的大炮正对着克里威利号发起攻击。艇长决定下潜至更深的400米处。倘若再硬碰硬交战下去，真的需要太大的勇气。

我突然想到为什么在海面时我们这些人面对危险仍旧临危不乱。在很有可能被飞来的炮弹炸伤的情况下，他们是怎么控制住自己仍然保持泰然自若的呢？在指挥塔中，我根本没有时间去思考自己正处在危险之中，但我明显感到自己心跳加速，心律不齐，呼吸也不规律，甚至会长时间屏住呼吸。

下潜之后，就听到在声呐接收器里传来的爆炸声、大声呻吟的求救声以及船只断裂的声音。

几分钟后，驱逐舰向着克里威利号火速驶来，漫无目的地投下随意设置深度的深水炸弹，虽然没有击中我们，但是可以肯定的是深水炸弹爆炸威力很大。他们设置的炸弹深度，在 100 米左右，除了震碎几盏灯泡对我们并没有实质性的伤害。

艇长确实表现得非同凡响，所以在那一刻我忘记了之前他是怎么优柔寡断的了，但艇长很长一段时间继续让潜艇待在 400 米以下的海水里，直到声呐兵报告说驱逐舰已经加速向北驶去，渐渐离开我们的视野。显然驱逐舰已经离开战场，追赶残余的船队。实际上，在克里威利号浮出水面悄悄向北驶去时，所有运输船的噪声已经听不见了。

仍有一些受损的船只漂在海面上，也许克里威利号还可以用剩下的 6 枚鱼雷将其击沉。而且，海军辅助船太有价值，绝不可以放过它。更糟的是艇长继续避战，让大家处在无事可做的状态，大家焦躁不安，无法忍受。

我和弗兰克强烈地催促让克里威利号返回水面继续攻击敌船。但是海面的战斗让艇长精疲力竭，他很沮丧地说：“今天晚上我已经做得足够多了。”

一小时之后，当我们终于在午夜前浮出水面的时候，艇长让克里威利号向南方驶去。这使得它离之前的战场和残余的船只能越来越远。

当艇长一个人待在舰桥的时候，我和弗兰克待在昏暗的指挥塔里。这样不用担心被艇长听见我们的抱怨了。“我们现在不能放弃。”我争辩道。之后我试着说服弗兰克让艇长去追赶逃跑的敌船。“你不能让那个老头就这样停下来。”我催促道，“他累了又怎么样？”

弗兰克一脸黯然：“他已经决定了，你知道根本不可能说服他。”

我当然知道，所以我建议：“只要让克里威利号向北行驶就好了。”

弗兰克对此很不屑：“完全没有戏。”之后，又说了让我无望的话，“艇长根本没心情再次发动攻击。我也不想再像对付 RO 级潜艇那样，完全忽视他了。”

就在此时，一个高大的身影出现在指挥塔前，走到了图表桌前。我本来以为是舵手，结果发现是艇长。不经意之间他已经下到指挥塔并且一直听着我和弗兰克的谈话。他随意地看了一会儿弗兰克胳膊旁边的图表，然后很讽刺地说道：“好吧，你们继续指挥我的潜艇，想去哪儿你们自己决定。好像你们很知道我应该怎么去做，现在给你们一个机会。”然后他又爬回了舰桥上，留下我们两个呆呆地愣在那里。

我就像被戳破的气球一样蔫了。我简直不敢相信艇长竟然让我们接管船只，这让我有点不知所措。

但是，弗兰克却并不犹豫。他命令舵手调转航向，全速追赶敌船。他的表现就像一个蓄势待发的拳击手一样，准备在拳击场内将对手置于死地。

在午夜之前，一轮弯月透过厚厚的云层将月光照在海面上。瞭望哨在视野前方发现了 2 艘小船。当渐渐接近这 2 艘船的时候，也发现了在我们右舷方的海军辅助船。它似乎正急着要赶上船队。

克里威利号现在所处的位置对攻击辅助船很有利。所以它潜到雷达探测深度，开始向目标接近。艇长在图表前静静地站着，怒视着正前方正在指挥航行并进行鱼雷攻击的弗兰克。

6 枚鱼雷蓄势待发。发射设置看起来状态良好，而此时辅助船的航速为 16 节。但是它慢慢开始减速，并向前面的 2 艘船只发射信号弹报警。弗兰克担心不久辅助船会开过来对我们造成威胁，所以事不宜迟，马上发动攻击。

当我们离日军的辅助船只有 2600 码的时候，辅助船正在以 10 节的速度前进，6 枚鱼雷从左舷 55 度角射出。但是我们的发射并不明智，因为尽管第一枚鱼雷击中了辅助船的前部上端，但是那时它正在调整方向向着克里威利号驶过来。所以其他的五枚鱼雷都从辅助船右舷附近擦过，没能造成威胁。

辅助船虽然受损严重，但是仍可以慢悠悠地冲着克里威利号驶过来，并丢下威力极大的深水炸弹，这使得克里威利号剧烈地震颤着。辅助船就像一头笨拙的灰熊在垂死挣扎，争取给予敌人致命的一击。

幸运的是，潜艇的所有部门都没有需要采取紧急措施的损伤报告。

尽管克里威利号下潜到了400英尺（约120米）深的水下，但是仍旧可以听见辅助船的火炮开火的声音。10分钟后辅助船的螺旋桨停止转动。整个船舱都可以很清晰地听见，对我们来说终于可以放松一点了。在图表桌旁边的艇长还是一脸恶意地盯着我和弗兰克，但他最后还是露出了一丝轻松的笑容，这让我和弗兰克也得到了些许的满足。

弗兰克很快将克里威利号返回到潜望镜深度，并快速搜索目标的位置。根据弗兰克的描述，辅助船正在被一大团烟雾笼罩着，不能很好地看到它的轮廓。经过几次观察确认辅助船已经失去动力，在水面上无法动弹。但是再次观察时却发现只留下一团烟雾，船体已经在水面上消失了。

艇长一言不发地进入他的房间并把窗帘拉上。弗兰克将潜望镜交给乔治并决定继续待在潜望镜深度一段时间。弗兰克并不能确定辅助船已经被击沉了。“它可能还在水面上藏在暴雨中，”弗兰克说，“当我们浮出水面时很有可能会向我们开火。”弗兰克说大暴雨已经无法让他看清视野中的目标，也无法对雨幕后面的危险做出预警。

当我们都聚集在军官室时，没有人击掌，也没有人在继续聊天。弗兰克和我浏览了卢克之前对舵手描述的所有船队的信息。我们也批评性地听取了卢克说的他在向船队发射9枚鱼雷时看到的情况。

只有护航舰是可以辨别的。这是1艘排水量为7065吨的塔图闪克丸号海军辅助船。与弗兰克通过潜望镜观测与描述的完全相符。

之后关于我们的鱼雷又是一段激烈的争论，有人说1枚鱼雷就可让1艘大船迅速沉入海底。我在想：“有消息称德军在鱼雷头上使用1100磅的战斗部，为什么我们不在MK-14鱼雷上使用680磅的战斗部呢？”

当艇长终于决定进入军官室时，他说他只能确认护航舰和大型货船在被击沉的时候使用了2枚鱼雷，剩下的1枚鱼雷击中的只能被评估为受伤，这就是在给珀斯总部发电报时报告的内容。并将“华夫饼干”作为加密消息的垫料。“这就是克里斯蒂上将无所作为的手下。”艇长幸灾乐祸地说道。

2月16日一整天，克里威利号匆忙向南穿过了摩鹿加海，前往达尔文港口。艇长关上了窗帘，一个人待在他的小房间里，之后他把我叫了进去，很仔细地打量了我一番之后，他充满敌意地说："你知道的，鲁赫，你昨天背叛了我。"

背叛？我的心都提到嗓子眼儿了。

"并且我听见了你在和弗兰克商量怎么鼓动我的。"他指控道。之后又难堪地对我笑道："你要知道军令如山，我可是记得你如何在我完全不知情的情况下就向日本潜艇发射鱼雷。这绝不可饶恕。"他仍觉意犹未尽，又说道，"我觉得你们对我如何操作这艘潜艇很是不满意。"接着他看了看天花板，做出一个决定，"当我们回港的时候，我要去法庭控告你和弗兰克违反军令。"

我反驳他："我和弗兰克并没有质疑过你的权威。"艇长对此愚蠢地窃笑起来："你们俩谁也少不了！在这次巡航中，我观察你们两个人很久了。"

我惊呆了，我开始意识到艇长实际上已经失去了理智，他这么做一点儿道理没有。当他解除我的军职时，起初我并没有把这个荒唐的指控当回事。现在面对他的威胁，我还是失眠了。

我将此事告诉弗兰克，弗兰克只说了一句安慰的话："别担心，他会冷静下来的。"

之后，天色稍晚的时候，趁五名军官都在军官室里，艇长表扬了我和弗兰克，并对我们为此次巡航作出的贡献给予认可。他对弗兰克赞赏有加，说他当之无愧是在整个战斗巡航中最优秀的军官。因为当他疲惫不堪丧失斗志的时候，是弗兰克将他重新带回战斗状态。

但我直到第二天才觉得轻松一点。艇长满面笑容地赞扬我忍受了他阴晴不定的态度，并把克里威利号的艇员团结在一起，使它成为全美国最优秀的潜艇之一。但他这么说是真实的想法吗？他的实际目的又是什么呢？

16 日这天发现在远处有 2 架日本轰炸机，但克里威利号并没有下潜。

第二天晚上，克里威利号从赤道线穿过了赛兰海，发现前方有 1 艘巨大的帆船。因为艇长希望能从他们那里获取一些日军船只行动的消息，于是就将克里威利号靠近正在行驶的帆船，然后弗兰克，这位经验丰富并且精通西班牙语的专家，通过扩音器朝他们喊道："Pare y baja las, velas."但这船仍旧在航行，丝毫没有降帆停下来的意思。弗兰克再次重复命令也无济于事，然后，他失去耐心地喊道："该死的，降下你的帆！"没过一会儿，船帆就颤颤地降了下来。

艇长随后让克里威利号缓缓靠近了帆船，并让弗兰克询问胆小的当地人，最近是否看到有任何船只。这些有棕色皮肤的小孩以及船上的猪、狗、鸡等动物叽叽喳喳地吵嚷个不停，现场非常混乱。因此，弗兰克不得不大喊："Basta!Quedo guieto."也就是"闭嘴"。甲板上的人马上安静下来，弗兰克赶紧问当地人是否了解船只的情况，他们只是很茫然地摇头，可是看得出他们很友好。他们都试图让艇长不对他们充满敌意，有些矮小的女人从下面走上来，伸手递给克里威利号甲板上的人一些水果。

艇长十分感动。他爬下了甲板接过一只又瘦又脏的灰毛鸡，表示他只能接受这一个好意的礼物，因为他并不想剥削他们珍贵的食物。他很绅士地鞠躬作为感谢，船上的当地人也都深深地鞠躬并咧着大嘴笑着回应我们。

小鸡营养不良，瘦得皮包骨，看起来不会活太久。任何人都不会想去吃它。艇长将鸡递给了鱼雷手队长霍华德，当着很多当地人的面悄声告诉他："把它拿下去吧。"当艇长从帆船上返回克里威利号上时，他小声提醒舰桥上的人要尽力微笑表现出真诚的谢意。

霍华德将小鸡带到了后舱，交给了克劳雷，让他照顾小鸡。我去后舱看的时候，克劳雷正在喂小鸡吃面包屑。他认为这个饿坏的小东西日后一定会给他下新鲜的鸡蛋。

18日晚，我们发现1艘大货船正向安汶岛缓缓行驶，旁边还有1艘呼呼冒烟的小帆船作为护航舰。小帆船冒出的浓浓烟雾让人心生怀疑。这微不足道的小船和描述的安汶·查理号简直一模一样——就是那艘已经吸引多艘美军潜艇进行攻击的Q型船。当向安汶·查理号发射鱼雷的时候，潜艇受到了极具破坏性的袭击。艇长建议调整两船之间的距离以保持更多的安全距离。我很高兴鱼雷已用尽，不然艇长一定会改变主意，有可能坚持说一定要干掉Q型船。

等到两船距离逐渐拉大，脱离了Q型船威胁的时候，艇长就升起天线发出电报让班达海附近的潜艇尽快赶来这里。但艇长的求援电报事与愿违，反而惹来祸端。几分钟之后1架日军战机低空从东边直奔克里威利号。不过很幸运的是，克里威利号及时下潜，日军飞机来不及投下任何炸弹。

不到一小时，艇长回到海面命令开始返航。但不久，从东方低空飞来 1 架莉莉型轰炸机[1]，它飞得很低，以至于能投下 1 颗炸弹在艇尾很近的地方爆炸。在甲板上的军官杰瑞开始让克里威利号立即下潜，这时轰炸机开始使用机枪对我们扫射。

我们在指挥塔听见激烈的碰撞声，好像飞机上发射的子弹正在撕开克里威利号的主甲板，似乎上方的艇体都被打出洞来了。当潜艇下潜之后，前舱报告说，虽然听到了不少射击声，但那只是子弹穿过水的声音，艇体并无明显损伤，后舱的人听见了炸弹在艇尾爆炸的声音，但除此之外一切正常。

再过了一会儿之后，克里威利号又返回了潜望镜深度，迅速看了一眼确定没有敌机在周围盘旋。当潜艇开始上浮，高压空气通过水箱时发出不断的刺刺声，这表明日军飞机的机枪扫射对克里威利号其实造成了严重的损伤。自那以后，前舱将要保持充满水，不然在回返的路程中遇到危险时，我们迅速下潜就会变得很困难。机枪扫射使得主甲板上出现很多凹陷的地方，同时也毁坏了船板。不过，这并不算什么要紧的问题，克里威利号已经看起来像是经历了激烈

---

1 日军莉莉型轰炸机

日本陆军航空兵（当时日本没有独立的空军，航空力量分属陆军航空兵和海军航空兵）的轻型轰炸机，正式编号是川崎 Ki-48 九九式爆击机，通常被称为九九式轻型轰炸机。盟军则称之为“莉莉”（Lily）。由川崎重工研制生产，总设计师土井武夫。1937 年日本陆军受到在中国战场上出现的苏制 SB-2 轻型轰炸机的启发，而要求川崎重工依据 SB-2 轻型轰炸机的技术指标进行研发。1939 年首飞，1940 年 7 月投入实战，是在中国战场上最活跃的日军轰炸机。太平洋战争爆发后，也是战争初期日军的主力轰炸机，但在战争中期以后，难以与盟军大量新型战斗机对抗，逐渐退居二线。

该机采用金属中单翼机，后三点式起落架，机身前部是较为粗壮的炸弹舱，机尾则相对较为细巧。因为 1939 年原型机在试飞时发生机尾振动，所以量产型都加强了机尾结构强度和加大垂直尾翼面积。

基本技术数据（九九式二型甲）：机长 12.75 米，翼展 17.45 米，机高 3.8 米，机翼面积 40 平方米。空重 4550 千克，载重 6500 千克，最大起飞重量 6750 千克。2 台气冷式发动机，最大功率 1130×2 马力，最大时速 505 千米（5600 米高度），最大航程 2400 千米，实用升限 10100 米。

武备：3 挺 12.7 毫米机枪，载弹量 800 千克炸弹。乘员 4 人。

生产总数 1997 架，其中九九式一型 557 架，九九式二型甲和九九式二型乙合计生产 1408 架。

战争的英雄一般，带着胜利的荣耀开向弗里曼特尔港。

2 月 19 日，在班达海的最南端发现 2 架飞机，对克里威利号来说赶在任何一架飞机靠近之前潜入水下是必要的。被打破的水箱已经灌满水了，再加上一些损耗，克里威利号已经不能很轻松地前行。艇体因浮力箱失控而有点后倾，负责下潜的军官让大家都跑到克里威利号前舱，以保持艇体平衡，这可真像是马戏团小丑们的作风啊。当前舱开始让艇体上扬时，大家又纷纷向后舱跑去。潜艇从来没有这么愚蠢过，但这次真是令人哭笑不得。

当我们通过班达海的时候，克里威利号被巨大的绿色海草所缠绕，经过仔细观察才发现是成千上万的水蛇围绕在克里威利号上方。其中一种带有黄色条纹的海蛇，在班达海域里的所有生物中，它的毒性可以算得上是最致命的了。当我把这个情况反映给弗兰克时，他建议说，如果能在此地击沉 1 艘日本船，那绝对是一个绝妙而肮脏的小计谋，我十分同意他的观点。

20 日，克里威利号进入了达尔文港，在黄昏的时候加满了燃油，收集了信件。在进港的时候，舰桥上的人看见 1 架大型的解放者型飞机正向着北方飞向哈玛黑拉岛（印度尼西亚）一带。到目前为止，我们还没有收到达尔文港是否接受我们入港的回复。如果我们盲目进港，艇长担心我们很有可能遭到美军的轰炸。很显然的是，珀斯的艇员们并不喜欢艇长像“华夫格”一样传递信息，于是决定让艇长自己做出决策。

晚上的时候离开达尔文港，乔治从舰桥上报告有重型轰炸机向着东方飞去，而且有探照灯在空中来回搜索。很显然，克里威利号有幸躲过了几小时前刚在达尔文港发生的空袭。

驶向弗里曼特尔港的路程需花 6 天时间，所有的一切都看似平安无事，但艇长一直都在沉思。到第 3 天，他决定做些事情。他把食物放在桌子上，说他要开始专心写巡逻报告了。他仍紧闭房间的窗帘，也不参加他提倡的卫生大扫除活动。最后他才发出命令：“全体卫生大扫除！”

等到第 4 天的时候艇长让我去他的房间找他，他愤怒地睁着眼睛盯着我，告诉我他要把我交给军事法庭审判我们在巡逻期间不听指挥违反军令的事。“你以为我早就忘记了你和弗兰克怎么冲撞我的了吗？这是叛乱！你心里应该很清楚！”

我为之辩解说，他曾经还表扬过我和弗兰克对此次巡逻所做出的贡献呢，这使艇长变得更为愤怒。

“我绝不会让你再回到我的潜艇上来！”“而且你们一定会被海军除名的！”他又强调道。这时我已经被他骂得两腿发软，不料他越骂越起劲，更多的辱骂朝我席卷而来。

我知道他现在看什么都不顺眼，但他应该早点摆脱这种坏情绪，变回那个雄辩机智但又充满理智的艇长。可能他已经忘记了自己该是什么样子。

当我和弗兰克说起艇长愤怒的辱骂时，他说如果事情真是这样子，我们也只有去找克里斯蒂上将评理了。

在我们南下的路上，我有很多的时间去反省刚刚结束的巡逻，除了我和艇长曼绅科德的争吵，似乎还有很多有用的关于潜艇战的教训需要总结。最重要的是，在面临敌军密集的作战行动时，浅水袭击时的高速运作给了袭击者很大优势。

其中一个例子就是，克里威利号在一次对战多艘护卫舰的浅水鱼雷战中，从克里威利号攻击到潜入水底躲避敌军的反击，总共才花了 9 分钟，可见克里威利号完全掌握了操作步骤和作战方法。要知道早期在对货船的攻击时，同样的动作花了超过 60 分钟时间。敌军的反击行为一次次阻碍克里威利号的攻击战术，最终导致没有鱼雷命中。然而，塔崩丸号和克里威利号的夜战只花了 15 分钟。克里威利号在整个作战过程中保持进攻态势，也完全掌握作战节奏，最终由于长期积累的冒险之心和果断且富于攻击性的作战技术取得决定性的胜利。

从中可以得出的最重要的教训是在时间较短的海面作战中，艇长的反应应该丝毫不动摇，自始至终，艇长都果断做出了充满了攻击性的作战部署。可是在水下作战时他将大量时间浪费在游移不定的决策上。

用 2 枚鱼雷攻击 RO 级日军潜艇的作战中，似乎说明了另一个问题，即 MK-14 型鱼雷的磁性引信是导致鱼雷过早爆破的根本原因。第一枚鱼雷的爆破引发了紧接着的第二枚鱼雷的爆炸，不然为什么在使用触发引信后这类现象几乎就没有出现了呢?

值得注意的是，艇长并没有放弃剩下的 15 枚鱼雷选择结束巡航，而是请求再延长五天的巡逻时间，甚至只是在附近海域徘徊，也要等待时机用完剩余的鱼雷。结果证明了他不屈不挠的品质和非凡的忍耐力。并这在长达 13000 海里的 61 天巡逻中，见证了克里威利号这艘潜艇的实力。

克里威利号的布雷计划可以说是本次巡逻任务中最重要和最成功的亮点，虽然这话有些绝对，我们很难去评估这是不是真的，但这就是布雷行动的特点。我们的成功与否只有等布雷区被彻底扫除之后才能做评定。

在抵达弗里曼特尔港的前一天，从后舱室传来了一阵喋喋不休的闲聊。原来是克劳雷饲养的小母鸡下了一只蛋。当看见这只蛋时，他就把它拿了出来。无壳的软蛋不小心被他捏碎，留下一摊蛋黄粘在他手上，但他还是兴高采烈地拿给大家看，分享着他的喜悦。他继续在船舱里走着，并向大家要了很多蛋壳，把它们收集起来，给小鸡补补钙，这样小鸡就不会因为缺钙而生下无壳的软皮鸡蛋了。可爱的小鸡看到蛋壳也是狼吞虎咽。第二天又是一阵骚动，因为小鸡又下了一只蛋，有着美丽的白壳，但很脆弱，克劳雷小心地把它收在手上。第三天，当他把鸡蛋当作早餐吃掉时，全潜艇的人都露出了嫉妒的眼神。

经过两个多月的巡逻，克里威利号在早上 8 点终于停靠在了港口。克里斯蒂上将站在甲板上亲自将一个海军十字勋章挂在了艇长曼绅科德的胸前。上将在随后的讲话中说，本次巡航任务战绩显赫，总共击沉敌方 4 艘船，还有 3 艘受到重创。之后上将又登上了我们的潜艇，向我们列队在甲板上的全体艇员点头示意，表示他的赞许之情。他转身穿过舷梯准备离开，在上将就要上车的时候，弗兰克拦住了他说:“我和鲁赫想和您谈谈。”上将答道:“你们两个 9 点到我的办公室来吧。”之后他坐车迅速离开了。

我充满希望地朝四周望去，想看到当时送我们起航的“大雄袋鼠”，但是却没有看见他以及簇拥在他周围的戴帽子的小学生们。但却有另外一群穿着整齐的人，女司机，还有一些从珀斯来的人。很多人都兴致勃勃地看着浮力舱上被射穿的弹孔，以及主甲板上的很多弹孔。不过，一切正如他们所看见的，我们不辱使命，光荣地完成了任务。

在9点的时候弗兰克和我走进了上将在珀斯总部的办公室。他很热情地和我们打招呼，说他已经预料到我们会想要见他，而且一定是在曼绅科德艇长给他打电话之前。“我已经知道了你们在潜艇上出了一些差错。”他继续说道，“从我收到的信息和我打听到的情况中我已经了解了一些情况。在望加锡海峡，塞尔比的潜艇和你们的潜艇相遇时发生了什么？你们攻击了日本潜艇？曼绅科德艇长当时表现的态度是怎样的？快告诉我整个事情是怎么回事！”

于是弗兰克向上将倾诉，那段时间，艇长如何失去理智，并认定我们是制造麻烦的人。上将听着，只是点点头平静地说：“先别担心，放松点吧，我一会儿见你们的艇长，他可能可以告诉我整个故事的来龙去脉。”

我又补充道：“上将，我们艇长正要向海军法庭告我们叛乱呢！”对于曼绅科德艇长的这一威胁，上将被逗乐了。然后，一个随从进来报告说，曼绅科德艇长已经在外面等着了。听到这里克里斯蒂上将把我们从另外的一扇门打发走了。于是我们就回到了在勒克瑙的住所。

不到一小时，艇长就开车回来了，他要求私下在接待室与我和弗兰克见面。我们在等待着艇长给我们的审判，但是他却满脸笑容地说：“我告诉克里斯蒂上将了，说我如何在巡逻期间萎靡不振，然后你们两个冒着危险帮我度过了那段时间，尽管我出现了一些问题，但你们都做得非常出色。”

这让我为没能忠诚于这位强大的男人而心生愧疚，况且他还刚刚带领我们经历过一场艰难的战斗巡航，我体谅他，作为8次作战行动的领导者经历了怎样身心俱疲的严峻考验。

“我也告诉上将我需要休整一下了，”艇长又解释说，“并且在我进行下一次的巡逻任务之前，我想花数月的时间在弗里曼特尔港放松放松。”他已经推荐弗兰克接替他的职位，担任克里威利号的艇长执行巡航任务。另外他还推荐斯利夫、卢克和我。这样一来，弗兰克和我就安心了很多。这一切都太有戏剧性了，很幸运我们遇到了这样一位好艇长并和他度过了这段美好时光。

不久，曼绅科德艇长卸职休养，取而代之的是弗兰克。曼绅科德从此一直待在岸上为停泊的潜艇服务。7月，上将送曼绅科德回到海上担任瑞莎号潜艇的艇长。在一次夜间战斗中，情况和上次克里威利号作战时遇到的一样，它击沉了排水量合计高达 52600 吨的 5 艘船只，还重创 4 艘总计排水量 22000 吨的货船。总共击沉和重创的船只排水量为 74600 吨。这可以说是二战期间，所有美军潜艇单次巡航中，击沉和重创敌船最大的成就。卢克在第三次巡航时已经离开了克里威利号，在曼绅科德的手下担任目标方位发射器的操作员，在夜间的海面战斗中，作为曼绅科德的千里眼，对完成巡逻任务发挥了至关重要的作用。

第六章　浅滩

克里威利号的第三次巡逻与前两次略有不同。这次它大部分时间都在浅水中，所以我们需要更加良好的判断力和直觉，不主动攻击浅水海域敌军的船只。

在这种近海岸的海域中，飞机可以很清楚地观察到潜艇在水下的动向。除此之外，任何一次的航线轻微偏差也可能让潜艇搁浅。但最让我们担心的还是敌军驱逐舰的反潜行动。要知道在这种海域，潜艇没有了深海的保护，在敌军的深水炸弹面前只能是任人宰割的羔羊。

很明显，在这一片海域中，日本方面已经决定将他们的船队转移到新占领的地盘，他们宁愿冒着触礁和遭遇水雷的危险，也不愿意被美军潜艇的鱼雷击中。

弗兰克作为新艇长需要处理的事情很多。他在第一次巡航任务中就体会到了这一点。在浅海巡航行动中，想要获得良好的战果，就需要高超的操艇技术和冒险精神，潜艇在近海航行和在敌人的雷区航行一样危险。

日本人在以前的巡航小册子中警告说，为了保护他们船只不受美国潜艇的威胁，他们已经海域内布下了很多水雷。

这给艇长造成的心理压力很大，削弱了他的进攻性，克里威利号的艇员士气也随之下降很多。但对于这次巡航，克里威利号上的八名军官以及士兵们都渴望痛痛快快地打上一仗，他们因为焦躁扰乱了心绪，甚至因为种种潜在的危险而一度失眠。但新来的三名军官瓦尔特·马佐尼、迪克和吉尔却心态良好，显得轻松愉悦，这帮助弗兰克艇长减轻了负担。汉克和杰瑞已经转调到了其他地方。我现在是副艇长，瓦尔特成了潜水军官，迪克接管了情报工作。而吉尔只是一个助理军官。

1944 年 4 月 4 日下午 1 点，克里威利号在港口待了两个星期之后，计划开始新一轮巡航。但因为军官的人员调度工作还没有完成，拖延了时间。上将克里斯蒂从珀斯赶来，视察完前艇长曼绅科德配备好的指挥室成员后，也和即将起航的克里威利号挥手告别。

他研究了我们预先的任务，觉得很合适，并同意了将我从操作潜望镜的指挥塔换到泵室。他很喜欢那个新型的潜望镜，但是他对新设立的策划台颇有意见，“你们不需要策划，”上将说，“这只是以前留下来的摆设，我还是觉得在指挥塔内设立一个策划台对我们是有帮助的。”我小心地与之争辩，“在夜里与任何船只发生冲突时，这可以为艇长提供海面情况。”但这并没有说服上将。他对弗兰克说：“我觉得分配工作已经做得很好，但是……”他语气一转，不说话了。然后只和艇长握了握手，就爬出了指挥塔，离开克里威利号去迎接刚刚巡航回来的瑞莎号艇员们了。

下午 4 点，克里威利号平静地离开了珀斯的弗里曼特尔港，并和其他 2 艘潜艇按计划迅速离开港口驶向大海执行新的巡航任务。在修理舰上或者是码头都没看到欢送人群，就好像克里威利号离开弗里曼特尔港对他们来说是一种解脱似的。

在开始巡逻的第一天，前往北部途经洛特尼斯特岛的时候，新军需官马佐尼骄傲地宣布他为我们每人带了 7 盒香烟。但是他忘记给我们带火柴。现在唯一的选择就是用电炉去点火，但是这太危险了。

为了弥补他的失误，他又宣布在我们的潜艇上囤积了大量的新鲜牛奶，同时他还申请到了大量的罐装“好德”巧克力糖浆和冰激凌原料。

这次巡航有了一个不错的开端。

马佐尼是在历经了一次与几艘日本驱逐舰激烈交战的洗礼后，才从河豚号调到克里威利号上来的。在那场交战中，日方驱逐舰对河豚号进行长达 37 小时无休止的反潜攻击，这令艇长焦躁不安、精疲力竭，像只受惊的小猫一样。艇长的不作为加之深水炸弹的攻击让河豚号艇员的士气一落千丈。结果是海军上将克里斯蒂解除了河豚号艇长的指挥权，将超过一半的河豚号的军官和士兵分配到其他潜艇上。上将觉得给河豚号换上新鲜血液，才会再次唤醒他们的斗志。

作为离开河豚号的人员之一，马佐尼这位重量级的圣何塞的拳击冠军似乎并没有被那次经历所困扰。他的出现鼓舞了大家的士气。对他来说，潜艇搁浅，在水下缺氧以及艇长不作为都是潜艇上的战斗的一部分。他在讲述他的经历时，也充满了欢声笑语。他有着健美的体魄，不管发生什么事都会坚定可靠。他总是露出洁白的牙齿，留着像杂草一样的胡子，再加上长长的鼻子，活像一个强盗。

在克里威利号驶离弗里曼特尔港的前几天，艇长心情很低落，不断抱怨各项工作都没有做好。最让他恼火的是 2 个全新的潜望镜也故障频出。除此之外，艇员没有及时清理克里威利号上的垃圾也让他很生气。艇长还批评艇员们在日常的训练中不好好表现，战备反应和射击精度都不够完美。他似乎忘记了当他还是一个副艇长的时候，是如何边唱着歌边执行潜望镜观测任务的了。他还指责潜水部门，认为他们需要加快下潜速度，对于这点，我完全赞同，不过我觉得不必如此苛责，一旦克里威利号进入作战状态，一切都会就绪。

艇长显然已经适应了他的新职位，但从作战经历上看，他对艇长这个角色驾驭起来还是相当吃力的。

在我们进入达尔文的前一天，艇员为从北部进入日本势力范围做准备，我们把时间都花在训练上，然后在达尔文港加满了燃油。

这天下午的好长一段时间都在进行海面战斗的训练。很显然，艇长想着如何可以更好地利用大口径甲板炮击败敌人，但如果克里威利号大部分时间作战都是在海面上的话，就失去了潜艇存在的意义。而且海面作战很危险，这里又是日军的活动范围，很有可能日军飞机毫无征兆地就飞了过来打我们一个措手不及。乔治这位新炮手已经升任鱼雷枪械军官，总是让他的手下无休止地操练，好像只要用 102 毫米甲板炮就可以将敌人打得落花流水一样。他还曾用木板重击过 1 名在训练中掉了枪支的艇员，击打他的背部。

费雷德·萨特现在是枪炮总指挥，他的眼睛眯成一条线，下巴紧绷，看上去这位有智谋的年轻军官很有自己的一套。他也看到了他们这种训练方式实际上是无效的，之后便找我去阻止艇长那种残忍的操练方式。

萨特转到我们潜艇上是因为弗兰克艇长觉得老波普该休息了，因为他刚经历了几次严酷的巡逻任务，已经精疲力竭。而年轻力壮的萨特正好接替这个职位。

外号为“铁钩”的萨特，冷峻的脸庞上有一只鹰钩鼻，硬朗的体格使他看起来像是常年在马鞍上奔走的西部牛仔一样。他的加入使得克里威利号又添一位良将。

海面的战时训练结束后，乔治和他的枪炮手们已经可以将潜艇从准备浮出水面到开火的时间缩减到了 45 秒，这是一个很大的进步。

傍晚的时候，天渐渐暗下来，我观察星象后，修正了一下航线，航线变得十分准确，这样第二天克里威利号就可以驶到预期集合点的位置。领航员安普利拜中尉跳到甲板上，爬上舰桥，引领克里威利号驶过海下航道直奔达尔文港。

达尔文镇坐落在一处大浅湾的东边，浅湾有许多绿树和湿地。这里处在一个小的断崖上，看起来就像是热带的村落而不是一个有威慑性的海港城市。灰色的未刷漆的木屋仍旧斜斜地矗立在那里。从远处还可以看到被日军飞机轰炸过的痕迹。安普利拜解释说日军实际上瞄准的是在码头上的 1 艘船，但是误打误撞击中了附近的房子。

得知下午 2 点以后才有一个码头空出来，克里威利号只好停在别处。旁边有 1 艘军火船正在装卸炸弹，这些炸弹都要优先被运送到弗里曼特尔港。为了靠岸加油，艇长很不乐意地将潜艇停靠在了这个装有上千吨高危爆炸物的船只前面。要知道如果日本发动突袭，我们唯一可以躲避的地方就是海底，但是如此多的炸药一旦爆炸我们依然会受到重创，很可能葬身鱼腹。

克里威利号一停下来就马上开始加油，而艇长和卢克则跑到机场去和英国飞行员们喝酒。天黑的时候油被加满了。艇长带着要“观摩”潜艇的 15 名酩酊大醉的飞行员返回克里威利号，他们趴在潜艇边上大声叫嚷：“在战争中潜艇是最危险的。”一个飞行员坚持说艇长在回达尔文的路上应该去投奔他们空军学习飞行课程，这样他就能加入飞行员队伍了。

我觉得这些飞行员都太趾高气扬了，太不把他们的敌人放在眼里。有一名飞行员说，他们已经击溃了在这里的日军，我们不会在雷达上看到敌人飞机了，日军已经被吓得屁滚尿流。但愿如此，可我并不认为以后就高枕无忧了。

回到海上，克里威利号在前往婆罗洲（加里曼丹的旧称）沿岸时遇到了大雨。尽管今天天气不好，雷达还是探测出 30 到 40 海里远的地方的情况。雷达功能很强大，再异常的大气条件也能通过近地雷达波传播信号。所以尽管无法看到视野外的情况，但是雷达可以通过反射回来的雷达波确定物体的位置。当雷达兵确定最终的目标正在以 27 节的速度向克里威利号驶来的时候，雷达奇特的功能显而易见。在距离缩小到 100 码的时候，视野中还是空无一物。艇长觉得我们追踪的不是敌船，而是幽灵。但是当我们听到海鸥的叫声后，艇长认为克里威利号追踪的是淋湿的海鸥，因为它们所制造的雷达回声，使得我们错以为是敌船。更重要的是，艇长因为“追踪海鸥”变得更具有幽默感。他命令舵手将他的油布雨衣带到舰桥上，防止“被海鸥的炸弹击中”，然后他告诉我让我将这段潜艇上发生的小插曲绘声绘色地写下来，因为“你写的那些乱七八糟的东西出版后会很畅销的”。当艇长给我这些建议并露出不被察觉的微笑后，我完全被艇长的魅力所折服。

弗兰克艇长现在已经完全适应了对抗日军的高度危险的紧张感，又回到了满面笑容、滔滔不绝讲话的样子，好像他已经迫不及待地想以妙语连珠来博得大家的喝彩。

在克里威利号经过帝汶岛进入班达海的路上，海鸥环绕在它周围飞行了一整天，甚至有一只海鸥停在了潜艇顶部，并气焰嚣张地朝着瞭望哨尖叫。

进入班达海以后，海浪大了起来了，向来以数量众多而闻名的班达海海蛇也销声匿迹了。

克里威利号穿过了西里伯斯的安汶岛，在黑夜的掩护下进入马尼帕航道，正如所料，在海峡的中央有 1 艘小型巡逻船，克里威利号为了不被发现，始终与之保持 3000 码的距离，并试图绕过这艘巡逻船。但雷达显示我们在向北转向的时候就已经被盯上了。

第二天一早，克里威利号又开始了下潜，希望可以拦截到前往安汶岛的船只。但我们的潜望镜却出现了问题。1 号潜望镜被卡住了无法移动，4 个人带着皮带轮和其他一些工具花了将近 16 小时才让它重新恢复正常。

同一天，我们收到消息。在克里威利号北面也就是在摩鹿加海峡，石斑鱼号潜艇遭到了攻击。这次袭击造成很大伤亡，以至于弗兰克艇长不再想在接下来的几个月让萨特回到石斑鱼号上去。

当克里威利号经过石斑鱼号被攻击的地方时，1 架日本轰炸机从天而降。克里威利号潜入海底之前差点就被击中了。飞机好像是在雷达的指引下直奔克里威利号而来。但克里威利号的雷达屏幕上并没有显示有敌机靠近。随后也没有炸弹扔下来。

几小时之后，收到一条读完就销毁的消息，给出了日军驱逐舰的位置和航线。但是雷达上没有任何异常。因为暴雨太大，无法准确地探测到敌军的方位。

就在通过锡布图海峡时，从里德芬号潜艇发来消息说日军的油轮正在穿过苏禄群岛狭窄的海峡。克里威利号正巧就在海峡附近，便向消息中所通报的油轮所在的地点快速前进。

里德芬号发出的信息中提到他们已经击沉了 4 艘船，前往谷仓去喝麋奶去了，这可是里德芬号上的军官们最喜欢的饮料。它是荷兰酒的一种，由艾德沃卡酒和牛奶混合而成，当然还有威士忌。这种酒在起航的时候作为配给，提供给所有的军官。

4 月 19 日傍晚，克里威利号离开纳索不达海峡，前往菲律宾巴拉巴拉岛的东部，克里威利号在通过海峡的 2 小时内遭到了狂轰滥炸。之后克里威利号解除警戒前往靠近巴拉巴拉岛的巴勒莫班干岛。

20 日，克里威利号开始了巡航，巡逻海域靠近巴勒莫班干岛，在婆罗洲北部上方，近海岸的水深约 150 英尺（约 45 米），而一条约 600 英尺（约 180 米）深的曲折航道就在其西部 30 英里处，不过那看起来似乎太远了，不适合用来做避开反潜军舰的航道。

中午收到密令，命令克里威利号离开巴拉巴拉岛去拦截当晚要经过海峡的日军战舰。潜艇奉命出发，但一无所获，并没有发现任何战舰的踪影。

4月22日，克里威利号返回巴勒莫班干岛时遭遇了日军奇客型飞机[1]，日军飞机数次想攻击在海面行驶的克里威利号，都没有得逞。在距离6英里的地方，我们发现有飞机从陆地飞来。虽然只有很短暂的警报时间，但足以让克里

1 日军奇客型战斗机

日本海军最著名的战斗机，正式编号是三菱A6M零式舰载战斗机，因为服役时正是日本皇纪纪元2600年，所以称作零式。盟军称之为“奇客”（Zeke），另外盟军也将一些零式的子型号误判为新机种，而赋予了新代号“哈姆帕”（Hamp）。由三菱重工研制，总设计师堀越二郎，量产之后中岛飞机制造公司也参与生产，而且中岛飞机生产的数量甚至超过三菱重工，几乎占零式总产量的三分之二，中岛生产的零式也叫中岛A6M零式。

零式战斗机代表当时日本航空工业的最高水平，在战争中几乎成为了日本海军的象征。第一架原型机于1939年4月首飞，1940年7月正式开始服役。

零式战斗机具有非常低的翼负荷、失速特性良好、低速下的操控极其灵敏。水平面盘旋能力非常优秀，所以对手很难从后面紧跟零式的航线获得开火机会；加上优异的瞬间爬升率，几乎可以媲美特技飞机，即使被咬尾，一两个翻飞后就可反咬对手。所以在近距离格斗空战中极具优势。另外，零式装备20毫米机炮，火力强大。而轻巧的机身使其具有远远超过同时期战斗机的大航程，也是零式的一大优势。零式是日本飞机设计的重要里程碑，实现了多个第一，如首次采用全封闭可收放起落架，电热飞行服，大口径机关炮，恒速螺旋桨，超硬铝承力构造，大视界座舱和可抛弃的大型副油箱等设备。零式设计成功的一个关键因素是日本住友金属有限公司研制成了一种超级铝合金，日本称50岚金属，这种铝合金比钢还硬，但重量很轻，可以在保证强度的情况下大大减轻了重量。如果没有这种铝合金，零式是根本生产不出来的。

1940年9月13日，零式战斗机首次大规模投入实战，因为性能相差悬殊，12架零式迎战中国空军30架苏制E15和E16战斗机，击落中国空军13架，重创11架，而零式在空战中无一损失。从此零式便在中国的上空横行无忌。太平洋战争爆发后，日军仅有300架零式，就将250架投入了太平洋战场，仅凭借这区区250架零式，日军在开战后几个月时间里就把盟军在太平洋地区的战斗机部队消灭了2/3，给盟军造成了空前的灾难。直到战争中期，美军新型战斗机F6F地狱猫投入实战，并利用缴获的零式研究出其弱点，采用针对性战术，同时零式在设计时没有留下足够的升级空间，特别是后期安装了装甲以后，虽然更换了功率更大的发动机，但单位功率并没有提高，因此格斗性能不升反降，最终导致零式的优势逐渐丧失。

零式有极其庞杂的子型号，形成了庞大零式家族，以零式三二型为例，基本技术数据：机长9.06米，机宽11米，机高3.5米，机翼面积21.53平方米。机身空重1700千克，最大起飞重量2733千克。动力系统采用1台发动机，最大功率1130马力，最大时速544千米（高度6000米），最大升限11050米，爬升率14.28米/秒，极限俯冲时速666.7千米，最大航程3350千米（挂副油箱）/2222千米（机内燃油）。武备：2门20毫米机炮（各备弹100发），2挺7.7毫米机枪（各备弹700发），载弹量2枚30千克或60千克炸弹。乘员1人。各子型号合计生产总数10449架。

威利号安全下潜。

之后这些也被叫作“婆罗洲拉曳器”的日军零式战斗机每次在9点钟出现，很执着地想要把我们干掉，我们不得不让瞭望哨时刻保持警惕。

25日，在水面上发现东方有烟雾升起，是1艘货船沿着巴勒莫班干岛海岸前行。通过2号高倍望远镜，可以清楚地看到有2艘小船和1艘快艇为其护航。大货船被确认为排水量为7000吨的利马丸号。而且艇长观察到在利马丸号的主甲板上装载着2架战斗机，但他并没有将这些报告给控制室的火控小组。

克里威利号随后下潜到距离船队前方12000码的地方，当距离货船的射程为2000码时，艇长下令发射前舱的6枚鱼雷。一次使用这么多鱼雷，会产生过度的杀伤威力，但是艇长想十分确定击沉第一艘船。

在靠近途中，艇长升起潜望镜，完全不考虑可能有巡逻舰会发现我们。要是被飞机发现了又该怎么办，敌机又在哪里？我请求艇长要千万注意天空，确保没有飞机来投炸弹，但他完全不理会我的请求。他将注意力完全放在了货船和3艘护航舰艇上面。

艇长很忙碌，但没有紧张的表情。声音、语气也很沉稳。当他的眼睛离开潜望镜的目镜，让乔治接替他观测时，嘴角露出一丝微笑。艇长的这种满满的自信和专注的工作态度极具感染力。我轻轻地哼着《奈丽·凯丽》，乔治则轻轻地吹着口哨。

当乔治发射鱼雷时，我报告测量结果为“105英尺（约31.5米）”。克里威利号不能太靠近沙滩，而且要保持下潜状态。

第一枚鱼雷击中了大货船的中部，爆炸声很响。艇长在击中后第一句话就是：“我们打到飞机了，我们把它彻底摧毁了。”

“什么？飞机能被1枚鱼雷炸飞？真是个笑话。”显然对艇长的自信我有点吃惊。

“不是这样的，鲁赫，”艇长说，“他们的主甲板上有2架飞机，其中1架起飞了并在周围盘旋。”在经过一番思考之后，艇长又说，“看起来这飞机不是‘婆罗洲拉曳器’。”

第二枚鱼雷也命中了，艇长说：“这些鱼雷已经把船身撕开了，船正以很大的仰角下沉。”

又 1 枚击中，但接下来的 3 枚都打到了沙滩上，没有大的杀伤力。“巡逻舰在哪里？”我试着控制自己的语气。但艇长一直盯着要下沉的货船，完全忽视武装的护航舰艇。

“这些货船还有巡逻舰正在向沙滩逃去。”艇长厌恶地说道，“舰桥各就各位，架起 20 毫米机关炮。”

很显然，艇长有意让这些小型船只上的日本海员吓破胆。但如果他们想用飞机轰炸我们，还会在乎区区鱼雷的威胁吗？

克里威利号仍在海面行驶，并解除警戒。艇长命令：“通知左舱，让他们开启 4 台发动机，全速前进。”他要冒被轰炸的危险，向那 3 艘小船发射燃烧弹，这太疯狂了。

我升起 1 号潜望镜，看到克里威利号开过被我们鱼雷炸毁的船只残骸，有大约 50 名幸存者正准备向 1 海里外的岸边游去。

“声呐探测仪显示水深 58 英尺（约 17.4 米），”艇长立即下令，“右满舵。”这样让克里威利号转到西面朝向大海。如果有敌机飞来，它也可以全身而退。

助理枪械军官豪伊 · 吉尔下来反驳道：“潜艇不应该在如此靠近岸边的情况下向船只射击。”我听到豪伊很厌恶地把潜艇说成了“前行”，冷冷地看了他一眼，要知道我们绝不是低水准的水兵。

几分钟之后，1 架飞机呼啸着从低空直奔克里威利号而来，几乎来不及看它是不是“婆罗洲拉曳器”，艇长就迅速命令克里威利号下潜，让他前面的人关上舱盖。还好，就在被海水淹没前关上了上舱盖，随后我们潜入海底。

在克里威利号仓促下潜到 80 英尺（约 24 米）的时候，1 枚深水炸弹在它上方炸开，但潜艇只能下潜到这里，再往下就触到海底了。当炸弹在距离龙骨仅有 25 英尺（约 7.5 米）的地方爆炸时，我们心惊胆战，这太危险了。

不到一分钟的时间，又有 1 枚被设置在 10 米深度起爆的深水炸弹在离克里威利号很近的地方爆炸，所幸破坏不大。

在克里威利号向西航行的时候，远方传来了爆炸声。就在巴勒莫班干岛的方向。听起来像是深水炸弹，这说明有日军反潜舰艇在试图吓退美军潜艇，使之远离正向岸边驶去的船只。克里威利号随即浮出水面观测情况。

通过高倍望远镜发现有一团烟雾并且很快看到了 6 艘商船的桅杆。它们在 1 艘看似带着天线的军舰模样的船只护送下向南驶去。

在指挥塔上的克里威利号的军官们在紧张的鱼雷战后，都显得精疲力竭，但是这场恶战一开始时就是不可避免的。

很显然，商船上的人在海岸线附近活动，商船紧紧贴着海岸，在不足 50 英尺（约 15 米）深的海水中航行。但我们绝不会放弃这样绝好的机会，只是带着剩下的鱼雷就这么回去，艇长显然想在他的第一次战斗巡航时，给敌军重重的一击。

保持在这些船的视线之外，克里威利号驶向了位于运输船队南方的位置，并且在它们前面潜入水中，等待伏击的时机。但在离领头船只有 4 英里的时候，运输船队进入了海湾躲了起来。因此，克里威利号不得不又浮出水面。

海湾内海水不到 50 英尺深，超出了鱼雷的攻击范围，而且 1 艘日军若竹级驱逐舰[1]像 1 只牧羊犬一样在湾口守护着，不让我们靠近。

经过深思熟虑之后，艇长觉得就为了击沉几艘货船，在海面上攻击驱逐舰太过冒险，虽然如果他做到了可能会得到 1 枚国会荣誉勋章，但他还是决定让克里威利号守在海湾出口处，并追踪在海湾出口来回巡逻的日军若竹级驱逐舰。

在破晓前，船队大批地离开港湾。克里威利号下潜等着它们的到来。天亮之后，每次观测到的若竹级驱逐舰都在不同的航线上，潜望镜只伸出海平面 6

1　若竹级驱逐舰

若竹级驱逐舰在日本海军中算二级驱逐舰，也就是相当于美国海军的护卫舰。

首舰若竹号于 1922 年 9 月建成服役，同级舰原计划建造 23 艘，后来实际只建造 8 艘，在战争中有 6 艘被击沉。

标准排水量 900 吨，舰长 88.4 米，宽 8.1 米，吃水 2.5 米。动力系统：2 台蒸汽轮机，3 台锅炉，总功率 21500 马力，最大航速 35.5 节，最大续航力 3000 海里（14 节，载燃油 245 吨）。

武备：3 门单管 120 毫米主炮，2 座单管 6.5 毫米机枪，2 座双联 533 毫米鱼雷发射管（无再装填能力）。

编制舰员 110 人。

英寸（约15厘米），看到若竹级驱逐舰离开了海湾入口开始向海上巡航。为了避免打草惊蛇，我们观测时间很短而且次数很少。尽管艇长小心地操作潜望镜，但若竹级驱逐舰好像始终知道克里威利号的确切位置，直接朝克里威利号发射雷达探测波，声音很大，就像是只牧羊犬在嚎叫，告诉狼群有它在守护着羊。

一小时以后，有船烟出现在湾内的树林里，这显然是运输船队在经过一夜的休整后准备起航。当然我们很清楚，要想吃到这些羊，我们必须先把牧羊犬给解决了。所以艇长让潜艇向驱逐舰靠近并下令“准备战斗”，4枚鱼雷已蓄势待发。

当艇长决定战斗时，处在2700码开外的驱逐舰在向克里威利号进发时将雷达搜索波段调到了短波上。“用3枚鱼雷，我们要让他们的脑袋开花。”艇长命令道。尽管战术很危险，但用这种方式，在之前有许多其他潜艇击沉驱逐舰的先例。

当距离缩小到1500码的时候，驱逐舰仍正对着我们。艇长命令：“再进行一次观测我们就开火。”

但就在这时，潜望镜前的瞭望哨发来报告，驱逐舰正在转向准备撤离，我又看了一眼，确实如此，看来它是要回去保护商船队。

运输船队驶出了视野并向南沿着珊瑚礁前进。克里威利号只得浮出水面，并开动3台发动机向南去阻截它们。克里威利号不能冒险经过向南延伸很多海里的珊瑚礁，只能等着它们出来。

克里威利号全天都在绕开海岸的外围。雷达探测仪被打开用来检测旧荷兰航海图的准确性。除了看见一些小的新珊瑚岛，其他的都很准确。然后，我们将之添加到航海图中完善信息。

第二天早上，1架双发动机的水上飞机在克里威利号指挥塔上方丢下了1枚炸弹。雷达显示飞机已经探测到了克里威利号，并以低空飞过珊瑚礁海域。当我们正小心地通过潜望镜观测这架飞机时，又发现了1架飞机。截止到中午，总共有4架飞机同时搜索同一区域。从那时起，为了安全起见，克里威利号就只能保持潜航状态，直到天黑。这时，艇长认为飞机已经过去了，也无法确定它们从哪里飞来的。所以克里威利号只能返回巴勒莫班干岛。

4 月 29 日，克里威利号再次离开了巴勒莫班干岛。像安了闹钟一样，绰号“婆罗洲拉曳器”的零式战斗机准时在 9 点再次出现，并直奔克里威利号而来。我们再次下潜，但是没有炸弹丢下来。“婆罗洲拉曳器”飞机没有一天不是咬住克里威利号不放的，尽管徒劳无功，但它还是坚持如此。

当克里威利号重现日军管辖区的时候，艇长决定离开浅水区一段时间，向危险地带的东部移动，那里是深水区。结果证明这是徒劳的，日军船只在向中国南海运输时总是保持在近海的浅水区，让我们的攻击无从下手。

不幸的是，在日复一日的上浮下潜的巡航过程中并没有发现 1 艘可以扫除大家枯燥情绪的目标船。尽管在婆罗洲外 100 海里的海面上有船只行驶，也没有敌机的干扰。但我们仍旧一无所获。

在漫无目的的巡逻中，我被卢克那种一完成观测任务就沉浸在睡眠中的状态惹恼了。所以他睡觉的时候我就记录下来。三天以后，我把本子作为证据给他看。“这个记录显示你花了大部分时间在你铺位上。”我愤怒地评论。我这么做确实很苛刻，毕竟卢克睡觉不关我的事，但他把自己从日常军官室的工作中解脱了出来，独享欢乐的状态让人觉得很不舒服。

当我把本子给卢克看的时候，我表现得有点像开玩笑，但实际上没有。

卢克跺着脚离开了舰桥。然而当他再一次和我执行海面观测任务时，我们玩了一小时的游戏。他仍旧神采奕奕，似乎忘记了之前的不愉快。此后，卢克也不再回铺位睡觉。

一切平安无事。艇长决定去米瑞的一个加油港。它在婆罗洲的西海岸，那里有一些日军的储油罐。比起商船，储油罐是美军首先要攻击的。

5 月 3 日。克里威利号驶近了米瑞，根据图表显示，这片危险区域离雷区只有几百码。

令人安心的是，在东部半海里之外，漂着一个黑色的浮筒，以标出日军雷区的范围和米瑞岛外已经被清除了水雷的航道。

全天的下潜任务开始展开，同时向浮筒靠近，以确保任何离开的油轮都逃不出我们的攻击范围。

下午晚些时候，看见有几艘船的桅杆在岸边。它们不断改变前进的方向，表明它们正紧贴海岸向北部移动，同时1架飞机在它们上空为其护航。日落后，等飞机离开后克里威利号才开始浮出水面，直奔这些船而去。

夜幕降临的时分，我们发现在8500码远的地方有1艘大型货船，正是排水量为7500吨的斯友丸号。在它的左舷有1艘小型护卫舰。在它后面很远的地方有1艘油轮处在相同的航线上。

根据图表记录，我们发现在鱼雷区北部靠近岸边处有一处缺口，所以我们高速前往那一带。尽管月色明亮，但克里威利号的灰色伪装仍然可以确保它不会被日军发现，而它却可以轻易地洞察敌情，并可直接用雷达搜索日军。

当与它们平行而驶时，雷达显示与护卫舰距离已经只有1700码，但与大船仍有4000码的距离。不幸的是，在克里威利号寻找一个理想的攻击位置时，伴着闪电，天空下起了倾盆大雨。有一段时间云层间的闪电不断，令人不寒而栗。在听到雷声之前，这些闪电已经从天而降，瞭望哨也被叫了下来，因为谁也不知道这危险的闪电会对人们造成怎么样的伤害。

有时，近海岸的闪电会让船只在黑暗的背景下现出原形，这使得克里威利号像在明亮的白日里一样显眼，被攻击变得异常容易。

在闪电和震耳欲聋的雷声中，克里威利号下潜至距离3艘船只前方12000码的位置，并使用雷达探测器去搜寻尚未发现的船只，现在水深150英尺（约45米），这真是个大好时机。

就在午夜前，尽管大雨让目标模糊不清，但雷达很清楚地锁定了3个目标。斯友丸号在前面领航。当与大船的距离缩小到只有2700码时，克里威利号的艇尾鱼雷舱发射出4枚鱼雷。两分钟不到，我们就听见了两声巨大的爆炸声。3分钟后又是一阵爆炸声。那可能是大船船体断裂的声音。但雨下得太大，没办法看清实际情况，雷达也帮不上忙。

不到10分钟，克里威利号浮出水面。从敌船方向有一个巨大的爆炸声震到了克里威利号。在舰桥上的人都感觉到压力波冲向他们的皮肤和脸上，指挥塔里的人则必须捂着耳朵。雷达屏幕显示现在只有2个小目标存在，斯友丸号沉没了吗？

克里威利号开始对那 2 艘小船发起最后一轮的攻击。我们推测其中稍大一点的是小油轮。但当我们到达距这一目标只有 1400 码远的时候，1 艘排水量为 1400 吨的塔克山号货船渐渐出现在雨幕中。4 枚鱼雷从艇首鱼雷管发出，鱼雷尾迹在舰桥上清晰可见。

前 2 枚鱼雷没有命中，因为目标比估计的速度要慢。第三枚从小货船底下擦过但没有爆炸。第四枚鱼雷则向右偏去，与货船船尾失之交臂。货船很明显是放慢了船速。可能在我们发射鱼雷时，它们正躲在珊瑚礁里。

而这时，克里威利号很难向左调整来避免与驶来的货船相撞。在货船从克里威利号艇尾扫过时，它继续不停地改变航向，向婆罗洲海岸驶去。难以置信的是，它穿过了甲宾附近的海域。航海图上显示这片地方水位很浅，它本该搁浅的，但它毫无阻碍地继续前进，消失在夜色中。之前护卫舰也是从相同的海域逃走。

夜间的工作让人很沮丧，要知道克里威利号本可能会捉到一条大鱼的。

早上，克里威利号回到无水雷干扰的巴勒莫班干岛一带。

在返回途中，克里威利号的通信兵收到了电报。消息称，有一个士兵的妻子去世了，要求把这个士兵赶紧送回国去。因为眼下他的孩子举目无亲，无人抚养。在这个士兵收到这消息之前我先报告给了艇长，问他有什么看法。

他听说后很难过，交代让我去处理这件事。他说，对这个士兵而言，在与敌人作战时，一边要担心潜艇的安危，另一边又要想到三个无家可归的孩子，这对他来说太难了。

5 月 6 日在离开巴勒莫班干岛不久，潜望镜就发现有几艘船的烟雾在南面方向出现，很快，8 艘船的桅杆清晰可见，船队都在一条线上，领航的船很小，船队中的第二艘船很奇怪，主甲板没有护栏，只有两侧有碉堡样式的设施，艇长猜测可能是一种船坞登陆舰艇。接下来的 2 艘是一样的船型，第五艘则是 1 艘巨大的货船。最后 1 艘是船队中最大，是 1 艘油轮，而它正是我们要攻击的目标。艇长说这艘船的尾部有一个标志，原来应该是属于鲸鱼工厂的捕鲸船，名为尼生丸号，战争开始后才被日军改装成油轮。尼生丸号排水量为 17000 吨，船尾有巨大的倾斜坡，这样捕获的鲸鱼就可以被拖上船，然后切碎鲸脂提炼鲸油。

实际上，指挥塔的其他人更关心的是护航舰艇在哪里，对克里威利号有什么威胁的举动。据艇长说有许多巡逻舰在沿海岸航行，为编队护航，为首的是在船队的内侧沿海岸而行的日军夕云级驱逐舰。更糟的是，艇长发现有莉莉型飞机在船队上方巡逻，敌人的火力很强，不容小觑。

克里威利号继续向岸边靠近，缩小攻击距离。很快就驶到驱逐舰的航线上，雷达探测仪被反射的信号堵满了，敌舰很难发现我们。再加上热带海面上密集的热度梯度也可以让潜艇潜入温跃层（大概水下30米的地方），在这里，雷达的信号无法穿透。

在听见夕云级驱逐舰的推进器经过克里威利号上方后，我们很快回到潜望镜深度监视驱逐舰的举动。看到夕云级驱逐舰转向若竹级驱逐舰方向驶去，与之大约相距3000码。因为会经过我方所在位置，所以我们不得不再次下潜，在水下65英尺（约19.5米）的地方再次监视，艇长又发现1艘扫雷舰，我们小心操作以避免被扫雷舰发现。

艇长沉着老练，似乎没有被这些保护船队的反潜舰艇所吓倒，也没有一丝紧张或停顿，其他火控小组的成员也是。他们就像熟练的工人，认真地工作，几乎没有战争中勇士的感觉。

卢克担任潜水军官，他的工作完美无瑕，从容地指挥着潜艇上升下潜。

当回潜至水下66英尺（约19.8米）的时候，“捕鲸工厂”出现在距离我们4000码的地方，其船首角度为75度左舷，这样如果把它放在一个危险的航线上，很快就可以让它搁浅。

艇长又观测了一次，发现油轮沿“Z”字形路线离开，这使它成为我们的理想目标。

从艇首鱼雷管发射4枚鱼雷，留下2枚以防万一，用来对付靠近的护航舰。

鱼雷发射的时候，反潜舰艇向克里威利号的位置扑过来，但艇长并不理会，只管看鱼雷的战果如何。

第一枚击中了油轮，并把油轮炸上了天，艇长嗓门立马抬升了几分贝，兴奋地告诉我们他看到的一切。

第二枚击中了船底，并把船身炸开了。一会儿后，又听到两声间隔的爆炸声，艇长通过潜望镜看了看情况。他说莉莉型飞机已经朝鱼雷的尾迹上丢下了2枚炸弹，没想到没有命中目标就引爆了。

第三枚鱼雷也击中了油轮，但艇长用潜望镜观察反潜舰艇的位置时，却没发现被击中的油轮具体位置。而且油轮的爆炸声太大了，就像就从我们上方传来的一样，这提醒艇长在油轮沉下之前，赶紧向西方前进。

在向西的航行中，克里威利号全速在潜望镜深度以下潜行，并且慢慢向深水域靠近。与此同时，反潜舰艇的螺旋桨发出的声音越来越大，整个控制室里都能听见，反潜舰艇最终在克里威利号上方投下3枚深水炸弹，因为距离非常近，深水炸弹产生的冲击波和火光吞没了指挥塔，当一切渐渐平息，火光也消退时，我看了看上舱盖，想检查下它是否被冲开，如果被冲开的话，深水炸弹产生的火焰很可能涌进舱内，不过还好，它安然无恙，始终紧闭着。在指挥塔里的其他人也有相同的感受。许多玻璃都被震碎了，碎片到处都是，但这还只是攻击克里威利号的开始。

1分钟之后，有1枚炸弹在距离克里威利号不足1英尺（约0.3米）的上方炸开，克里威利号剧烈地震动着，我注意到指挥塔里的每一个人都紧紧抓住一些东西，防止被抛甩在设备上。

又有2枚深水炸弹爆炸，接下来，6枚、7枚……炸弹数量已经变得不再重要了，每次炸弹爆炸时，都能听见螺旋桨被击穿的声音，于是艇长命令全速转移，离开与驱逐舰并行的轨道。在最后1枚炸弹炸响后，他又命令关闭潜艇的发动机，他希望日军以为已经摧毁了克里威利号。

不幸的是，在接下来20分钟里，每枚炸弹都很精确地投掷下来，这说明虽然发动机已停，但克里威利号搅动起的海底泥迹还是被日军发现了。但是卢克却警告艇长不要放慢速度，因为大量海水正在涌入潜艇，如果减速就会因大量进水而迅速下沉，只会狠狠地撞上海底。“我已经让吸水泵全都打开，但我无法阻止不断涌入的海水。”卢克说道。

艇长最终还是决定让克里威利号降到海底，他又命令雷达探测仪探测水深，尽管这会制造出声响。结果探测仪显示距离海底有174英尺（约52.2米），慢慢地，克里威利号以2度的斜角平缓接近海底。

所有设备停止工作，甚至连声呐监听器也被关掉了，之后克里威利号就静静地躺在海底的淤泥里，按艇长的说法，海水涌进来的声音就像是在听尼亚加拉瀑布的水声一样。

日军3艘反潜舰艇仍在克里威利号所在位置的海面不停地搜索，但长时间的巡逻之后，它们显然已经放弃捕捉来自克里威利号的细微声响，四周悄无声息令人惶恐不安。

克里威利号的所有部门开始通过声动力电话报告船体的受损情况。他们小心地向艇长报告，艇长听完这些消息后脸都青了，尽管所有的泄漏都在控制之中。艇中只有瓦数很低的红灯泡仍在使用中。没有人活动，但自从空调关闭之后，指挥塔内的温度很快攀升到了90华氏度（约相当于32摄氏度），船舱内就像一个巨大的烤炉。

突然艇体发出巨大的叮当声，之后就是一系列的金属撞击声，这意味着有东西在海底被拖动着，我们疑惑地看着彼此，想知道这些奇怪的声音意味着什么。有人说很可能是铁锚，想用来钩住克里威利号，艇长对此嗤之以鼻。但可以看出这有些激怒了他。他开始相信克里威利号遇到的危险比他之前认为的还要糟糕。

很快又从各个方向听到发动机的加速声，声音盖过了金属响声，并且从推进器的噪声中可以推断出它具体的方向。紧接着1艘军舰从我们上方经过，发出巨大的咆哮声，但没有投下深水炸弹，只是向克里威利号上方逼近。很显然，它大概是听到了来自我们潜艇的声音，但军舰也不再轻举妄动，这让克里威利号趁机混在噪声中逃离了险境。反潜舰艇似乎知道克里威利号已经沉在海底，但搜索不到，他们只是能听见轻微的噪声却始终定位不了潜艇的精确位置。

后来又有从四面八方传来的呼呼声响，有人大胆地猜测有更多的船只被派出来，搜寻克里威利号，艇长对此还是持否定态度。后来情况变得有些不同寻常了，艇长一反常态地陷入沉思，没有幽默地说话，没有哼歌，也没有向任何人下达命令，只是坐在控制室的甲板上。他消极的情绪让人大伤脑筋，因为正常来说，他是一个具有行动力的实干家，现在怎么能无动于衷呢？我看着眼前这个人，实在想不明白现在的状况，只想找些事做，来打破这无所作为的沉闷气氛。

之后，一阵刺耳的摩擦声传来，好像有东西在海底向克里威利号移过来，令人不安的是，这声音越来越近，就像有东西在击打克里威利号的艇体一样。当这个物体在潜艇上方经过时，摩擦声变小了，我注意到艇长木讷的双眼正在注视潜艇上方，他警惕地观察着这声音，一位舵手小声说道："不会把我们吊起来吧？天哪，这不可能！"很多人猜测说有东西在拖克里威利号的顶部，艇长对此种幻想报以很讽刺的微笑，但他的笑声并没有使人轻松，每个人都感觉到了恐惧，加上指挥塔里燥热难耐，船舱里的气氛让人更加不安。

艇长仍在猜想到底发生了什么，他让我到船舱内走一走，看看正在"用锤子修理船舱的人"是否紧张，他又说："确保每个人都穿鞋子。"

我只能奉命执行，经过各个部门时，大家都好奇看着我不停地问："到底怎么了？鲁赫。"或者担心地问："我们情况有多糟？"对于这些我只能耸耸肩，然后回一句："谁知道呢！"但我明显感觉到了他们的恐惧。

在经过军官配餐室时，健壮的格雷戈悲伤地问我："难道我们就这么完了吗？"他说其实他并不喜欢在配餐室工作。我想到危急时刻，这真是一个合情合理又诚实的理由。

克里威利号的处境越来越糟，我觉得实际的恐惧比我们遭受的还要多。克里威利号上的人认为我们都要命丧黄泉了。但我不这么认为，我想我们一定可以像从前一样顺利地逃出死神的魔掌。

当我回去给艇长报告，说船舱中没有发出叮当响的物品，除非那是被拖拉的铁锚，他最终同意了这种可能。艇长将这些记在心里，并命令用斧头砸毁指挥塔上的设备，并命令吉姆·布莱德开始销毁所有的通信密码。然而，用斧头的方案还是取消了，因为这样会制造出更大的噪声。

又是一阵令人惊恐的拉扯声，当铁锚从新的角度撞击克里威利号上方时，一个钩子已经钩住了艇身，克里威利号的左舷开始倾斜，之后龙骨处传来摩擦声，克里威利号已经被拖动了，小小的军舰居然可以拖动潜艇，这似乎令人难以置信，但细细想起，也许是因为下潜后的潜艇实际重量已不像在水面上那样重了，而且卢克将水全部排出后，潜艇的重量更轻，这样就能很轻易地被拖动了。

这似乎是日军对付潜艇的一个新技术。有人猜测，日本人已经将含有大量爆炸设备的装置放在拖绳上，然后顺着拖绳滑下来，便能将潜艇炸毁。乔治估计只要有 20 磅的 TNT 炸药，就可以将艇体撕开一个大口，从大口涌进潜艇的海水足以使潜艇沉没，并最终要了大家的命。

艇长浅浅一笑，认为这只是大家的胡思乱想，并不当真。但他也开始觉得遇上了大麻烦，并采取措施改变局势。

艇身被往更深处拖动，这时又传来一声巨响。探测仪显示此时距离海面 179 英尺（约 53.7 米），但至少潜艇在被往好的方向拖。

“好了，好了，够了！”艇长终于从士气低落的状态中恢复过来，他说，“不能再这样了，让我们从困境中冲出去。”

他向我点了点头，让我行动起来，我叫卢克在安全区放置一个圆顶罩，这样就不会有太大的噪声了。之后我听了听安全水箱传来的气流声，告诉舵手提高三分之二的速度，这会让潜艇慢慢离开泥底而不搅动棕色的泥土，以免泥土上升到海面上被敌人发现我们的位置。

我盯着指挥塔的探声测度仪大约一分钟，它在 178 英尺（约 53.4 米）时开始颤抖并在颠簸中升到 176 英尺（约 52.8 米）。这时，潜艇已经脱离了海底继续上浮。我叫卢克把安全舱中的空气排到潜艇内，好让潜艇恢复浮力。随后我看着艇长，希望能得到他的允许，加快航速，这样就可以摆脱铁锚的束缚。艇长点点头。所以我让舵手加快速度，这时我也屏住了呼吸。

几秒钟之后，伴随螺旋桨的响声，艇身剧烈一震，又发出巨大的破碎声，像是艇体被撕开了，但潜艇已经挣开了束缚，并向前下潜，整个过程，克里威利号像鱼一样挣脱了嘴巴里的诱饵逃脱了。

脱离困境之后，我们再次使用了三分之二的速度潜行，日军的反潜舰艇可能会意识到铁锚离开了潜艇，但它不会想到克里威利号原来已经从泥潭中逃走。

虽然噪声还是不停地传来，但是没有加速的发动机声，这说明我们的逃跑并没有被日军发现。但好景不长，10 分钟以后，在潜艇的前方出现了 1 艘驱逐舰。

潜艇再次静悄悄地滑入深水，直到中午，所有螺旋桨的声音才渐渐消退。

艇长冒险让潜艇回到水下 66 英尺（约 19.8 米）处，从潜望镜里观察四周海面，夜幕降临时，艇长决定向总部报告和日军运输船队交战的消息。

当上舱盖被打开时，久违的新鲜空气又进入了船舱。我的胃有一点恶心，这是对突然涌进的冷空气的正常反应。

电报发往了设在珀斯的潜艇部队总部，内容包括克里威利号对日军运输船队发起攻击的战况，总结了巡逻战果，并报告了剩余鱼雷的数量：艇尾 4 枚，艇首 2 枚。但有 1 枚无法放入鱼雷管，所以无法使用。

第一次发出的电报很快就被总部收到了。之后克里威利号前往安全地带做短暂的休整并等待下一步命令。能平安回来是值得庆祝的，所以有人建议我们的白兰地应该贡献出来，作为给大家的奖励。但艇长觉得巡航尚未结束，酒应该保存着，直到所有的鱼雷都被发射出去之后再说。

5 月 7 日全天，我们在远离陆地的海面航行，没有发现异常举动。就在午夜前，我们收到结束巡逻任务的命令，要求我们从纳索不达海峡返回。我们建议说，这回可以喝收藏的老奥弗霍尔德白兰地了吧。我们的黑人厨师说“那我们就开始吧”。但随后又有另一条消息说让我们去菲律宾的一个小岛，接收 35 名难民并立刻把他们送往加拿大。然而正如我们的军官膳宿管理士官评论的那样，“克里威利号从敌人的缆绳下逃脱”只是噩梦的开始。

第二天，我们加速赶到巴拉巴克岛，稍后在晚上快速通过了布满了水雷的纳索不达海峡。通过观测巴拉巴克的高山我们成功地修订了航线，在海峡最窄的部分，我们看见有 1 艘当地的螃蟹船在那儿静静地漂着。

艇长从舰桥上下来，问道：“我们能安全将螃蟹船清理到一边吗？”我看了看航海图，上面显示这已是最窄的地方，于是对艇长说尽可能靠近点，别让潜艇离开航线，以确保万无一失。之后我爬上舰桥，看了看那个潜在的威胁，不知道是敌是友。

卢克激烈地和艇长争论着，他认为对这些螃蟹船，要么用机枪击沉它，要么撞翻。但是艇长坚持认为那些人是当地人，不应该平白无故地伤害他们。

当克里威利号经过这艘小船的时候，克里威利号的艇尾几乎碰到了这艘小船。可以看见在他们的船顶上站着3个人。他们盯着克里威利号的舰桥没有透露出一丝友好。当小船离我们有1海里远的时候，他们向天空发射了1枚信号弹。原来他们是负责在巴拉巴克海峡监视美军潜艇的日军间谍。看到这里，艇长一个劲儿地用手打自己的脑袋，一边喃喃低语："真没用……真没用……沃克真没用。"他知道自己完全被欺骗了。但是这是最后一次了，因为我看见他在自己的日记中写道："我们现在已经开始加入了射击俱乐部！"

克里威利号急匆匆地开往苏禄群岛执行特殊使命。

军官膳宿管理士官西莫兰德被命令将剩下的冰激凌原料储存起来，这样当难民被救起来的时候就可以吃到冰激凌了。对在过去两年内一直躲藏在丛林中的难民来说这不能不说是一个大惊喜。

下午早些时候，我从克里威利号的颠簸中被吵醒。似乎潜艇搁浅了。我半裸着跑上舰桥时大家都在上面盯着一条大约有30英尺（约9米）长的鲸鱼的尸体，它就在克里威利号右舷处漂着。鲸鱼体形很庞大，大量的血液溅在了甲板上，像给潜艇重新刷上了一层红色的涂料。吉尔说这条鲸鱼一直跟着潜艇，误将克里威利号当成另一条鲸鱼，并想和它交配。但是鲸鱼没有料到潜艇尾部螺旋桨将它截为两半，让它为交配付出了惨重的代价。

之后，克里威利号驶向内格罗斯岛，并潜伏在离海岸线几海里的地方，确保不被任何日军海岸监视哨发现，大家都十分小心。在接近海岸线1海里的时候，克里威利号开始向北沿着海岸潜行。通过潜望镜观察，艇长发现山上有大量密集的丛林，他正在寻找日军活动的蛛丝马迹。此后我们又收到额外的指示。要求艇长在5月11日接收到山边那些难民发出的信号后浮出水面。"如果情况有变，克里威利号在白天继续保持下潜，不要暴露了集合地点。"在消息中给出了难民所在的经纬度，"随后我们会给出进一步指示，如果有必要会改变转载地点或者取消计划，日军很有可能注意到你们的行动，并会采取措施阻止救援，摧毁潜艇。”

天黑之后，克里威利号就在离预定地点不远的地方浮出水面并等待着天亮之时接应难民。

就在破晓之时克里威利号接近了集合地点并保持潜在水里的状态。在山的那边并没有发现安全信号指示。但两小时内，在浓密的树林中出现了两个白色的正方形。周围唯一的活动就是岸边有 2 艘渔船来来回回地划动着。也没有发现日军的巡逻船。

等到中午过后，船从丛林处被拖到了沙滩上。看见人群都从躲藏的地方冲了出来向船上拥去，2 艘螃蟹船和 1 艘双桨船开始离开海岸驶入大海。

它们距集合地点偏离了 1 海里，但似乎没什么大碍，因为周围并没有日军行动的迹象。另外这些小船上挤满的人群不像是伪装的日军。因此艇长命令克里威利号准备就绪马上浮出水面。我们的安全措施就是全副武装，防止伪装的日军夺下克里威利号。

在浮出水面后，克里威利号将压载舱灌满了水，这样可以让艇体升高一些使得难民们更容易地进入船舱。螃蟹船前面是 2 名菲律宾的游击队员，他们小心翼翼地爬上舰桥在护栏上歇息。其中一人首先介绍自己叫阿伯赛。他穿着卡其色的衣服。他既没有戴徽章也没有戴肩章。看起来不超过 14 岁，但是一脸自信。但他的助手安德鲁斯却看起来很邋遢。阿伯赛一个人负责和我们阐述整个事件。安德鲁斯继续盯着水面以防万一。

“我们有 40 个乘客要交给你们，艇长。”阿伯赛说道，“是不是比你想象的要多一些？你们能装下他们吗？”

艇长耸了耸肩：“为什么不能呢？”

“有 17 个孩子、11 个女人。”阿伯赛告诉艇长。

我在观察艇长的脸，似乎他在思考这些人的淋浴、上厕所以及睡觉的问题。艇长微微一笑：“好吧，我们收下所有的乘客。”阿伯赛随即开始行动。

他通过使用无线步话机指挥这些小船靠近克里威利号，并且严厉斥责 2 艘落在前 3 艘船后面的小船，让它们赶紧驶向克里威利号。载着额外乘客的 2 艘小船显然是在查看形势，想要完全确定克里威利号确实是 1 艘美国舰艇。

首先登上潜艇的是一对夫妻和一群孩子。阿伯赛说他们是美国的传教士林德霍斯和弗雷斯特。他们的被宠坏的孩子们都迅速地顺着梯子下到克里威利号后方的电池舱。但是有很多棕色皮肤的孩子却不敢进入这个之前潜在水里的“大怪物”，看来他们这时还不能明白潜艇究竟是什么，但还是被强行塞上了潜艇。之后有人报告有些女孩子在舱内呕吐了，其中4个年轻的菲律宾女孩有着黝黑的皮肤，发育良好，但她们看起来十分害羞，睁着水灵的棕色眼睛惊恐地看着我，好像森林里被猎人发现的小鹿一样。她们如此惊慌并且呕吐，显然是还没适应潜艇上的环境，所以我建议艇长在返回达尔文港的途中将她们安置到潜艇前部的前电池舱，艇长同意了我的建议。

局势很危险，我们需要尽快将这些难民塞进潜艇，所以有必要加快速度。因为日本的轰炸机随时有可能飞过来，而我们现在根本没办法及时下潜，安全逃离。

就这些人的身体素质而言，孩子和妇女看起来健康一些，但是整天躲在不见天日的地方脸色还是有些发白。有些孩子身上还有伤口，所有的孩子都不同程度地出现了残疾。有些腿瘸了，有些不能用手拿东西，有些需要在我们的帮助下才能下到潜艇里，这些孩子都很黑，这意味着日军在占领这里后，他们遭受了残酷的折磨。

在往下接送这些乘客的时候，我目睹了甲板上令人心酸的一幕。林德霍斯小姐在接送完孩子后发现她的行李被其他人递了下来，她转身发现她的丈夫并没有跟在她后面上潜艇，为此他们开始争吵起来。她指向孩子们下去的地方，而她的丈夫则指了指沙滩，好像在说他还要回去。林德霍斯小姐穿着破旧的凉鞋和褪色的印花棉布裙。她的丈夫则穿着粗棉布衫，露出手臂。林德霍斯小姐早就应该猜到她的丈夫不会跟她一起去澳大利亚，但是实际上，她之前并没有想到会这样。当她的丈夫推开她跳上螃蟹船的时候，她撕心裂肺地哭了起来，充满了沮丧和无奈，然后收拾行李踉踉跄跄地走向舱口。

阿伯赛对艇长解释道：“她本来觉得她的丈夫会和她还有孩子一起去澳大利亚的，但是她丈夫决定留下来。小岛上的人都非常需要他的鼓舞和医疗帮助。要知道这是他们最艰难的时刻。”

在最后一位乘客下到船舱之后，阿伯赛向艇长敬了个礼并向安德鲁斯说道："我们回去吧。"然后就跳上了旁边的螃蟹船。"祝你们狩猎成功，成功击败敌军！"阿伯赛冲我们大喊。

而在下面，这些难民已经把整个潜艇弄得一团糟。男人被分配到了后电池舱和士兵的寝室。女人被分配到了 4 人一间的军官寝室。有些人不得不和孩子们一起睡在了艇首鱼雷舱，用空的鱼雷壳作为他们的简易床铺。

尽管克里威利号穿过的是很平静的海域，但还是有一些人晕船。甚至看起来很壮的游击队员也脸色发青，吐了一地。

在进行星象观测前，我发现马佐尼在军官室抱着 2 个孩子。他正在给他们讲故事，而孩子们似乎听得津津有味，一点也不惧怕这个满脸络腮胡子的军官。四岁的弗里茨和他两岁的妹妹南希觉得马佐尼是一个很温柔的人，尽管他黝黑的脸上长着一只带着伤疤的鼻子。南希还在很乖巧地抚摸着马佐尼那蓬乱的胡须。

午夜的时候，在军官室里举行的晚宴可真是壮观。7 个孩子和 6 个军官挤坐在一起。孩子们很有教养，静静地等待着几个妈妈把食物放到他们眼前的盘子里。

而克里威利号的 2 个军官膳宿管理员却伤透了脑筋。因为孩子们把小沙蟹放在白色的桌布上到处乱爬。乔治让我想想办法："鲁赫，他们不能把这些东西带到军官室，如果这些小东西到处乱爬你们就没法吃饭了。"所以我告诉这些妈妈让她们把这些东西拿到前舱室去。

有个孩子满脸天真地问我："我们真的要去杀鬼子吗？"其余的孩子也凑过头来想听听我的回复，但是我并没有开口。

之后，孩子们拒绝吃研碎的马铃薯，直到他们的妈妈告诉他们这是很好吃的食物。而且孩子们也拒绝吃香草冰激凌这种冰冷的食物。但是另一种他们熟悉的食物就被他们狼吞虎咽地吃了很多。渐渐地他们也熟悉了新家，不再恐惧地到处张望。

早晨的时候，乔治回来抱怨前舱军官室的厕所"被一些女人用的东西"给堵住了。他说他不会试着把它清理干净，因为他不理解"那样的东西"。所以我告诉豪伊·吉尔勇敢地去和考特克斯一起面对被堵塞的厕所，并“将这些大量的脏东西冲到海里去”，然后我又把所有的妈妈和青春期的女孩子召集到军官室，并告诉她们关于错误使用厕所而导致的危机，让她们不要把用完的“东西”乱丢，不要再试着用马桶冲掉。奥赛林女士说她已经妥善地处理了这个问题。所以这件事就此结束了。

所有的妈妈都想知道我们这些军官是如何发出嘀嘀声，并且问了许多任何人都不想谈的问题，好像她们就靠着问这些问题生活一样。她们估量着能和孩子毫发无损地回到澳大利亚的机会。他们听到日本电台播报告诉他们美国已经成为一个战败国，并建议他们这些人转移到日本辖区的内格罗斯岛。但是正如传教士的妻子林德霍斯说的那样：“你们在这里吃得这么好，如此自信，我相信你们才是真正赢得战争的人。”然后她又说道，“战争不会持续太久的，不是吗？”

第二天一整天我都在听我们这些乘客讲述他们自己的故事。无非是关于日本侵略者的野蛮行径还有他们这些游击队员如何英勇地与之对抗的事。他们让我们潜艇上的军官都觉得很惭愧。要知道我们这些人都还有健全的身体，丰衣足食，比他们的生存条件要好太多了。

克里威利号的艇员都要求对巡逻任务严格保密，要不然这些人在抵达澳大利亚后就会将之散布出去。为了保证我们的安全这很有必要。

5 月 12 日，在克里威利号驶向拉帕兰岛航道时，正前方发现 2 艘螃蟹船。这几艘没几吨重的小船横在航道中间，有些危险，艇长让艇员保持警惕进入战斗状态。

当克里威利号靠近这 2 艘船的时候，站在顶部的黑色皮肤渔夫开始用力划桨，远离克里威利号，避免与其相撞。

“这些人绝对不是这里的。”艇长有些愤怒，“继续向前并向他们开火。”他开始向枪炮手乔治下令。而炮火反而让 2 艘船划得更快了。

对此，艇长告诉乔治将甲板炮瞄准小船进行攻击，当螃蟹船被炸出许多木板时，2 艘船上的人不再划船，纷纷跳海逃生。大的螃蟹船在经过一番炮火的攻击之后开始慢慢下沉，似乎上面装满了发射器、弹药和枪械。

艇长让克里威利号靠近螃蟹船试图找到一些发射器的踪影但一无所获。

“这肯定是日本人报告美国潜艇过往的监视哨。”艇长说道，“如果我们快点击沉它们，在通过锡布图海峡的时候就会少一些麻烦了。”

潜艇上的1个菲律宾游击队员被叫到舰桥上，艇长让他用摩洛语问这些当地人正在干什么，这些人回答说在这里捕鱼。

“你觉得他们是摩洛人吗？”艇长怀疑地问道。

“他们都像是摩洛人，但他们太不可靠了。为了一点小钱，什么都可能做，很有可能是受日本人雇用，不过别担心，他们会自己游到岛上。”事后反思时，我们觉得应该将这艘船击沉作为给他们的一个教训。但当时艇长只是下令加快航速，向澳大利亚驶去。

我下到前电池舱，想看看女人和孩子对这次战斗的反应，没想到孩子们都簇拥上来，迫不及待地想听听这场交战的经过。

“我们在杀日本人吗？有多少日本人死掉了？”“我们遇到大麻烦了吗？”他们叽叽喳喳，兴奋地问个不停，看来这群小恶魔是非常想知道交战的细节。

“有2艘载着间谍的小船被我们捉到了。”我应付地说道，“这样他们就无法告诉日本人我们的动向了。”虽然这么说，但是我并非欺骗，让他们把我们当作屠杀日本人的大英雄。

“但你把他们的船击沉了吗？”一个小孩穷追不舍地问道，因为当时有孩子听到艇长用麦克风说“2艘日本船只被击沉”以及“20毫米机炮炮手到舰桥上执行此次射击任务”。

当林德霍斯女士担心地问场面是不是很血腥的时候，我只是无言地耸耸肩，没有回答。

林德霍斯女士告诉我，有1个前舱的鱼雷手在交火期间，给女人和孩子详细地讲述了他的猜测。他们想知道在2艘船上的间谍们到底怎么了。我只好告诉孩子们，实际上我们并没有残杀任何间谍，但我们为防止日军对潜艇的航行破坏做了件好事，我也没提在小船上的人都是摩洛人。

这次射击行动被证实完全正确。因为在接下来的航程里，当克里威利号穿过塔威军事基地的时候没有日军的空中巡航，唯一1艘和克里威利号有雷达信号接触的船也只是在附近海域进行军事演习。

第二天黎明，我被附近的炸弹声惊醒，双发轰炸机在低空中迫近，完全不在雷达监测范围内。卢克和舰桥上负责值班的人都在打盹。下潜警铃响起，但已经太迟了。去控制室的路被堵住，因为好奇的小孩们听到爆炸声后，立即拥出军官室，他们想知道究竟发生了什么。他们堵住了我去艇尾的路，这让我意识到这帮小孩在危急情况下真是个大累赘。

在控制室我听到来自鱼雷舱的报告说炸弹的碎片已经扎入了艇体，但进一步检测发现并没有泄漏的痕迹，对鱼雷管也没有造成任何破坏。

艇长对这些几乎致命的疏忽大为恼火，一个劲儿地训斥卢克，要求他对事故负责，艇长暗示还会进一步追究。卢克这次麻烦真是大了。

在之后一小时的水下航行中，我告诉妈妈们当警铃响起时要看好孩子们，不要让他们随便乱跑。潜艇回到水面之后，重新进入了摩鹿加群岛海峡，朝着达尔文港方向驶去。

但几分钟后，空中探测雷达操作员报告有 1 架飞机在 8 英里之外朝我们飞来，而返回舰桥执行任务的卢克也发现了 1 架双发轰炸机。他觉得这和之前遇到的是同一架轰炸机。这次卢克不再粗心大意，马上让潜艇下潜到 100 英尺（约 30 米）以下，这样空投下来的炸弹对潜艇才会没有影响。

2 分钟后又有 1 枚深水炸弹在距离克里威利号下方很远的地方爆炸，显然是一种在深水区域攻击克里威利号的计策。但是幸运的是，克里威利号这次并没有下潜太深，不过可以看出，这是日军出动反潜飞机使用的一种新的作战策略，需要我们格外小心。

两次艇体的震动让艇长开始担心潜艇上的乘客安全，但是与其安静地慢慢驶过这片海域，还不如在深海温度测量器记录的温跃层之下潜行。艇长选择将克里威利号潜至水下 65 英尺（约 19.5 米）处。他看起来不耐烦在浅层航行，只想尽快回到港口。

潜望镜第一次探测时，只看到空荡荡的天空，并没有任何威胁的迹象，但是海面上方，有着浓密乌黑的低沉云层，将潜艇移至海面要冒很大的风险，于是艇长就让克里威利号待在潜望镜深度，缓慢而稳定地驶向澳大利亚。

不久我们发现几条直直的烟雾，原来是6艘开往特瑞佛尔岛的船。"我们是否冒险尾随其后呢？"艇长问集合完毕的火控小组，他自问自答说："我们还有4枚鱼雷，我们应该这么做的。"不过很快又发现了在船队上方有飞机在为其护航，但他还是命令道："准备战斗，发动鱼雷攻击！"

艇长观察后确定，至少有5艘护卫舰在护送这6艘船，包括2艘驱逐舰、1艘扫雷艇和2艘千鸟级水雷艇。千鸟级是最可怕的日本反潜军舰。它们的建造目的就是击沉潜艇，它们就像美军的破坏者级护航舰一样曾经战绩显赫。

这支船队有序地开向摩鹿加海峡，直奔菲律宾。

艇长哼着《奈丽·凯丽》，我想他现在有一种无力的从容感，这极易招致危险。事实上，他应该警惕那些护航船队，想办法让克里威利号悄悄溜走。他该多多体谅船上的妇女和儿童对战争的恐惧感，但艇长表现出了过度自信，我觉得他可能想向潜艇上可怜的女人炫耀他有多么神勇。

朝护航船队靠近的速度如此缓慢，所以慢慢地我开始感到紧张担心，这决不会只是一个简单的攻击。为什么克里威利号的命运要寄托在那4枚该死的鱼雷上呢？

艇长随后报告说护航船队正在按"Z"字形路线驶向克里威利号。它摇摆不定，很难向左转舵。由于潜艇上只有4枚鱼雷，艇长期望护航船队能靠近得慢一些。

但接下来的潜望镜观测显示，船队不再以"Z"字形逼近，5艘护航舰开始集中在一起靠近克里威利号。"这到底是怎么一回事？"艇长嘟哝着说，他摆动潜望镜四处观望，"天哪，它们几乎就在我们正上方了。"他生气地咒骂着。护航舰发射了1颗信号弹，以使护卫舰可以发现我们的准确位置。1艘千鸟级[1]

1　千鸟级水雷艇

水雷艇是日本海军所特有的一种舰艇名称，最初是将鱼雷艇一类的小型高速艇称为水雷艇，后来将排水量在600吨以下，装备中小口径火炮和鱼雷的低速舰艇都称为水雷艇，这类舰艇更接近于其他国家的护卫艇，而与鱼雷艇相差较大。

根据1930年伦敦海军条约的规定，日本海军的驱逐舰发展受到严重限制，所以日本海军计划建造不受条约限制的600吨以下的驱逐舰，并用水雷艇来定义这些驱逐舰。千鸟级原本计划建造20艘，但在第一阶段建造了4艘后发现该级舰艇重心过高，并且排水量驶了过来。

此时艇长面露惊慌地说："计划泡汤了。"紧接着，他下令，"下潜至水下350英尺（约105米）处，快速下潜！"然后，他大声喊道，"小心敌人的深水炸弹！"那声音至少高了八度。没过多久，当克里威利号穿过水下130英尺的位置的时候，我们听到千鸟级螺旋桨的声音。随即大家听到一阵巨响。几秒过后，8枚深水炸弹在接近克里威利号上方的地方爆炸。2枚爆炸的位置离指挥塔的位置很近，爆炸产生的冲击让我觉得好像是被大锤猛击头部。这和我先前经历的感觉一样。所以我猜想指挥塔已经被火焰吞噬。巨大的爆炸声几乎要震破我的耳膜。在接下来的几天里我的头一直不停地嗡嗡作响，震飞的信号闪光灯击中了艇长的头部。所有的灯都被震碎了。我靠着应急手电筒行动。在昏暗的灯光下，可以看到海水不断涌进指挥塔内。

有人喊道："指挥塔被水淹了。"海水开始从指挥塔处流向潜艇各个舱室，下面的人把舱门紧紧关闭，舵手被困在他工作的小隔间里。舵手紧紧抓住方向盘，控制杆已经被折断，一点用也没有，他被重重地甩到指挥塔的后方。我返身帮助舵手紧紧抓住在方向盘上剩余的半截控制杆。为了堵住它外泄的漏水点，我们花了很多力气移动控制杆，这样水就不会再涌入指挥塔。我们试着这样去做时，却没料到当克里威利号下沉时，艇体会对控制杆产生压力。涌入控制室的水流已经慢慢减少，这只是减少水流对控制室伤害的一个小技巧。

超过条约限制的600吨达到692吨，便不再继续建造。由于千鸟级在简单的舰体上装备了大量的武器导致舰体重心不稳，最终友鹤号在高海况条件下翻沉（后被打捞修复），所以后来对千鸟级都进行了改装。

首舰千鸟号于1933年11月建成服役，同级舰4艘，其中3艘在战争中被击沉。

标准排水量533吨（后增加到692吨），满载排水量738吨（改装后为815吨）。舰长82米，宽7.4米，吃水2.4米。动力系统：2台蒸汽轮机，2台锅炉，总功率11000马力，最大航速30节（改装后28节），最大续航力3000海里（10节，载燃油120吨），改装后续航力为1600海里（14节）。

武备：1座双联127毫米主炮，1门单管127毫米主炮，1挺12.7毫米机枪，2座双联533毫米鱼雷发射管（有再装填能力，配备鱼雷8枚）。

改装后的武备为：3座单管120毫米主炮，1挺13毫米机枪（后又改为2座单管120毫米主炮，3座双联装、4座单管25毫米副炮），1座双联533毫米鱼雷发射管（无再装填能力），2座深水炸弹发射炮，配备深水炸弹48枚。

编制舰员120人。

我用应急手电筒扫了扫指挥塔四周，发现 2 个雷达接收器都坏了，环绕艇体的电缆有些漏电，除了这些没有更大的损失。于是我敲敲下舱门，潜水员马佐尼打开舱门，他看见我没有受伤，显得非常惊讶。

处在水下 350 英尺的地方，克里威利号又遭遇一连串深水炸弹的袭击。和之前那些爆炸的炸弹同样接近，但是稍微往艇首一点。我也注意到现在日军深水炸弹设置了 100 米的爆炸深度。在克里威利号下潜到 170 英尺（约 51 米）的时候，炸弹还在我们头顶炸响。这就意味着第一串炸弹设置的爆炸深度为 50 米。克里威利号不得不潜入更深的 400 英尺（约 120 米）深度以此来躲避它们深达 100 米或者 150 米的深水炸弹。它们离潜艇的距离越来越近。这时艇长下令："潜入水下 500 米区域。" 500 米比当时测试时的 412 米还要多出 88 米，看起来太冒险了。但是大家对艇长的命令并没有任何惊讶。他们知道克里威利号建造时设置的安全下潜深度比规定的还要多，也很信任朴次茅斯造船厂将克里威利号建造得非常坚实。

下潜室的圣诞树上的灯显示红光，有鱼雷在艇首鱼雷舱上方落下。马佐尼抱怨说，克里威利号正负重前进。抽水机已经将前舱漏进来的水抽掉了，所以他实在想不明白为什么克里威利号的重量还在一直增加。听到这个情况，艇长要我去前舱看看发生了什么，但前舱确实没什么问题。只是看见前舱的电池房前指示灯亮着，这表明那间房已经完全被损坏。围绕在军官室、食品室、军官特等舱的所有隔板都被震断了，用以连接隔板的金属钉也被深水炸弹的巨大冲击力震脱落了。但是，甲板上没有进水的痕迹，我用铁钎撬开门进入了隔间，随即推开环绕的金属壁舱板条，四处查看，确定没有女孩被困于残骸之下。军官特等舱里一片狼藉，我很害怕我会在被震倒的军官特等舱残骸下面找到什么。

所有的书都从书架上散落下来了。里面一片沉寂。我透过手中的灯光，发现有几双眼睛正在呆呆地盯着我。但这些被埋在废墟中的孩子，却并没有任何小声的交流。当我问他们是否一切都还正常时，一个孩子开始小声说话，但其他孩子立即向他嘘了一声。这些孩子都很有自制力，没有呻吟，没有哭泣。要将孩子们从这些废墟当中解救出来靠我一已之力是很艰难的，所以我先去告诉艇长让他安排一些人将孩子们拯救出来。之后，我又跑到了前面检查鱼雷舱的受损情况。

我打开手电筒，透过玻璃窗发现屋子里挤满了人。他们看起来情况都还不错。许多女人站在鱼雷滑道之间，而涌进来的黑色的油水已经漫到了她们的膝盖。她们的棉布裙子一角卷起来，缠绕着一些类似软木塞的垃圾。带着布面的编织篮也漂浮在黏稠的海水上，女人的衣服都被污浊的海水弄脏了。数据显示，前舱的空气压力还不错，所以我决定去前舱。

我一进鱼雷舱，就发现有个游击队员和鱼雷舱负责人霍华德在鱼雷管的上面。他们正在检查另一个人的身体，那个人躺在鱼雷滑道上，头的一侧满是血迹，脸上没有半点血色。“我不得不用东西打晕他。”霍华德解释道，“这个人发了疯一样想把潜艇的舱盖打开。”霍华德对这个被他打倒在地上的人没有半点悔意。他安慰我说：“没事，他还活着。”

“我们不能弄些灯光来吗？”我问道。

霍华德解释所有的战斗应急灯都被打碎了并且电线也被海水浸泡了，没法使用。

我检查了一下鱼雷的装载舱，发现控制室内圣诞树上的红色小吊灯还亮着，通过它我发现整个舱内已是狼藉一片。

“舱盖被 1 枚深水炸弹炸开了，有大量海水涌了进来。”在我晃动着手电筒不停地查看的时候，霍华德解释道。然后他顺着我手电筒的方向看着舱盖的边缘：“我们很幸运，艇体结构并没有因为那枚炸弹而肢解。”鱼雷室上部已经向里凹进去了 10 英寸（约 25 厘米）。“这是最让人惶恐的地方。”霍华德继续说道，“只要有一片弹片飞进舱盖击中你的头你就死定了。”

所有的女人都平安无事，呆呆地站在水里，也没有显露出任何的歇斯底里。那些孩子也很镇定。我猜所有的 17 个孩子都在军官室的废墟之中。

在离开那里之前，我告诉霍华德让他把大家带到后舱，并告诉利普斯医生看看这些受伤的人。“但是你继续在这里堵住泄漏点，我上去找马佐尼好让他使用水泵将海水排出去。”霍华德继续工作，并给 6 号鱼雷管加了一个修补的盖子。鱼雷管在遭受之前的撞击后，外部的通风管已经无法顺利关闭了。这使得大量的海水还是涌入舱内。难怪马佐尼在处理不断涌进前舱的海水时遇到了很大的麻烦。

当我返回到后舱室向艇长报告前舱室的情况时，我看见艇员们已经从军官室里救出了几个孩子，利普斯医生正在那里检查每个孩子是否受伤。但是没有人发出哭泣声，他们可真是小勇士！

当我去前舱的时候，我告诉艇长所有的一切都在可控之内，并说道："这些难民并没有因此对我们不满。"这让艇长脸上的微笑更加无力，并有些内疚。

"我们会把他们送回家的。"艇长嘀咕着，但接下来的问题该怎么办？2个潜望镜都坏了，根本无法修复，2个声呐探测仪也不能用了，发射消息的电台也成了一堆垃圾，雷达出了问题，排水泵也不再工作了。这使得马佐尼不得不利用前修理室的气压把前舱的水移到后修理室。他告诉我们他已经这么干了。

他说，他之前曾经从艇首调来18吨的水以补充前修理舱的用水，而且潜艇因进水而不断下沉，他不得不将速度提高到全速的三分之二来阻止下沉。所有的水压也都没有了，所以为了能够回去，潜艇不得不启用空气储存罐中的3000磅高压。尽管需要花费很大的力量才能操作得了这些铁家伙，但是，幸运的是，艇尾螺旋桨仍然可以手动操作。

马佐尼记得在第一枚深水炸弹爆炸时，我是怎么样被困在指挥塔的，他说："我不知道你那儿发生了什么，但我们在下面控制室的人包括我在内都被撞倒在甲板上。"马佐尼也会被日军的力量击倒，这真是个好故事。

这时电池舱显示电量严重不足。当舱内的温度超过100华氏度时，所有的通风管会被关上。这好像是1942年海龙号在拉包尔附近电池耗尽事故的重演。

但是事情并没有那么糟糕。控制室报告了一些小的损伤情况，所有的泄漏都在可控范围内。前电池舱的几个电池组虽已破裂，但是并没有显示从电池酸液中泄漏出氯气。更值得庆幸的是，目前没有听到驱逐舰螺旋桨的声音。

中午，声呐兵报告JT声呐又可以使用了，而且已经开始追踪敌舰的信号。"但愿没有船只靠近克里威利号。"他终于长舒了一口气。

整个下午驱逐舰都离我们很远，而且感谢上帝，不会再有深水炸弹攻击我们了。现在的情况是只要几枚深水炸弹在潜艇附近爆炸都可能会终结克里威利号。

马佐尼要求大家尽可能减少活动，因为任何小角度的倾斜都会让海水进入潜艇，引发严重后果。

我想接替他担任一会儿下潜军官，但他很担心我不太了解潜艇的整体问题，所以他不应该停下来休息，而是等把水从艇首鱼雷舱排出来以后再说。现在排水泵也不能用了。

乔治修理受损设备的能力无与伦比，不久排水泵便重新工作起来，前舱的进水被慢慢排到海里。

天黑后不久，潜艇从 90 英尺（约 27 米）深的地方重新回到了海面。“我们必须加快速度，希望再没有敌机来轰炸我们了。”艇长说道。他意识到在没有潜望镜和雷达的情况下，在潜望镜深度已经没有意义了。幸运的是当监视哨到达舰桥上时，他们在四周巡视并没有发现任何可疑目标靠近。潜艇启动发动机，由于有坦克罗盘导航，尽管需要很长时间，但是看起来潜艇还有希望到达达尔文港。有一个军用罗盘真是太幸运了。这是我在布里斯班遇到的一个上校给我的。当时他正在为前往新几内亚的军队收集物资。当我发现他有一堆的坦克罗盘时便要了一个，并把它带到潜艇军官室里。现在这一个小玩意儿就抵得上眼前这一大堆的仪器设备。罗盘的误差不超过我们之前用陀螺仪记录的 22 度。虽然不太准确，但是总比没有的强，这样一来我们还是会节省很多时间。

月亮渐渐升起来，潜艇安静地向南穿过摩鹿加海峡。我去主甲板检查受损情况时发现顶上的声呐探测仪也不见了。在评估损失时觉得他们看起来至少使用了 500 磅的深水炸弹，并且就在离潜艇顶部不到 1 米的地方爆炸。有人从舰桥上叫我去检查舰首水平舵无法推进的问题。由于甲板损坏严重，我不敢冒险向前走。这不会是一个致命的障碍，除非克里威利号在波涛汹涌的大海中行进。然后速度有必要降下来，不然后果会很严重。海水灌在舰首水平舵上会对前进中的克里威利号产生猛烈冲击，大量海水流入舱内，使得舱内的处境更加糟糕。

5 月 15 日全天，克里威利号一直在下潜状态中行进。我们不得不通过手动操作来关闭通风舱口盖子使它下潜。只有向前排水的 1 号主压载水舱很难打开，但它在临时配备的滑车组的帮助下打开了。尽管如此，它似乎还是要花费很多的时间才能让克里威利号下潜。之后的一次，艇长下令只以 3 节的速度行进，这样既可以节省电力，又可以有效减小噪声。他觉得他的运气实在太好了，潜艇自从离开安汶岛就再没有被反潜舰艇盯上了。而且班达海海域海水都很深，即使他在没有导航的情况下，克里威利号搁浅的可能性也很小。

在乔治的指挥下，艇员们把军官室和寝室的隔板都使用螺母和螺栓修整回原先的样子。自军官室变得凌乱不堪之后，孩子们与两个母亲就一直待在一起。现在可以搬到艇员的住处。在那里，士兵们会把他们抱在大腿上仔细地照顾。

在接下来的 24 小时里所有的妇女和儿童都搬出潜艇前舱与艇员一起生活。然后，他们恢复了日常生活。但军官一直试图让所有的一切恢复正常，让陷于瘫痪的克里威利号驶向达尔文港，以至于几乎没有时间去照顾乘客。此外，他们还没想过抱怨他们遭受的这些磨难。可以理解的是，艇长一直拉着他屋子里的窗帘，完全不想谈论眼前发生的这一切。

如果没有一个可用的无线电发射器，就无法告知克里斯蒂上将克里威利号的到来，搭载乘客的潜艇将会比预期要晚点。这是令人担忧的。随着海浪在夜间不断升高，克里威利号被迫将速度放缓至 11 节。

19 日天亮的时候，克里威利号出乎意料地遇到了 1 艘从达尔文港派出的接收乘客的汽艇。汽艇的船长通过扩音器喊道："你的潜艇叫什么名字？"每个在舰桥上的人都大声回道："克里威利号。"汽艇马上回答："为了接载乘客，我已经在这儿等了三天了。你们发生了什么事？"我们没有回答，因为 1 艘汽艇已经来到了潜艇前面，1 名澳大利亚陆军军官登上了潜艇向艇长解释道，麦克阿瑟不希望任何人发现这些难民是如何被带到澳大利亚的，并且他们一到达达尔文港就会被空运到布里斯班的一个隔离营，并且在那儿待两个星期的时间，然后男人和孩子们会被空运到美国。

当所有的乘客把他们的篮子和有着极少财物的行李拿到了甲板上之后，艇长让我用潜艇的摄像机给所有的人照了一张合影。在这张合影中，艇长站在中间，这些人都是他的家人。

令人惊讶的是，他们都为他们在潜艇上所接受的“良好”待遇表示了感谢。林德霍斯女士说：“你是一个极好的人，我希望你能够活到战争结束，并且回到家中对你朝思暮想的妻子身边。”我忍不住哽咽起来。几个女人在与艇长告别时甚至当众大哭。其中的一个人曾经认为在克里威利号经历的事将会是人生中最开心的时刻。当他们转移到汽艇时，没有一个人是笑着的。孩子们站在汽艇上向我们挥手告别，甚至有一个女人给了我们一个飞吻。对我们来说，这些已经比我们期望的多很多了。这时艇长的眼睛也湿润了。

乘客很容易地通过了海峡入口的雷区，因为克里威利号最终停在达尔文港自由轮旁边的码头。自由轮上有5000吨炸弹和很多汽油及黑火药。把克里威利号停在这么多炸弹的旁边总让人觉得神经紧张，因此当艇长去找他在皇家空军基地的朋友时，我把潜艇移到了码头的另一边。

我觉得自己是个傻子。因为敌人在空袭时切断了码头上的淡水供应线。我们不得不使用一根软管从自由轮上的水箱获取一些我们所需要的淡水。所以还是要返回去。

后来证实那个把乘客从克里威利号送到达尔文港的军官是一个情报军官。他在将女人和孩子送往布里斯班后，登上了克里威利号潜艇。他说，剩下的男人将会飞往珀斯执行接下来的作战任务。

尽管克里威利号的燃油和食物得到迅速补给，可是出发还是耽搁了一天。美军在苏门答腊岛的密集轰炸使得所有潜艇的行动取消了，直到20日上午10点。

在20日晚些时候，并没有飞行员为我们导航通过布有水雷的海峡。艇长说：“我们自己行动前往弗里曼特尔港。”我们确实做到了。

接下来的一天我们开始彻底打扫船舱卫生，尤其是难民们在潜艇中生活留下的强烈臭味，令人难以忍受。这些适应了柴油味的难民像接受老朋友一样对这些味道已经无动于衷了。

返回艇员集体吃饭的地方，我看见有一张指示：“莫林先生今天已经接管了导航工作。关于使用逃生呼吸器的说明将会被张贴在艇首鱼雷舱里。”事情又恢复平静了。

克里威利号在向南的路上赶上了闪电号潜艇并在接下来的时间里和它一起前往弗里曼特尔港。我惊奇地发现即使我有极好的夜间视力也无法在没有月光的条件下看到涂着灰色油漆的闪电号。

接下来的几天里我开始将兴趣放在此次巡航可以学习的地方。

很显然，在深水区遭到我们潜艇无情猎杀的敌船，开始将行动转移到浅水区，尽管它们在浅水区航行还有很多的不便。

对这些敌船来说靠近海岸航行拥有很多优势：沿岸雷区的保护；可以灵巧地躲进小海湾躲避装有雷达设备潜艇的追踪；沿岸空军基地可以为船队提供很好的保护；沿岸反潜舰集中出击使得潜伏的潜艇更加难以实施攻击。

更重要的是如果潜艇使用甲板炮射击几乎是完全不切实际的行为，因为敌机在我们完全不知情的情况下就会飞到我们眼前，以至于没来得及下潜或者刚下潜不久就已经遭到轰炸。

当然也会有很多劣势：会有搁浅的危险；可能会被自己的水雷炸翻；浅水区行驶很困难；反潜舰使用声呐探测受限；为了避免潜艇打击损耗了宝贵的运输时间。在这次巡逻中我观察到这些敌船在浅水中的运输速度要比他们在深水区多花出两倍的时间。

克里威利号经受的深水炸弹轰炸向人们展示了舰队潜艇是多么可靠；艇员们是多么坚韧，包括这些孩子和妇女。它虽然受到重创但是还是可以正常运转，这是它生命力顽强的铁证。

克里威利号下潜的深度超过了宣传的测试的最大下潜深度，减小了敌人最具威力的深水炸弹对我们造成的危害。

幸运的是，由于敌人深水炸弹不足，挽救了我们一命。驱逐舰的看家武器要远远比我们想象的可怕。

28 日这天，瞭望哨看见了离弗里曼特尔港不远的洛特尼斯岛的灯光。看见它们之后我们都长长嘘了口气。

上午 8 点前克里威利号停靠在码头，克里斯蒂上将在码头上等待我们的凯旋。还有三瓶全麦的老奥弗霍尔德白兰地的主人，机械师则被大家扔上了码头，这是潜艇版本的“锚池”。

上将登上潜艇和艇长握手并说道："你们干得漂亮！"他满脸的喜悦说明了他对弗兰克·沃克担任克里威利号指挥官，并且在我可能会成为麻烦制造者的情况下让我继续留在潜艇上的决定很满意。

每位潜艇军官在登岸后的第一个问题都是："这次的烈酒供应是多少？"回答是："每位军官一瓶外加24夸脱的艾姆·比德斯啤酒。"

上将对此次巡逻的背书这样写道："美国海军克里威利号潜艇第三次巡逻是最具攻击性、收获最大的巡逻之一。"同样还有额外的喜悦："克里威利号需要比一般船只更长的修理时间才能完成它的修理工作。"这就意味着我们会有超过两个星期或者更长的休假时间。

但是事实上并没有很长的假期，按照计划，克里威利号的艇员和军官被命令离开休整的军营返回潜艇帮助准备执行新的作战计划。

当克里威利号躺在水中的时候，大家都想知道上次它被敌人用铁锚抓起来的地方在哪里。在围绕顶部检查了很长时间后才发现在右舷处的横梯出现了断裂的痕迹。大概有0.3米长的弯曲的铁挡板几乎被拖绳完全拉直了。很难相信1艘小船就可以将如此庞大的潜艇通过很脆弱的抓具将之拖动起来。但是潜艇在海底灌满了压载水箱，被拖起来也在情理之中。有趣的是在战后发现在1943年日军的军械手册上展示了一个19磅的爆炸装置，它可以顺着缆绳滑到潜在海底的物体上再将之引爆，如果那次不是果断逃脱我想可能我们早就永远留在海底了。

第七章 狼群作战队

1944年6月21日下午，克里威利号开始了它的第4次战斗巡逻。这次巡逻将与其他2艘潜艇闪电号、安格乐号并肩作战。这3艘潜艇将被组成1个狼群作战队，这是弗里曼特尔港基地的潜艇第一次启用潜艇狼群作战。

由这3艘潜艇组成的狼群作战队在过去的6个月都在中途岛和夏威夷岛之外的地方执行任务。虽然各有特长，但是克里威利号为狼群作战队的一部分，不设立分区战术指挥官，而是由现场潜艇的指挥官下达命令。因此，闪电号的艇长惠特克被任命为狼群作战队的总指挥官。

在开始巡逻的那天早上，艇长以及副艇长在闪电号上召开了一个短暂的会议，目的是为这个整体的作战队敲定最终的作战计划和通信方式。

惠特克是一个身材矮小、冷漠又孤傲自负的男人。他有一头金发、一小绺胡子，并且具有很强的洞察力。在会议上，他强调通信的简洁性并且说明在必要的情况下，艇长应该动用他良好的判断力，知道在什么时候用什么方式交流，以及怎么样掩饰他们正在交流的内容。开完短会后，他想尽快离开弗里特曼尔港。

他还说，他以前从不会去冥思苦想怎样对任何一种交流方式进行加密，也不会求助于精确的无线电通信。

“我的代号为杜波，沃克的代号为帕斯特。”然后惠特克停顿了一下，给了弗兰克·沃克一个会意的微笑。惠特克便补充道："赫斯，你的代号为羊鱼。"赫斯也唯唯诺诺地说好。

惠特克看着其他两位艇长以求得到他们的支持，而他们仅仅是以调侃的方式摇着头，同时嘴里还不断念叨着那些代号，想测试这种代号在即将和他们作战的中国南部海域的日本人听起来会是怎样的。

"去完成那些在各潜艇之间传递的相关情报上的任务，用你的耳朵去做所有的事情。"惠特克斩钉截铁地说道。很明显，在他的脑海中狼群作战队的行动计划已经确定了，并且他似乎觉得没有必要再说明什么了。

但是，那个爱打架又好战的副艇长雷·杜布瓦却坚持要讨论细节。"艇长，我们还没有谈论关于水下通信交流的问题。"惠特克不耐烦地摇了摇手打断了他。我和安格乐号的副艇长杰克·鲍威尔一直保持沉默。然后，惠特克转向沃克和弗兰克·赫斯，建议说他们三个人应该去办公室喝一杯酒来道别。杜布瓦和杰克·鲍威尔不禁会想，惠特克如此简洁的指示和我们有什么关系，但是我们都想不出来怎样才能更好地管理由3艘潜艇组成的狼群作战队。因此，接下来就只是讨论了些愚蠢的解决办法和不存在的情况，然后草草地结束了。

我应该读一些报纸文章以便尽快了解，为什么德国在过去的两年中将与太平洋护航队作战的U型潜艇由7艘增加到了11艘，他们究竟做了些什么。但是U型狼群作战队的策略问题与惠特克的作战队遭遇到的问题很显然是不同的，德国U型潜艇的技术指导受到背靠欧洲的一个海岸潜艇指挥中心的控制，因此，有大量的通信信息从远洋中的U型潜艇发给岸上的潜艇指挥中心，然后指挥中心再进行加密将信息变成无线电电报发回给德国各作战群的潜艇上。相比之下，惠特克用于对抗日本护航队的狼群作战队的战术是十分简单的，就像处理幼儿园里的事情一样，在会走之前先学怎么爬。对惠特克的作战队来说，细节并不重要。

就在午饭之前，当我回到克里威利号的时候，发现2名陆地巡逻兵被3个克里威利号的鱼雷手带上了潜艇，他们喝得醉醺醺的。因为在珀斯的火车站错过了开往卡尔古利的火车，错过了8点集合时间而被落下，这2名陆地巡逻兵也没有向上级报告就离开了，并且十分粗鲁地把他们的行囊一起拿到克里威利号的甲板上，朗菲尔德、罗克多，还有尼兹克，就是这3个人，他们的包里装满了松子酒和威士忌酒瓶，我觉得应该把它们销毁掉。但是朗菲尔德跪着大哭大叫道："求你了，不要那样做，留着我们的酒，等到我们巡逻完毕的时候可用它来庆祝啊。"朗菲尔德醉醺醺又略带痛苦的样子，再加上旁边尼兹克的眼泪让我心软了。我想了想，决定宽容他们，命令他们把酒放在一个带锁的橱柜里收起来。随后让人带他们到自己的铺位好好睡一觉醒醒酒。

这件小事过去之后，卢克被调走了，瓦尔特·马佐尼当上了动力系统军官，他神秘地跟我说他有东西要给我看，然后他把我带到后面的发动机舱，让我看左舷发动机的底舱。在那里，马佐尼拖出了一个轻便的油回收泵。面对我疑惑的表情，他解释说这是他和另一位工程师两天前从杰克号上偷来的。"我们乘坐1艘平头方底船从杰克号舰艇的外侧划过，然后工程师潜入发动机舱把它偷了出来。"但不幸的是，在杰克号主甲板下面的看管人员突然发现了他，质问他为什么会在发动机舱里。他灵机一动，说道："我在检查它上次巡逻时有没有受到损害。"虽然这听起来并不那么可信。

我感觉这足以惹来大麻烦，尽管我还是告诉瓦尔特："好样的！做得很好啊！"希望杰克号的副艇长万里·礼弗发现油回收泵丢失之前克里威利号能够顺利起航，要知道他可是个难缠的家伙啊！

午饭过后，信使将脑袋探进军官室报告说："闪电号已经启动并且提前离开了。"很显然，惠特克十分渴望开始巡逻，以至于等不及沃克和赫斯回到他们的潜艇上了。

三位艇长走进军官办公室，他们暂定下午3点为出发时间。下午2点15分时我十分担心艇长是否能及时回到克里威利号，我给军官办公室打了电话，接电话的人说："沃克，赫斯和那个喜欢吹捧他们的人，喝完最后一轮酒就准备离开。"他们已经喝了好几轮了，而我们大家就只能无奈地一直等着。

下午4点30分，沃克艇长来到了码头下面，后面跟着赫斯和塞尔比，他们排成一列走过码头，像狼一样相互大声嚷嚷着。在他们摇摇晃晃地从临时搭在船头的木板上穿过，朝他们各自的潜艇走去的时候，塞尔比仍然在向他的其他两个同伴挥手并且吼叫着。两位艇长都拒绝了甲板人员的帮助。他们都烦躁不安地想要挣脱束缚等待出发。沃克艇长来到克里威利号的时候，我启动电力发动机全速前进，然后迅速地转向柴油发动机，克里威利号迅速地从洛特尼斯特岛旁边飞驰而过以弥补浪费的时间。第一天的巡航只是休整恢复，没有进行拉练。之后夜间和安格乐号一起航行。克里威利号因为有着灰色的外壳所以在夜里隐蔽性很强，为了避免相撞，沃克艇长决定与安格乐号保持至少3000英尺（约900米）的距离。

深夜过后，我打开2个塞满报纸的邮包，里面大概有90份《晨间早报》，在海上每个艇员都会如饥似渴地阅读报纸来获得最新的讯息。一般来说，我会将最近20期报纸发放给军官们，然后将剩下的拿到艇首鱼雷舱交给霍华德，让他的鱼雷手们将连环画的部分裁下来贴到剪贴簿上做成一个集子。这些事对艇员们来说已经是惯例了。报纸上还有关于棒球和足球赛况的报道，对在欧洲和大西洋作战的军官来说，他们对这类新闻的兴趣似乎要超过其他艇员。报纸上关于赛况的报道很详细，还会用很长的篇幅来描述德国人发明的新玩意儿，但是关于太平洋战役的报道却寥寥无几。在每次巡逻结束后，这些报纸将会被撕碎，但仍然有人会试着去读那些残余的碎纸片。

6月23日星期三，海上天气晴朗而平静，安格乐号进行了多次下潜和潜望镜使用方法的训练，克里威利号会飞速地上浮下潜，然后当安格乐号作为假想敌从水面经过的时候，艇长会尽力调好最佳射击状态。

有一次在安格乐号上进行鱼雷攻击模拟演练时，我发现所有的艇长都在给他们的妻子写信，因为通常在港口时他们很少有时间可以用来写信。除此之外，我还发现乔治·莫林散播谣言说其他军官都是一天给妻子写一封信。但不幸的是，当家中的太太们聚在一起拿出她们各自收到的信相互交流时，她们总会抱怨自己的恩宠不够，嫌她们从丈夫那儿收到的信太少。因此，她们的丈夫就会在匆匆写好的信上填上不同的日期，这样看起来像是在起航时写了好多信。然后从给克里威利号补给燃料的埃克斯茅斯港寄出积攒的信件。这样便能哄骗他们的妻子，让她们觉得真像乔治·莫林说的那样，自己的丈夫每天都给自己写信，好像自己时刻被丈夫惦记着。

出发后的头两天，伙食很好。这多亏了新来的军需官艾蒙，这意味着在这次巡逻过程中艇员们都会增加体重了，而不是总是在巡逻完毕到达下一个营地时都瘦得皮包骨头。但是，午饭时艾蒙提供的是研碎的土豆和奶粉做成的土豆泥，我气愤地要求艾蒙停止这么做，因为这几乎耗光了主甲板后面储存室里所有的土豆。为了在这次长期的巡逻结束时，食物不至于被消耗光，艾蒙还储备了很多罐装的洋葱、胡萝卜和鸡蛋。但是在尝试了重新组合的胡萝卜和煎蛋卷之后，我命令艾蒙不要在菜单里再次出现这样恶心的食物，除非我们出现了严重的食物短缺。

安格乐号首先在 5 月 24 日进入埃克斯茅斯港，在燃油驳船附近折弯了螺旋桨。结果杰克 · 鲍威尔这个长着圆脸且牙齿参差不齐的安格乐号上的大副和我开始坐上一条小船测量燃油驳船的水深。但是在继续航行之前我们并没有发现为潜艇加满油的埃克斯茅斯湾附近有任何让潜艇引起故障的浅水区。而且，我们两人的手都被测深绳磨出了水疱。

安格乐号在中午之前返回弗里曼特尔港修理螺旋桨了。所以短时间内是不可能重新组建这 3 艘水下狼群作战队了。

下午 4 点，克里威利号完成了燃油补给工作。在驶向大海的时候，我们发现 SJ 水面搜索雷达坏了，无法在潜艇上找到需要的零件。因此克里威利号被迫返回埃克斯茅斯港，等待零件从珀斯空运过来。与此同时，曼尼 · 基米勒指挥的罗巴罗号和查理 · 赫达森指挥的蓝鱼号也到了，停靠在了克里威利号附近。它们正在前往北部进行巡逻的途中。

第二天下午 2 点，一位技术人员带着用于 SJ 雷达的备用零件从珀斯乘飞机到达这里，其实这名技术人员根本就不需要来，因为克里威利号上的高级雷达操作员布雷赫自己就可以轻松地完成修理工作。

下午 3 点 35 分的时候，克里威利号又返回大海中。在途中，枪炮手对着那个在港湾入口北部的废弃货船发射了十多发炮弹。有 4 次朝笨重的货船开火时天空中蹿起明亮的火光，克里威利号由此证明了 1919 年生产的枪炮仍具有良好的性能，它依旧能满足远距离炮战的要求。

在接下来的三天里，克里威利号向巴瑞尔开去。当克里威利号进入龙目岛海峡的时候，关掉了所有的雷达。在这个没有月亮的漆黑夜里，我们发现了 2

架小型巡逻机，但是它们却完全没有注意到克里威利号很轻松地超过了它们，并且安全地进入巴厘海（印度尼西亚）。

天刚刚亮，在位于萨卡拉岛南部，当看见1艘护航舰的时候，克里威利号不得不再次下潜。这里是克里威利号首次巡航时遭遇轰炸的地方。克里威利号继续在水下从西北方进入爪哇海的浅水区。在那里艇长通过潜望镜发现了1艘驾驶舱一侧有一面日本国旗的摩托艇。在小艇的甲板上也飘着日本国旗，一根长长的天线在驾驶舱上方。克里威利号之后迅速浮出水面。向这艘排水量仅80吨的小艇发射了18枚102毫米炮弹使得它严重破损，沉入海底。但在下沉之前在水面上漂浮了很久，这使得它有足够的时间给日军报告情况。果不其然，几分钟后天空就出现了1架敌机迫使克里威利号躲入水下。

6月30日，同样是很紧张地静静等待着将要发生的事。爪哇海蓝绿色的海水既浅又清。倘若在此地遇上日军恐怕后果不堪设想。但在早上当克里威利号穿过浅浅的爪哇海向西航行的时候，收到1艘美国船只发来的信号，告诉我们有1艘日军天龙级巡洋舰[1]还有2艘驱逐舰正在向着爪哇海开进。在克里威利号

---

1 天龙级轻巡洋舰

天龙级轻巡洋舰作为水雷战队（也就是驱逐舰分队）的旗舰来使用，类似西方的驱逐领舰。另外也作为潜水战队的旗舰，以其不错的通信和侦察能力支援指挥潜艇作战。这也是为什么日本热衷于在轻巡洋舰上搭载飞机的原因。

天龙级的整体设计基本上是在矶风级驱逐舰的基础上发展而来：带短艏楼的船型、单线纵列的炮塔。4门140毫米主炮采用一种略显特别的布置方式——前部的第二门主炮布置在烟囱和舰桥之间，后部两门则纵列布置在甲板室上方，而不是船体的最上一层甲板，以利于在海况不良的情况下使用。在舰桥与三号烟囱的后方分别布置了1座三联装鱼雷发射器，单从一次齐射鱼雷数量来看，攻击能力和峰风级驱逐舰相当。在其舰尾部还布置有1门76毫米单管高炮。

从整个布局来看，天龙级其实就是放大版驱逐舰，只是配置更加强大，舰体也有装甲保护。所以天龙级更像是一种超级驱逐舰，实际上这也是日本此类巡洋舰的特点。所以日本海军基本上是将这类轻巡洋舰作为驱逐舰来使用，而传统应该由轻巡洋舰担任的任务，则是由更大的巡洋舰来担任。

天龙级原本计划建造8艘，但在建造2艘之后，发现美国建造了奥马哈级巡洋舰。天龙级在面对奥马哈级时几乎各项性能都处于劣势，因此在建造了2艘后便转为建造更强大的巡洋舰了。但不管怎么说，天龙级轻巡洋舰是日本近代轻巡洋舰的鼻祖，可以说是奠定了日本轻巡洋舰后续发展的整个风格。

同级舰2艘，全部在战争中被击沉。首舰天龙号1917年5月在横须贺海军工厂开工，1918年3月下水，1919年11月建成服役。

急切地向着卡里马塔海峡开进的时候，却在这条航线上遇到了这些致命的敌军船只。

我心里一惊：克里威利号完全处于错误的位置并遇到了强劲的对手，又没有藏身之地。我悲伤地想如果我们和他们交战，他们肯定会把我们打得落花流水。但到现在为止克里威利号都表现得很好，那为什么它要以这种方式结束呢？之后我小心地做了一个决定：最聪明的做法莫过于潜入海中，绕过向这边行驶过来的船队航线，偷偷溜走。

当艇长得知这个消息之后说了声："哦，该死！"他紧闭的牙关和悲伤的眼睛表明他是多么密切地关注形势的发展。

之后雷达显示有1架敌机正向我们飞来，在被他们发现之前克里威利号就下潜了。在潜水中保证不被敌军发现显得尤为重要。之后在潜行一段时间后，克里威利号浮出水面匆匆穿过爪哇海，但不到一小时，克里威利号又不得不因敌机出现而再次下潜。敌机先用雷达锁定潜艇的位置，之后又关掉雷达避免被我们发现，偷偷向我们袭来。但并没有投掷炸弹。乔治认为这很可能是敌机在为后面的3艘船只开路，而且船只应该很快就会出现。听到这儿我出了一身冷汗。

正准备再次浮出水面时，艇长看到远方的桅杆出现在地平线之上。原来是几艘船正驶向西方。克里威利号准备升到水下55英尺（约16.5米）的地方并让潜望镜伸出水面15英尺（约4.5米）查看海面的情况。但艇长细心地研究一番后，又是一阵咆哮："哦！见鬼！"之后这些船好像在转舵向我们驶过来。这次是真的要来了。艇长在降下潜望镜时，悲伤地摇着头说："我们不能任人宰割！让我们干掉它们！"

标准3230吨（后增加到3948吨），满载排水量4350吨，舰长134.11米，舰宽12.34米，吃水：3.96米。动力系统为3台齿轮减速涡轮发动机，10座锅炉，3轴推进，总输出功率51000马力。最大航速33节，最大续航力5000海里（14节）。防护能力为舷侧、甲板25毫米装甲，水线带50毫米装甲，轮机部分加强为双层63毫米装甲，司令塔51毫米装甲。

武备：4座单管140毫米主炮，1座76毫米副炮（后改为2座双联25毫米机关2炮），2座三联533毫米鱼雷发射管。开战后又加装反潜深弹发射器2座。

我看了看艇长的脸，他紧皱着眉头，眼睛里流露出忧郁的情绪。只是盯着控制室的显示器，好像没有一点要战斗的决心。也许他对自己观测到的一切也很困惑，并不清楚敌军这样做的意图是什么。在接下来的半小时里，他让克里威利号保持在65英尺（约19.5米）的水下，时不时地迅速升起潜望镜瞄一眼外面的情况。但他在战舰行驶的方向什么也没有看到。敌军船队并没有如期而至。然而，我已经紧张得汗如雨下，甚至浸湿了我的短裤。

当打算将克里威利号升至水下55英尺（约16.5米）再进一步进行潜望镜观测时，艇长又叫了一声："哦，见鬼！"但这一声咆哮完全是出于对自己的厌恶。接着又说道："这些船只都是无法对我们造成伤害的帆船，1艘大的2艘小的。我真是个蠢货！"他怎么能远远地看到这些船只的轮廓就轻易地上当受骗，以为它们就是对克里威利号有威胁的军舰呢？

当克里威利号返回水面继续向西航行的时候。我心里的石头也落地了，并且我很骄傲地看到艇长在他觉得一场生死决战就要来临的时候并没有退缩。

在接下来的三天里克里威利号顺利地通过爪哇海，并经过卡里马塔群岛的浅水区，进入了中国南海区域。但在第三天由于敌机迫近，克里威利号被迫下潜了三次。它关闭雷达缓慢前行，每次下潜时都有雷达干扰，但除了短程范围内的小干扰，并没有产生可视的信号。吉姆·布莱德将SD雷达调到了只接收模式。

克里威利号渐渐驶入了热带雨林气候区。天空一片阴霾，飘来了一片云彩，一会儿的工夫就下了好大一场雨，视野被缩小在3公里之内。艇长也不再担心我们会被远处的敌机发现，克里威利号在浅海航行的尾迹被狂风搅动吹散，这使得克里威利号能以最大的速度向北驶去而不会被敌人察觉。他迫切地想要赶上惠特克的潜艇并开始不完整的狼群作战计划，直到安格乐号加入我们的行列。

之后我们收到一份读完就必须烧掉的绝密电报，说有几艘日军战舰正从新加坡过来，向东北方向行驶，将会经过中国南海。午夜前收到的第二份密电，通报了日军战舰的及时动态，并说它们正在赤道上方几海里的地方。艇长对于要在深水中和日军最优秀的几艘战舰交战而感到兴奋，所以他让我调整克里威利号的方位，计划在午夜拦截这些战舰。

但用星象确定方位似乎很难，因为下雨的缘故，云层挡住了星星，很难清楚地判断方位。观测了三四次，似乎这只够计算出它们所在的大致位置。终于找到了四个星象，这似乎已经足够用来计算位置。但是由这四个星象产生的方位又形成了一个 35 英里的三角形。

艇长说这样的一个大致位置几乎没有用，所以克里威利号不得不用雷达探测得到的数据向战舰位置靠近。于是我们可以说是一边猜测，一边在神的指引下到达那里。

午夜的时候用雷达探测没有发现任何船只，这并不奇怪。因为在 6 月 4 日，我最终将雷达定位在一个位置清晰的小岛上时，我很惊讶地发现在雷达上显示的克里威利号的位置比它的实际位置向北偏了 4 海里。因为第三次通过星象可以估测克里威利号在赤道北面而非赤道以南。显然现在观测的所有的位置都是错的，因为天文导航手册上南北纬是不同的。我并没有向艇长承认这个错误，因为这样太让我这样一个优秀的航海家蒙羞了。

7 月 4 日没有放任何烟火，节日的晚餐是火鸡和肉馅饼。为了活跃节日气氛，我在潜艇里到处走，和不同的艇员聊天，请他们谈谈在克里威利号共事的感受。令我吃惊的是，他们很多人表示要离开克里威利号，只想在珀斯的岸上执勤，而不是再次回国后等待重新分配新的巡航任务。很显然，艇员中的一些人非常热爱珀斯。所以我大声地宣布如果因为澳大利亚女人在潜艇上的表现而喜欢上了她们，我会把他们送回到阿留申岛上去，并且我着重强调了一下“阿留申”这个地方。

接下来的八天时间里，克里威利号一直在待命状态中，逐一穿过西贡（现称胡志明市）、高雄、台湾海域。在海面上缓缓航行等着从南部过来的闪电号加入潜艇群，这时安格乐号已经到达克里威利号潜艇的东边。

有一次，在巨大的海浪上航行时，甲板军官在海浪打上舰桥时没能及时地关上舱盖，使得汹涌的海水灌入舱内浸湿了控制室的机动装置。而且水泵室地面也充满了咸咸的海水。所有这些慌乱，加之没有目标，让艇长决定将克里威利号移向瓦内拉海角南边的中南半岛海岸线一带。

7月12日，克里威利号在汉多伊岛附近执行了一次海下巡航活动，那个地方的海况要比海洋深处还要糟糕。当潜艇位于潜望镜深度时，巨大的海浪拍打着船只，使得潜望镜看起来很危险。尽管将潜望镜升高5英尺（约1.5米），巨大的海浪还是不断搅动潜望镜的镜片，使它变得模糊不清。当时，一艘排水量2000吨的汽船正沿着海岸带经过潜艇，直到我们与汽船龙骨成直角时才注意到它，它借着灰色的伪装使得我们无法提前发现。而且，海浪会使MK-14鱼雷剧烈晃动无法准确命中，所以放弃了追踪。

晚上当海浪稍小一些之后，潜艇浮出了海面。巨大的海浪掀起了海水，海面波光粼粼，这光亮来自一群会发光的海底生物。大水母拥挤在主甲板附近，让无数发光体形成银色的水流纹。不幸的是，这些水母黏在潜艇水线上方并且散发出令人恶心的臭味。

7月13日到18日执行全天巡航任务，但是没有任何收获。在15日首先发现1艘排水量500吨的机动船，但因为太小鱼雷很难瞄准而作罢。然后1架戴维型飞机[1]在克里威利号上空来来回回飞了好几个小时，好像飞行员知道潜艇的大致位置，但却因为海浪太大不能发现它的潜望镜，后来又收到一封密电，说日本的潜艇正在瓦内拉海峡附近搜寻美军潜艇，那儿离我们潜艇的实际位置很

1　日军戴维型水上飞机

日本海军在九〇式二号水上侦察机的基础上改进而来，由中岛飞机制造公司负责改进研发和生产，主要是改用马力更大的发动机、尾翼和机身更具流线型以减少阻力，从而使得改进后的新飞机灵活性和稳定性都非常出色，日军的正式编号是中岛川崎E8N九五式水侦，通常被称为九五式水上飞机。盟军则称之为“戴维”(Dave)。1935年首飞，1937年投入实战。

九五式被广泛用于日本海军的巡洋舰和水上飞机母舰，飞行员评价其飞行性能可以和九六式舰载战斗机相比，所以在与中国的战争中除了作为侦察、轰炸外，甚至还作为战斗机与中国空军战斗机进行空战。正是由于九五式水上飞机能够兼任战斗机，所以使日本海军开始发展专用的水上战斗机。后来在太平洋战争中广泛使用的二式水上战斗机，就连浮舟的设计都是沿用于九五式。

基本技术数据：机长8.81米，翼展10.98米，机高3.84米。空重1320千克，最大起飞重量1900千克。1台风冷式发动机，最大功率630马力，最大时速300千米（2000米高度），最大航程900千米，实用升限7270米。

武备：2挺7.7毫米机枪，载弹量60千克炸弹。乘员2人。

生产总数750架。

近，这让我后背一阵发凉。在 17 日的时候 1 艘摩托艇在 20 海里以内的海域驶过，除此之外就再没有值得鱼雷攻击的目标，因为巨大的海浪影响鱼雷发射。

因为错过了这次行动，艇员都很懊恼，军官们也不例外。乔治也开始生闷气，除了和他一起值班的人，他不和任何人讲话。吉姆则完全不理马佐尼，因为马佐尼现在总是讲蹩脚的笑话。而罗尼，这位新来的军官也不愿和迪克玩纸牌。艇长一个人在军官室里郁闷地玩着单人纸牌游戏。军官室一片沉寂，都生着闷气，谁也不和谁讲话。

早上 7 点和晚上 7 点餐厅提供了两份满满的饭，但午饭没有提供，只是为需要吃午餐的人备了一点汤。全体艇员都没什么胃口吃饭。这样他们的腰会瘦一大圈的。

7 月 19 日，收到惠特克发来的消息说闪电号已向 1 艘排水量为 5100 吨的轻巡洋舰发射 2 枚鱼雷，轻巡洋舰的主桅杆倒塌，这次受重创后轻巡洋舰就灰溜溜地逃走了。但是它已经严重受创，很可能在靠岸之前它就会沉入海底。闪电号现在还剩 6 枚鱼雷，在它与克里威利号在中国南海海域会合之前，已击沉 2 艘货船和 1 艘油轮。惠特克询问克里威利号至今有何战绩。

对此我们只能回答：“一无所获。”

惠特克也想让沃克在这艘受伤的轻巡洋舰前往金兰湾军事基地附近整修的逃跑路线上进行拦截。

所以为了让克里威利号能找到轻巡洋舰，艇长和我利用惠特克袭击轻巡洋舰的位置为坐标，绘出了搜寻图，看轻巡洋舰逃跑路线是否和克里威利号在一个方向上。但经过一天徒劳无果的搜索后，惠特克发出消息说让帕斯特停止搜寻，去追踪一支由 15 艘船组成的护航船队。那支护航船队正朝着新加坡方向前进。这条消息说得非常模糊，也不确定有多大的机会找到那支运输船队。20 日一整天在海上来来回回追踪护航队的踪迹，仍旧没有任何实质性的进展。

早上我透过阳光查看潜艇的位置时，惊喜地发现了日食现象。我对这一景象始终保持童年时的热情，想到许多年前我如何通过被烟熏过的玻璃看这种日全食时的心情。

狼群行动只剩下十天了，惠特克要求珀斯总部为他的 3 艘潜艇换一个作战区域。很快，潜艇指挥部就批准让狼群作战队前往吕宋岛海岸附近的博利诺海峡。

同时又有密电告诉我们，汉克 · 曼绅科德担任了闪电号的艇长，在巡航任务结束后闪电号将开回珍珠港进行全面检修。

24 日下午，安格乐号驶来，SJ 雷达范围内出现干扰，这表明闪电号也正朝我们的方向驶来。这样一来，3 艘潜艇终于在博利诺海峡会合了。狼群作战队已经组成了一个强有力的战斗群。

然后我们收到一份密电，上面给了我们 1 艘日本潜艇的航线，并指出日本潜艇已经离开德国数月，正在以 17 节的速度向日本驶去。它载有德国的最新技术，而且其压载舱装载了日本急需的陀螺仪和水银。消息强调我们要不惜一切代价拦截并击沉这艘日本潜艇。日本军队大多都依赖德国最新的发明才得以继续战斗。这则电报也给出了日本潜艇于 7 月 25 日早上 7 点通过时的地理位置。

这一次，我觉得这条看后就要烧掉的绝密电报是可信的。因此，我在潜艇舱内来回走动，看到大家是如何为即将到来的战斗做准备。几个艇员谨慎地问道：“鲁赫先生，我们什么时候才能有机会打上一仗？”我斩钉截铁地回答：“现在！”甚至乔治和瓦尔特 · 马佐尼也精神起来了。

下午 5 点，闪电号发来消息命令在 25 日早上 5 点的时候组成一个巡逻线，各潜艇之间间隔 11 海里。安格乐号在中间位置，克里威利号在搜索线西侧。在水面形成搜索阵容之后，3 艘潜艇在 7 点之前又潜入海中。安格乐号的位置是在北纬 15°　03.5'、东经 117°　11'。这是日本潜艇早上 7 点钟要经过的地方。

25 日破晓之前惠特克的狼群作战队开始在日军潜艇将要出现的地方埋伏。在克里威利号向西前行向其他 2 艘潜艇接近时，先向安格乐和闪电号交换了身份验证信号。

黎明之时，克里威利号浮出水面并将航向对准迎面而来的日本潜艇。我们升起 2 号高倍潜望镜仔细研究西南海域，希望第一时间发现这艘重要的日军潜艇。

早上 6 点 53 分，安格乐号发来消息：“羊鱼号发现了一大队运输船，距我们现在的位置只有 10 海里。”

我转动 2 号高倍潜望镜，将它伸出比 1 号潜望镜高出 4 英尺（约 1.2 米）的高度，在仔细审视这片视野之后我开始琢磨视野外这一支船队，然后将这些消息汇报给杜波。

他回复道：“我已经在 215° 方向发现了这支船队。”

惠特克需要做一个艰难的决定：是撇开这支船队继续等待潜艇，还是事先把到手的目标给击溃了？时间已经接近早上 7 点，但并没潜艇的踪影。如果它只是晚点但仍在预计的航线上并混在这些船队里，就很难从这些船只和巡洋舰中区分出来了。而且，惠特克在其中一封电报中了解到其他的美国潜艇已经从他们的巡逻海域赶过来汇集到日本潜艇赶往日本的航线上了。这将会是一次密集的狼群作战。我们有足够的潜艇来确保让这艘潜艇永远也回不到日本。

结果，杜波给帕斯特和羊鱼号发送了指示：“离开现在的位置跟踪你们视野中出现的大型运输船队，我会尾随运输船队并给你它们组织和行动的最新情报。我只剩下 6 枚鱼雷，所以你们最好先发动攻击。”

惠特克很难做出决定：如果潜艇装有德国的设备抵达了日本，惠特克知道他会因为没有执行拦截潜艇并将之击沉的计划而受到严惩。即使他击沉了这支眼前的船队也不会得到原谅。但惠特克说他知道自己决定的后果。但像杜布瓦这样优秀的副艇长也建议惠特克不要因此失去在海军中的大好前程。

在狼群的广播中惠特克用平淡的语言发出消息，显得很随意，其实在邀请日本的通信员来干扰传播并且警示即将被至少 3 艘美国潜艇攻击。杜波很显然希望运输船队上的人会搞不懂这些信息，并且引起恐慌，让他们做出不理智的事，这样一来很快就会被我们的狼群作战队击中了。

很快杜波又给帕斯特和羊鱼号发送了消息：“外围有两列船队 5 艘船只，在中间有 4 艘更大的船只，它们有许多驱逐舰为其护航，所有的船都很有价值，一定要击沉它们。”

同时，弗兰克 · 赫斯的安格乐号潜艇已经开动 4 台发动机加速向运输队开进了，与日军领航的船只平行而驶。为了防止被发现保持在 12 英里以外。当靠近到一定位置以后就改为潜航状态。身体短小，体格健壮的弗兰克 · 赫斯，有着宽大的肩膀，一头金黄的头发和宽大的脸，他发誓要在狼群战术行动中一马当先，为狼群作战队做一个表率。

几分钟后，安格乐号和闪电号都报告说1架四发动机的水上飞机正在运输船队上空盘旋。我们并没有验证他们的通报是否正确。有时日军也会故意发一些虚假的通报迷惑我们。聪明又狡猾的日军试着捉弄我们，并扰乱惠特克狼群之间的通信，很有可能用这个伎俩逃之夭夭。

羊鱼号报告“从运输船队的航线看它们已在向台湾方向前进”。

之后在7点52分，安格乐号报告潜艇在运输船队12英里以外的位置，并准备下潜等待攻击。

3分钟后又听见了杜波疯狂的喊声：“有飞机接近，我被迫下潜。但我会尽早浮出水面，继续报告运输船队的方位，祝你们好运！”

克里威利号仍在追踪运输船队，开始最后一轮向东北的航行，我们猜运输船队在几小时内改变现在的向右的航线前往日本。像赫斯一样，艇长惠特克指挥克里威利号继续待在最近的船队12英里以外的地方。克里威利号开动了3台发动机向船队前面驶去。一路上轰鸣，而不启用第四台发动机是为了确保克里威利号在水下攻击时有足够的电量运转。

但首要的担心还是在船队上方的水上飞机，最终它还是发现了潜艇，并决定飞过来察看。当飞机离我们只有6英里时，艇长拉下下潜开关，让克里威利号开始下潜，没有炸弹扔下来。

之后的半小时，潜艇都待在深水中，艇长让克里威利号回到潜望镜深度，确保附近不再有飞机后浮出水面。在浮出水面后，克里威利号开始重新搜索目标，继续将运输船锁定在可视范围内。

现在有2架飞机在运输船队上空盘旋，并且还有1架反潜飞机加入了空中护航的行列。

当克里威利号再次加速向运输船队左舷方向行驶时，大家似乎更加兴奋了。

天气很好，海面上波光粼粼，十分耀眼，偶尔有一大朵云飘浮在空中。当它们挡住了阳光时，海面上刮起了清爽的海风。风带来的大浪使得克里威利号就像行驶在高低不平的路上一样，颠簸得很。

在到达预定下潜地点开始对船队发起进攻之前，克里威利号驶入了倾盆大雨之中。包括艇长和我在内的人根本来不及穿上雨衣就被这突如其来的热带暴雨淋上了。但我仍觉得很开心，因为雨水让空气变得清爽许多。由于大雨已经挡住了他们的视线再也不用担心这 2 架飞机会毁了克里威利号的捕猎行动了。

在下午 1 点 40 分执行下潜攻击任务之前，艇长发现了 1 艘驱逐舰。所以当我们离它只有 14000 码的时候，艇长就发出了准备发射鱼雷的命令。但完全没有必要着急，因为船队以“Z”字形缓慢行进时，航速只有 11 节，这意味着我们要等很久。

大家在指挥塔内变得有些兴奋，好戏马上就要开始了。远航到目前为止已经持续了很长时间，在惊喜过后总是令人沮丧。现在在可靠的鱼雷操作下，也许克里威利号所有的鱼雷都会被发射出去，并且会满载而归。

乔治作为助理军官，正在指挥室不停地说着技术建议。他正在用很中肯而又神秘的语气不停地告诉指挥室的每一个人一些技术建议。而在下面，瓦尔特 · 马佐尼作为一个潜水军官并不理会乔治态度的改变，他认为对什么事情都很和气不是什么好事情。

当 ST 雷达显示离最近的雷达目标只有 5500 码时，艇长抱怨他已经跟丢了这些船。巨大的雨幕已经将它们都藏了起来。唯一发射鱼雷的希望是锁定巨大的螺旋桨噪声。在图表桌的声位刻度盘表明了录音头的来源，旁边的扬声器正播报着被录音头监测到的噪声。全方位的拾声头显示了船队中重型螺旋桨噪声的位置。护航舰的轻型螺旋桨的噪声也可以被检测到。

后来又听见高速转动的发动机正在向右驶去。艇长循着航行方向转动潜望镜。从大雨滂沱的海面模糊地发现了日本的驱逐舰。这艘是它们的第一阵容。根据艇长的估算，它们其中的 1 艘已在离艇尾 100 码的距离。潜望镜的雷达视野很难区分现在的动态。敌船距艇尾的距离越来越近，以至于无法用艇尾鱼雷进行攻击，尽管前后鱼雷舱的鱼雷都蓄势待发。

艇长发现了有重型螺旋桨的目标，他无法看见它，但觉得它应该是 1 艘油轮。通过潜望镜观测得出距离只有 2200 码。油轮正在向克里威利号这边靠过来。但是再看了看潜望镜，又有2艘船只向克里威利号靠近，其中1艘已经跑过了克里威利号艇尾的上方。艇长又看着具有威胁的敌舰渐渐靠近，但他已经浪费了太多时间在货船上面，当他开始将潜望镜对准油轮时，1艘小货船进入视野，还有1艘大货船紧随其后。

由于ST潜望镜被大雨挡住了视线，艇长被迫去猜测货船的范围。他不能把时间花在查看每一个单独的手动测距仪上了，而且，艇长对距离的猜测也有很大的误差。艇长通过潜望镜观测估计出的距离要比它们实际的距离远一些。

无疑对艇长来说形势复杂，无法用潜望镜进行顺利的观察，同时做出困难的技术决定。乔治作为一个助理军官，在之前陪同汉克艇长做的是相同的工作。但乔治没有长时间的训练，不见得有这个能力，所以还是无计可施。

“让我们跟着这艘货船吧。”我请求艇长。

“方位是哪里？”他问我，意思是说他已经跟丢了这条大鱼。

“大约在160度，艇长。”

听到这儿，他下令：“满左舵，我们用艇尾鱼雷干掉它。”他似乎忘记了，当他再次看到大货船时克里威利号仍旧在剧烈地向左舷转去。

“朝一个航向稳住。”我恳求道。艇长的解决方案仍是一团糟。

“好好稳住。”他命令，“设置好方向，射程约在900码。”

“射程太近了。”我提醒道。

但艇长下令：“向目标发射4枚鱼雷。”

发射的4枚鱼雷都没有击中，它们的尾迹离大货船的船尾很远。听见艇长骂了一声：“真见鬼！”

当4枚尾舱鱼雷全部被发射出去之后，声呐兵通过扩音系统喊道：“有大型发动机声正在逼近。”

艇长将潜望镜转向声呐兵指示的方向。伴随着几乎莫名其妙的叫喊，艇长兴奋地说：“快点调整好，是1艘航空母舰，在左舷40度的方向，射程大约100码。但这个距离太近了，而且火控小组也没有什么十分有效的攻击方案，正如老话说的那样，可能会‘竹篮打水一场空’。”

之后艇长又摇动潜望镜看看克里威利号是不是会被另1艘敌船撞上。“这有 1 艘巡洋舰经过左舷。”“艇尾有 1 艘大船。”“有 1 艘驱逐舰，以一个大的船首角接近我们。”艇长又从对航空母舰的观测中转移开了。

“将视线回到航空母舰，回到航空母舰上。”我嘀咕。

当艇长将潜望镜转向母舰的方向时，他几乎大叫了起来：“快把我升起来，把我升起来。”之后又对下面的马佐尼说，“把我升起来，你把潜望镜卡住了。”

马佐尼被叫了上来：“我不能让潜艇升回去，我在使用 4 度的上仰角但船尾太沉了。”之后又传来恼火的声音，通过扩音设备，“后舱进水了。”

当我正目睹航空母舰将克里威利号的指挥塔撕开时，艇长命令马佐尼紧急下潜，并且很痛恨地说：“取消攻击，就这样吧。”

接下来他又问后舱：“你们可以控制进水吗？有多严重？”

一个歉意的声音回答说，“一个提升阀卡住，但我们已经把它关闭了，进水也止住了。”

“见鬼！”艇长咆哮着。

几秒钟的工夫 1 枚深水炸弹在我们头顶上方炸开。幸运的是克里威利号下潜如此迅速。我们的守护天使真是尽职尽责。1 艘驱逐舰看见了我们的潜望镜并跑过来投下了深水炸弹，完全没有人注意到这艘驱逐舰的行踪。

接下来的 57 枚在克里威利号附近爆炸的深水炸弹不是很让人担心，并且之后的一小时内都还可以忍受。克里威利号仍然以良好的状态继续追踪船队，没有玻璃或仪器被震碎。

在克里威利号深潜时听到驱逐舰正在接近克里威利号，并密密麻麻地往下丢掷炸弹。声呐兵报告：“我捕捉到轻快的螺旋桨正在接近的声音，听起来像 1 艘潜艇，转速每分钟 280 转（约 17 节）。”

1 艘日本潜艇以 17 节的速度前行已经达到了它的极限。“这就是我们要找的载有德国技术的潜艇。”我得出结论。

到晚上 7 点的时候克里威利号摆脱了驱逐舰的追击，浮出水面继续追踪船队。随着 3 台柴油发动机推动螺旋桨，克里威利号向北再次进发，毫发无损地冲到了船队的前方。

惠特克艇长通过无线电呼叫帕斯特，说他没有击中任何船只。帕斯特也问道："我们要怎么做？"

"到目前为止，我们已经出局了。"当时杜波痛心地答复。

狼群作战队？惠特克的狼群更像是让人玩弄的宠物狗。

杜波建议帕斯特启动克里威利号解决船队左边的船只。杜波说，他将继续留在水面监视后面的船只，"我会不断地发给你船队的航向和航速。"惠特克强调。

该船队速度很快，到现在为止克里威利号还远远落在它们后面，需要几小时才能到达指定的位置展开夜间海面攻击。1艘护航驱逐舰已经成功迫使克里威利号潜入海底，直到夜幕降临才浮出水面。

残月直到凌晨2点以后才渐渐升起。因此，在接下来的7小时内，暗沉沉的夜色大大降低了日本反潜飞机对我们的威胁。水面搜索雷达不再频繁地打开，每此都是迅速搜索然后马上关闭。

在接下来的几小时里，雷达扫描显示运输船队的护航舰正很狡猾地使用干扰战术。它们的圆形雷达屏幕可以监视很大范围。这样一来这些驱逐舰就可以在6英里之外的地方巡航，同时还可以保护身后的船队。驱逐舰在不停地发射雷达信号，搜索下潜的潜艇。在运输船队侧翼的驱逐舰都很安静地尾随船队。这样一来就可以发现在水面高速行驶的潜艇了。因此克里威利号用3台发动机推动以17.5节速度前进时，它制造的噪声已经被敌方监测到了，而且会找到克里威利号的位置对其进行拦截。这迫使沃克艇长降低航速。这样长波雷达就无法检测到我们的行踪了。日军驱逐舰在5分钟之后结束了徒劳的搜寻，掉转了船头加速返回它们在船队中的位置。

为了避开这支运输船队左边的驱逐舰，我们花费了太多时间。似乎今晚对其攻击的希望也破灭了。沃克从舰桥上进入指挥塔时，疲倦地移动着步伐，不但脸凹了下去，而且眼睛也眯了起来，一个劲儿地摇头，他认为克里威利号现在的位置很被动。

但在前半夜，他来回地爬上爬下精力充沛得很。他说话音调也很高亢，战争的迫近让他热血澎湃，但是频繁的延误最终浇灭了他原有的斗志。

之后大约在7月26日凌晨1点，杜波开始呼叫："在运输船队有个漏洞，我正在高速进发准备海面攻击，机会来了。”

惠特克的闪电号已经神出鬼没地出现在克里威利号前面船队的左舷附近。

在那时大家都希望它的攻击会扭转整个局势。雷达扫描显示惠特克向东穿过了驱逐舰的包围圈，然后再向西北方的船队方向前进，在发射仅剩的6枚鱼雷之前，向北靠近了运输船。

凌晨2点14分从运输船队方向传来两声爆炸声，之后从相同方向传来更剧烈的爆炸声，随后便看见船队中的那艘遭到鱼雷攻击的油轮上爆发出巨大的火焰，火光充满了夜空，非常壮观。

此时沃克艇长叫我到舰桥上看烟火。天空完全被爆炸的火焰点燃，这使得在燃油急剧燃烧的受损油轮的映衬下我们可以清楚地看到左舷处的船队。其中有1艘大船在我们艇尾方向正在下沉。此外，闪电号惊人地出现，看上去像一个灰色的小老鼠出现在大量的黑色凶猛的猫科动物中间。它在周围的驱逐舰间乱窜着返回北部。但是，突然船队开始疯狂地拉起警报，枪声四起，炮声隆隆，红色曳光弹射向天空。不出意外，安格乐号突然快速潜入水下，像老鼠一样消失在地板上的一个洞里。在很短的时间内，传来零星的深水炸弹爆炸声，表明令人讨厌的反潜力量正在反击，直到船队安全撤离。

艇长悄悄地笑了，他通过望远镜一边观察作战现场一边哼着小调。他很高兴，惠特克攻击成功。更重要的一点，他应该将注意力放在克里威利号现在所处的危险的位置上。因为闪电号的攻击已经让它暴露在敌军护航驱逐舰的雷达屏幕上。而且油轮燃烧的火光让克里威利号清晰地暴露在敌人的视线之内。然而，敌人将注意力全集中在消失的闪电号和正在沉没的船只上。

不幸的是，因为闪电号的攻击，所有的护航舰都以“Z”字形从东面离开克里威利号艇尾的船队，并且“驶出了左边的区域”。

在4点05分黎明前不久，听到来自东侧船队的爆炸声。然后大口径火炮爆炸的闷响不时传来，而小口径火炮的火舌也出现在视野当中，就像国庆节放的烟火。安格乐号开始协同实施狼群作战了。

残月已经升起，但浓密的云层使得光线很难被照射到水面，这也让我们无法监视到敌船的踪迹。克里威利号在月光下仍旧保持潜伏的状态。因此，敌军的驱逐舰仍旧无法发现我们。

然后，我们从雷达兵吉姆那里得到个好消息："所有船只都停下来了。"

这个新信息刺激了已经疲惫不堪的火控小组，再次让他们充满乐观和警觉。有人担心过于疲惫将会降低沃克艇长在战斗中估计风险的能力，就像海龙号的艇长皮特·费罗，在圣诞节当天，在他攻击敌船时似乎忽视了将会遭遇的危险。和海龙号的状态相似，在圣诞节当天，大家也会在战斗中变得大意。但尽管筋疲力尽，精神迟钝也会有好的一面。恐惧被抛之脑后，不考虑危险的存在。他们极度的疲惫可以解释在多次战役中英勇的表现。

令人欣慰地听到乔治满怀信心地报告视野中护航舰方位的声音，也听到了甲板上的战斗军官迪克·鲍伊的笑声。甚至艇长都跑去指挥塔检查吉姆的雷达图确定在哪里可以找到最佳射击位置，连艇长也恢复了不寻常的活力。

然后吉姆观测到船队再次起航，但已经以"Z"字形向北转弯，这使得克里威利号也有机会发动攻击了。

在凌晨 4 点 22 分，离黎明的第一道曙光只有 10 分钟左右的时间。艇长把 4 台发动机同时开动起来全速前进。然后克里威利号开始通过它们的雷达监测范围靠近船队左翼。艇长离开指挥塔爬到舰桥前对我们说："我们不会有足够的时间攻击航空母舰，只要将最近的货轮击沉就可以了。"

前后鱼雷发射管都将鱼雷发射深度设定在水下 6 英尺（约 1.8 米），但仍然不能确定鱼雷的深度问题已得到纠正。

当雷达距离最近梯队的船队领航船只有 2200 码时，艇长下令"开始发射艇首鱼雷"，并命令乔治将目标方位发射器设定在前面的 2 艘敌船上，确保首先击沉这 2 艘船。将第三枚鱼雷设定在 2 艘船之间，希望可以凭运气击中第二梯队的敌船。

5 枚鱼雷全部发射之后，艇长下令右满舵，掉转艇身准备发射艇尾鱼雷。

就在第一枚艇尾鱼雷发射之后，乔治看到 3 个命中的火光，命中 2 艘第一梯队的船只，1 艘为第二梯队的船只。

乔治发射艇尾鱼雷，使得 2 枚鱼雷可以击中第二艘船，另外 2 枚可以击中后面尾随的船只。这些都是大型货船，我们并没有足够的时间去贪心地想一箭双雕。

舰桥上报告，一个巨大的烟柱已经从第二艘敌船上冒了出来，领航的那艘船正以一个大仰角沉入海底。这艘船后来被确定为排水量为11409吨的秋丸号。第二艘确定为排水量7600吨的安米山号，大火在它的主甲板上蔓延开来，然后引起了一场大爆炸，它似乎渐渐解体并消失在海面上。同时许多敌舰开始向我们疯狂地射击。1艘护航舰转动着明亮的探照灯，试图寻找正在逃离的克里威利号。艇长继续加快航速向南驶去，不给护航舰任何反击的机会。指挥塔内雷鸣般的爆炸声还有枪声在不停地回响。这是意料之中的事，但让耳朵疼痛不已。

乔治发现克里威利号附近巨大的水花。这也让艇长相信克里威利号仍在敌人的视线范围内。于是，他失去了干净利落逃脱的兴趣，让克里威利号迅速潜入水底。迪克进入指挥塔后报告说最后舰桥观测中那艘领航的船只只有船身还露在水外。凌晨4点47分，外面传来一声沉重的爆炸，爆炸所产生的冲击波震动着克里威利号的艇身，表明爆炸的威力非常巨大。

那个时候的克里威利号已减速通过恒温层下潜至水下350英尺（约105米）处。潜艇躲藏在这儿，因为这样能隔断他们的声呐搜索信号，将克里威利号完美地隐藏起来。艇长下令克里威利号以5节的速度前往闪电号的攻击现场。他认为可能有1艘敌船在那个位置上，需要由惠特克的狼群作战队的潜艇将之击沉。他宣布他要回他的小房间去补充大约两小时的睡眠。艇长说："在克里威利号到达闪电号击中大油轮大约7英里的地方后叫醒我。"

艇长一离开指挥塔，大家便在自己的战斗岗位上放松下来。即使敌人的驱逐舰脱离船队一直跟随着克里威利号，好像它们猜到了它返回第一犯罪现场的意图。

早上7点，艇长回到指挥塔并将克里威利号带到了潜望镜深度。所有驱逐舰的噪声已经消失了。快速巡视四周，发现大约2000码范围内几艘驱逐舰正一动不动地停在水里。艇员被命令进入战斗岗位，准备攻击。虽然克里威利号保持不动，驱逐舰还是发现了我们在水面伸出的潜望镜，它们马上全速直奔克里威利号而来。克里威利号迅速下潜到水下400英尺（约120米），没有深水炸弹被扔下来。

在接下来的一个半小时，克里威利号向已经被闪电号击中的油轮的位置前进。声呐兵的报告指出，现在有2艘驱逐舰正在克里威利号前方不断搜索我们的位置。因此在8点50分，艇长再次让克里威利号回到潜望镜深度。

通过伸出海面6英寸（约15厘米）的潜望镜他发现在大约12000码的地方，有2艘驱逐舰正顺时针绕着1艘停止航行的油轮巡逻。他研究着这艘看似崭新的大货船，并没有任何被摧毁的痕迹。“也许它有发动机故障，需要熄火一会儿。”他猜道。然后迅速决定用4枚鱼雷攻击这个有价值的目标，不然他们不会派最好的日本反潜军舰紧密地为其护航。“我们继续下潜到水下400英尺的地方以5节的速度向目标行进一小时，然后我们从这2艘紧密护航的驱逐舰中找到漏洞后迅速浮出水面，并在锁定目标后发动攻击。然后我们再潜回深海躲藏在目标底下，这样驱逐舰就无法对我们造成威胁了。我们希望，它不会在克里威利号上面沉下来。”这是一个非常完美的计划。克里威利号开始下潜到400英尺的水下向目标接近。

克里威利号朝着目标经过一小时的枯燥等待后，声呐兵报告在克里威利号左舷处发现了螺旋桨的声音。它当时正通过2艘驱逐舰巡逻的区域。所以艇长巧妙地将克里威利号升回潜望镜深度并小心地将潜望镜伸出水面，用潜望镜雷达获得了与大船的距离“2000码”，确定方位，“我在目标的中心”。这时在训练有素的火控小组的努力下4枚鱼雷按着估计射程以扇形发射出去。

我们听见了所有鱼雷击中目标的声音。艇长观察到第一枚鱼雷命中了大船的中心位置，滚滚的火焰吞噬了它的舰桥。第二枚鱼雷将大量的残骸碎片都炸到了空中。然后1枚深水炸弹在克里威利号潜望镜附近爆炸。艇长并没有看到空中的敌机。“紧急下潜。”艇长喊道。

炸弹爆炸剧烈地震动着指挥室，将舵手用来录制大货船沉没的录像机从1号潜望镜上震了下来，落在了吉姆·布莱德的脚上，让他一阵号叫，好像身受重伤似的。“你真幸运，”迪克开玩笑地说，“你会因此获得1枚紫心勋章的。”

在潜入深海的途中，声呐的扬声器一直播送着痛苦又刺耳的船舶被撕裂的声音。声音也有些是来自克里威利号躲开了的沉船的声音。与此同时，有14

枚深水炸弹在克里威利号的艇尾爆炸。驱逐舰并不敢冒险通过大船的残骸。但在被炸烂了的大船的另一侧，克里威利号又遭到了12枚深水炸弹的攻击，但这次炸弹比之前设置的要浅。克里威利号静静地游弋于水下400英尺的海域，并不受影响。

艇长认定被我们击沉的船舶为排水量8800吨的奥巴山丸号。

整个下午2艘驱逐舰都在漫无目的地丢掷着深水炸弹，丝毫不肯放弃追踪，回到船队中去。最初炸弹在我们的头顶爆炸，显然是100米深度设置。但连续攻击距离克里威利号越来越远。但随后有1艘驱逐舰加快了航速并丢下一连串的炸弹，都在克里威利号艇尾几英里的地方炸开。我们猜想潜艇已经漏油，这使得驱逐舰发现海面的浮油并趁机发起攻击。

入夜后，驱逐舰放弃了追踪。它们的螺旋桨的噪声也渐渐远去。在经过37小时没有睡眠的高度紧张但是令人满意的潜艇行动后我开始补充睡眠。

返回水面后，沃克艇长用语音无线电呼叫杜波向其汇报克里威利号对船队的攻击结果。当得知帕斯特汇报的消息后，惠特克听起来非常满意这个结果。

随后惠特克报告了他们18小时前发动的夜袭结果。他说闪电号已经返航，沃克应该接任剩余狼群作战队的指挥官并“再多击沉几艘船只”。2艘潜艇还叫狼群作战队？

惠特克后来解释了他在26日2点11分的攻击。他看到了他发射的鱼雷有2枚击中了第一艘船。另有1枚鱼雷穿过船队，他觉得他击沉了1艘油轮，击伤1艘大型货船。他的声音都在颤抖，他回忆闪电号如何在海面上试图逃跑，但随后的炮声已经变得如此接近，它被迫下潜。

他很确定击沉了油轮，并且油轮上燃起的火焰照亮了天空。他可能重创第二艘非常大的货船。在回忆闪电号如何在海面上试图逃跑但随后的炮声越来越近被迫下潜的情形时，他的声音有些颤抖。

在惠特克的语音传送一小时后，安格乐号的弗兰克·赫斯通过无线电报告，他在26日4点01分的攻击结果。尽管发射了10枚鱼雷，但是只有1枚命中。他补充说一个半小时后他听到了远处的爆炸声，然后他的声呐兵报告听到敌军的螺旋桨已经停止转动。是克里威利号攻击的目标正在下沉？他还提到在10点29分，他远远地听到在安格乐号西侧传来四次爆炸。这验证了是克里威利号在攻击停滞不前的货船。

午夜收到了最振奋人心的消息。艾伦·班尼斯特指挥的锯鳐号潜艇击沉了载有德国设备的伊-29号日军潜艇。锯鳐号、方头鱼号以及洛克号作为群狼作战队的一部分，为的就是防止日军潜艇从惠特克指挥的3艘潜艇面前逃脱。日本方面在巴士海峡损失的这艘潜艇将严重削弱他们后续的战斗力。这可能是美国潜艇在太平洋战争中做出的最杰出的贡献。

7月28日（我的生日），沃克艇长命令安格乐号与克里威利号悄悄地组成侦察组向博利诺海角驶去。事实证明这个决定是对的。

9点05分，甲板军官马佐尼通过潜望镜观测，发现商船向北朝着克里威利号驶来。几分钟内8艘商船由4艘护航舰掩护出现在视野中。领航的护航舰是千鸟级。从我们以往的经验来看，这种类型的反潜军舰对我们威胁很大。

艇长选择的最佳目标是铁笼状，并且在舰桥上还有铁格子遮盖的一艘船。艇长猜那船上的笼状物是某种防止物体坠落的保护层。那是什么？他的描述正好与日本商船书上的图片所示的排水量为8800吨的哈克巴山丸号一致，灰色的油漆外表也表明它是1艘海军辅助船，1艘重要的船舶。

船队以7节的速度向着博利诺海角驶去。克里威利号潜入海中从船队右侧接近的做法似乎很完美。直到发现所有的船舶转弯朝克里威利号驶来，领航的千鸟级则向克里威利号不停地投掷深水炸弹。

当艇长命令“开火”时，哈克巴山丸号正对我们。还有艘船和描述中的亚丁号很相似，就在哈克巴山丸号的左舷。这样让鱼雷倾斜半个角度，如果错过了哈克巴山丸号，还有可能击中亚丁号，实在是太完美了。

千鸟级直奔而来，在发射完6枚鱼雷后，克里威利号被迫下潜至450英尺（约135米）深的水下。在我们下潜过程中可能正好有鱼雷击中哈克巴山丸号。在船身被撕开之后，它会很快沉入海底。不久，克里威利号被千鸟级投下的4枚深水炸弹震得剧烈晃动，船舱里的人都被甩在设备上，所有部门都通过声动力电话报告他们的损坏情况，但没有什么特别严重无法维修的损坏。

深海温度测量器已经展示出一个等温线——水温没有变化，在我们下潜到

450 英尺的水下时，艇长总是在提醒如果日军深水炸弹的设置深度为 150 米，克里威利号就处在一个错误的深度。所以艇长让克里威利号慢慢下潜到了水下 500（约 150 米）英尺并将所有的设备关掉减小噪声。之后大约 11 枚炸弹在克里威利号附近爆炸。接着又有 8 枚更接近克里威利号的炸弹的爆炸声传来。艇长命令“550 英尺（约 165 米）”，这比克里威利号潜水实验还要深 138 英尺（约 41.4 米）。但指挥塔内的人没有低落的表情。没有人低下头倾听爆炸声或者船体在深水中被挤压时变形的声音。

550 英尺的水下一片沉寂。关闭发电机和陀螺仪后，千鸟级仍可以捕捉到我们的踪迹。这是我的生日派对吗？千鸟级来回不停地往下丢炸弹。最终艇长厌倦了这种状况，“和它同归于尽！”所以他让克里威利号掉转了航向，并以稳定的航线冲向千鸟级。“最低转速”的克里威利号又像福特汽车一样颠簸得很。

指挥塔已成了一片废墟，到处都是玻璃碎片，文件已散落了一地。

马佐尼从他的潜水室报告克里威利号因有海水不断漏进船舱里而越来越重。为了控制住它必须返回 400 英尺的位置，如果速度还是这么慢的话，在艇体附近爆炸的炸弹很有可能使克里威利号的某个地方着火的。后来，奇迹出现了，搜索声慢慢地消失了。下午 4 点 30 分，艇长认为克里威利号已经脱离危险，于是启动鼓风机和照明发电机往南部驶去，准备返航。

不可思议的是，克里威利号上所有的设备都在正常运转。

天黑后，它浮出水面，3 台发动机推动螺旋桨前进，第四台保持充电，然后匆匆向苏禄海和龙目岛的海峡驶去。一有机会，沃克艇长便呼叫安格乐号艇长告诉他：“你现在是一艘潜艇的指挥官，祝你好运。”然后，他转过身来对我说，“现在鲁赫……把一切藏起来的酒都拿出来，我们要好好庆祝庆祝。”所以我在响亮的扬声器系统中说，艇员可以“喝酒了”，而且“烈酒将由洛杉矶的朗菲尔德和他的好朋友们提供”。然后，我告诉迪克 · 鲍伊和乔治早点过去，以确保没有人掠走太多的酒。不久朗菲尔德的眼里含着泪水，苦苦哀求我不要把他的酒都带走。但我面无表情。在听到他痛苦的请求之后，我微笑着说：“朗菲尔德，由于你的慷慨，大家让你赚了很多的钞票。”然后我转身离开了。

我们还没返航。天亮后，我在外面的克里威利号主甲板上寻找它快速在水下行驶时叮当声的来源。我发现多数甲板和铁框架已经因为许多深水炸弹的攻击而损坏，但是在大家的努力下用白色绳索暂时固定住了其松散的部分。

在返回弗里曼特尔港的途中没有任何情况。当克里威利号通过拉帕兰德海峡时也没有发现从事间谍活动的小型船只。途经锡布图和望加锡海峡时也一切正常。只有在龙目海峡发现有潜在的威胁。艇长发现几英里外的千鸟级军舰，被我们很容易地避开了。

8 月 6 日，克里威利号在埃克斯茅斯海湾的 1 艘燃油补给船旁停泊，并加满了燃料，然后在三天内将在弗里曼特尔港附近巡逻。途中克里威利号的雷达截获了消息，似乎是美国潜艇前往北部巡逻，但不像是曼绅科德的潜艇。沃克艇长对这些潜艇敬而远之，并没有觉得应该告诉其他艇长如何进行巡逻，以猎获更多船只。

这三天也给了我一个很好的机会，从这个成功的巡逻中总结经验教训。

至于狼群的效率，敌方反潜舰艇努力牵制和攻击一艘美国潜艇，会给其他潜艇更好的袭击机会。因此，当袭击日本护航舰时，狼群表现得很默契。如果形单影只的潜艇遇到同样的护航舰可能会在其连续攻击中遭受重挫。此外，在大多数情况下我们有充足的时间为狼群的消息进行加密和解密，保证了信息的安全传递。我们的潜艇再次在战斗中证明了自己的实力。

事实上，在 3 艘潜艇超过 24 小时连续攻击下，局势发生了根本性的改变。船队改变了运输路线并将航速放缓。这让惠特克的狼群遭到了反潜舰艇攻击，但同时也让狼群在远远落后于船队后还能再次获得攻击机会。更重要的是，持续的远距离攻击造成额外的收获。船队以 11 节的速度行驶，足以让我们的潜艇在落后于它们很远一段距离后恢复攻击位置。如果它们以 14 节船速行驶，那么我们每艘潜艇最多只能有 1 枚鱼雷命中的可能。因此，对于更高速度的船队，3 艘潜艇的奋战为我们的胜利攻击打下了基础。为了对抗船速为 20 节的船队，许多潜艇只得跟随其后，趁机攻击最重要的几艘敌船。

事实证明，新安装的海水测温仪在此次巡逻中功不可没。巡航之前我们阅读了关于这些反潜舰艇出色的声呐探测和准确丢掷深水炸弹的报告。虽然它们能准确地投掷炸弹但是并没有很大的成效。要知道 100 米深度的深水炸弹可能会重创潜艇。看起来日军需要像德军那样在大西洋使用的技术，而这些技术有可能就装载在被锯鳐号击沉的伊 -29 号潜艇上。

如果说曾经我怀疑有天使时时刻刻悬停在我的肩膀上，那么这次巡逻使我确信作为一个基督徒可以确保在战争结束后平安地回到家里。

值得注意的是，克里威利号的鱼雷表现良好。最后，23 枚鱼雷有 11 枚命中，将排水量超过 34000 吨的日本军舰送入海底。这对战斗的胜利做出了很大的贡献。惠特克也击沉 6 艘，包括 1 艘巡洋舰，并让狼群作战队的潜艇最大限度地击沉敌船。克里威利号一个明显的失败是火控小组在潜望镜和雷达都被大雨遮蔽的情况下无法确定敌舰位置、无法准确发射鱼雷。唯一可用的就是声呐定位系统发射，所以应该加强这方面的训练。

8 月 9 日上午，克里威利号驶向弗里曼特尔港。码头上的欢迎队伍包括克里斯蒂海军上将，以及一些用这个作为借口偷懒了几分钟的整修人员和来自杰克号的万里 · 礼弗与他的水手。礼弗的意图很明显，他希望要回他的便携式电动排水泵。随后克里斯蒂上将下到船舱和艇长交谈，我没有在旁边附和，只是友好地向礼弗呼喊，我会把他的水泵拿回来还给他。“面对此次艰难的巡逻我们不得不借用一下。”

万里表现得非常友好，但坚持让他的手下将水泵带回杰克号，不让它离开他的视线。于是我也就放弃了。难道他不信任一个克里威利号的艇员？

后来，当回到勒克瑙，在和我一起分享我的口粮与他的 24 夸脱布林巴啤酒时，万里和我都开玩笑说关于他们水泵失窃的事。杰克号刚刚击沉 4 艘日军船只让万里很开心，对这件事就既往不咎了，当天，我们一起喝了很多酒。

克里威利号在 50 天的巡航中行驶了 11727 英里，消耗了 132000 加仑燃油。虽然遭到了深水炸弹的袭击，但是便携式排水泵从未投入使用。没有严重损伤，不会耽误克里威利号在三个星期后重返大海。

海军上将对克里威利号这次战斗巡逻报告所附的话是：“狼群活动中增加潜艇的数量将潜艇集中使用对击中猎捕船只成效显著。”上将还在他对克里威利号的第四次战斗巡逻背书中提到：“克里威利号艇体坚固，艇员勇猛无畏。”这是真实的，但“集中使用”仍然有可能继续吗？

在我到达勒克瑙后，拉蓬号的本·吉利又给此次巡逻做了总结。他说，拉蓬号和锐顿号正在驻守拦截一艘装载着德国技术的日军伊-29号潜艇，在某种混乱情况下，拉蓬号在下潜的时候看见1艘潜艇正在水面航行。拉蓬号的艇长确定它就是按照预定时间到来的伊-29号。于是发射了2枚鱼雷并做了检查，但他并不确定这艘潜艇是日军的。锐顿号报告感觉听到一声闷响，他们以为是哑弹鱼雷击中了潜艇。但吉利安慰我，拉蓬号发射的2枚鱼雷都没有击中目标。

第八章　灾难

1944年8月23日星期三，在计划开始第五次战斗巡逻出发前的一个星期，大家开始返回克里威利号，意味着回到战争的现实中来。在离开战场的这段时间里，大家都休整得很好。现在艇员已经准备好出海，他们再一次把自己的精力集中放在战斗上。

有几个非常发人深省的事件。有人说潜艇富立尔号在靠近巴拉巴克的一个海峡时被水雷炸毁了。克里威利号最后三次巡逻都安全地走过了这个地方。也许是它成功避开了海峡两侧布下的水雷，后续过境的潜艇通过时在它们的航行中就少了几分小心并且懈怠了。只有在富立尔号舰桥上的人侥幸在潜艇沉入海底前逃脱了。其中艇长杰克·克劳利和14个艇员游到了北部的一个小岛上，但只有8个人成功逃生。在那里，8月30日他们被菲律宾游击队发现。里德芬号发现了他们，并把他们带回弗里曼特尔。与游击队在一起的克劳利报告说，他从友好的当地人那里听到，曼尼·金梅尔的罗巴洛号也在本月早些时候触雷，而且可能有一些幸存者成了日军的战俘。

除了接收和回复消息，返回克里威利号的第一天没什么任务。离港的前一天全体艇员还在珀斯的卡巴瑞拉酒店举行狂欢派对，现在大家只是需要一天时间过渡一下。

克里威利号的聚会完全不同于早期的S型潜艇的聚会，完全充斥着粗暴行为和无节制的饮酒。值得注意的是，克里威利号的艇员里有许多年轻、受过良好教育的后备军官，他们将在战争结束后退出海军。最后，艇长建议来一个大合唱。他领唱而卡巴瑞拉的乐队给我们伴奏。

相比之下，4 艘停靠在港口的潜艇上的军官们则在珀斯以外的莫利纳利餐厅举行了派对，虽然筹备时间很短，但是办得真是相当不错。聚会变得很嘈杂，当艇长们参加并发出一系列粗暴的欢呼声时，大家开始大笑起来，纷纷喊道："锤头、虹鳟、硬头（代表出席聚会的潜艇）和沃克。"一些澳大利亚女孩，开始起哄叫艇长沃克的名字："W……A……L……K……E……R，W……A……K……E……R，沃克，沃克，沃克，沃克。"沃克艇长非常高兴地接受了给他的"殊荣"，但女孩们却俏皮地接下来说道："是个大臭鬼！"这引得大家哈哈大笑起来，就连她们的"合唱团总监"也无法控制。

大家开始投掷食物。首先是艇长扔一些面包圈给这些朝气蓬勃的女孩。她们很快把她们的面包投掷给艇长，像是投掷保龄球一样。然后，又有一些食物被用于这项娱乐，直到沃克艇长把食品投掷游戏叫停。

但是，事情变得更糟，女孩提出了一个非常糟糕的桌牌游戏的建议。这是一个海军学院的游戏，用于在餐厅集会时活跃气氛，给一年级新生们一个下马威。

游戏是这样的，一喊"开始"，女孩们就跑到桌子下方，互换位置，并且与别的方向过来的女孩进行争夺。在一片尖叫声中，游戏开始了，桌子底下传来太多女人的尖叫声，很显然，这些热情的澳大利亚女孩都是投入的游戏玩家。再一次游戏时，她们被要求拖着自己的椅子一起互换位置，这次游戏完全乱成了一锅粥。桌子被打乱，食品被倒在地板上，玻璃被砸碎，椅子被摔坏了，现场一片狼藉。

这引起了老男人莫利纳利的愤怒，这个餐馆老板，用最大的嗓门尖叫道："出去……滚出去……所有人都离开这里。马上！马上！马上！所有人……出去！出去！"

临走时，我抓住一个我带来的女孩，撑住她的腿，把她举到白色的天花板上，这样她就可以将她的红唇印在天花板上最显眼的地方。其余的军官认为，这是一个伟大的想法，并试图让他们的女伴做同样的事情。但一些女孩太重了，下面的艇员没扶稳，双双跌倒。大家开始放肆地大笑并且深情地拥抱，对之前莫利纳利的行动提出抗议。在我们离开之后，莫利纳利只能向他的客人们解释，餐厅里的红色唇棒签名是“珀斯的一些时尚的年轻女性”的创意之作，显然餐厅晚上的生意会减少，但像往常一样，所有的军官都争着为他们所造成的损失和必要的清理费用埋单。

返回克里威利号上的星期六早上，在一天的海上训练结束后的晚上，吉姆宣布，他要和玛丽在珀斯结婚。根据珀斯报纸报道，玛丽是 一个“实业家和在公共及社会服务上具有领导地位的绅士”的女儿。吉姆说，玛丽的父亲对他的女儿嫁给一个美国海军军官并不满意，且不看好这个“小型的家庭婚姻”。艇长指示吉姆和迪克 · 鲍留在港口，并为婚礼做出适当的安排，比如筹备一个像样的招待会。虽然艇长对吉姆结婚的事感到惊讶，但他觉得允许吉姆这么做是符合海军协议的，而且如果没有克里威利号人员参加结婚典礼是不能容忍的。对艇长来说，吉姆的婚礼是克里威利号分内的事。迪克和一位女司机的即兴表演为婚礼增色不少，迪克后来承认，他还请了他的两个海军学院的同学去参加婚礼，然后让他们提供给婚礼用的杜松子酒。

当克里威利号星期六下午晚些时候返回港口时，除了乔治，所有克里威利号的人员都急忙从弗里曼特尔赶往珀斯参加下午 6 点 30 分在圣玛丽教堂举行的婚礼。

结婚那天很不吉利。晚上天气阴沉湿冷，只有少数人出席了婚礼。新娘穿着一条粉红色的裙子，戴着一顶粉红色的帽子。由她的哥哥带领着，因为她的父亲没有出席婚礼。

迪克报告说，当新娘和新郎离开婚礼教堂时，他找不到足够的剑在婚礼上做交叉双剑位的仪式。因为潜艇兵们在出发时已经把自己的佩剑留在国内。

玛丽回家后受到姐妹们很好的接待，有马提尼酒和许多好的食物。吉姆对玛丽的母亲和家人说了很多赞美的话，尤其是对玛丽。吉姆作为克里威利号的高智商人士，嘴皮子溜得没话说。然后艇长考虑到克里威利号需要离开这里开始巡逻任务，他鞠了个躬示意先走一步，同时他宣布给吉姆一个星期的休假度蜜月，之后会安排吉姆飞回达尔文港归队。玛丽没有说什么，只是默默接受了这个要分离的事实，也许她还是担心她的丈夫会在战争中遭遇不测。

晚会上大家围着钢琴尽情歌唱。喧闹的声音使得玛丽的母亲不堪其扰，她毫不客气地将所有的客人赶出了女儿的房子。但在此之前，迪克·鲍已经露了一手，他在煎锅中爆出了爆米花，澳大利亚人从来没有见过或吃过爆米花，觉得不可思议。

8 月 30 日，在克里威利号去巡逻之前最后一天的训练演习中，潜艇救援舰殿堂号被假定为克里威利号的目标。4 枚射向殿堂号的鱼雷都命中了，其中 1 枚 MK-18 鱼雷只有 35 节的速度，但发射后它不会暴露尾迹，这使得它成为一个攻击驱逐舰的利器，因为敌人从来不知道他们被袭击了，直到他们被击中。

回港后，克里威利号装载了 8 枚 MK-18 鱼雷，6 枚 MK-14 鱼雷，它们被平均分布到前后鱼雷舱。这是在弗里曼特尔港的可利用的所有鱼雷。另外 10 枚鱼雷将在达尔文港装载。鱼雷短缺已经成为我们致命的短板。像沃克艇长那样 6 枚鱼雷齐射很普遍，因为美国潜艇的艇长还是受到之前哑弹和鱼雷过早爆炸等根深蒂固的教训的影响，不会只发射一两枚鱼雷攻击一个有价值的目标。

在出发前一天的荣誉授予仪式上，空军中队司令官艾略特·布朗为沃克艇长颁发了海军十字勋章，表彰他成功率领克里威利号完成第三次巡逻。与此同时，乔治和我因为在克里威利号的第二次巡逻行动中的出色表现获得了银星勋章。勋章上写道：“为英勇作战给予奖励。”我在字典中查找到其中“英勇”一词在古英语中的意思是：“英勇无畏和临危不惧。”我心里微微一笑，真的“临危不惧”了吗？这是在说我面临炮火的时候还哼着《奈丽·凯丽》这首歌吗？

克里威利号的第五次战斗巡逻出发时间定为 1944 年 9 月 1 日下午 1 点 45 分。一年前的这一天，它正离开美国前往太平洋战场。在刚刚结束的这一年里，每个指挥它巡逻的艇长都赢得了海军十字勋章，因为四次成功的巡逻，艇员们被授予了三颗星的海军战斗勋章。每一枚战斗勋章都意味着在巡逻中至少有 1 艘日本船只被击沉。

艇员的士气很高，大家都在传上级已经下令克里威利号经过菲律宾后将转向珍珠港。在那里，克里威利号会在远航返回马雷岛前进行大修。

克里威利号现在是破烂不堪，需要大修。汉克 · 曼绅科德艇长指挥的闪电号在返程准备大整修的途中，遇到了日本的护航舰艇，大家都希望克里威利号也有同样好的运气，再击沉更多的日本船，成为获得总统集体嘉奖勋章的不二人选。

因为一些高级军官聚集在码头来为我们送行，沃克艇长稍迟登上潜艇。之后拔锚起航，离开了码头，艇长一如既往地参加了“最后一杯”的活动。克里威利号留下的所有艇员排列在码头上为我们欢呼送行。尽管他们知道克里威利号会在执行完巡逻任务后回美国进行检修，但他们发现澳大利亚人是如此好客，澳大利亚的女人们是如此迷人和友善，因此他们想在那里多留一段时间。

在驶往北方的前三天，每天都举行常规的日常潜水训练和紧急演习，因此去往达尔文的路途非常枯燥无聊。然而，由于打开压载舱里通风管的操控杆变得越来越僵硬，这使得手工打开通风管越来越难，因此艇上需要有更多的体能训练，来锻炼艇员的肌肉以便于让艇员可以拉动操控杆。事实上，让克里威利号顺利运行的工作变得越来越难，艇员们将会变得越来越强壮。

之后，在艇首鱼雷舱里还发生了一起火灾。大火产生了又浓又黑令人窒息的烟雾，烟雾将前舱里的艇员驱赶到艇尾，但没有人去探查大火的起因是什么。火势被损伤管理小组控制，一些消防员戴上防火面具后进入前舱进行扑救，他们发现烟雾是由前舱水声仪烧焦的线圈引起的。大家需要做的就是切断通往前舱的电源并用灭火器喷线圈。

艇员们灭火时，艇长在一旁观察，他发现艇员在救火过程中，程序不当，出现了许多错误，他感到非常愤怒。随后，他把我叫到他的船舱对我说：“我们要举行多场防火演习，直到情况得到整顿。”他又低吼道，“鲁赫，你采取行动太晚了，这样会让我们面临很严重的危险。”

在火灾之前，由我接替潜水任务，当烟雾开始涌入控制室的时候，我第一个意识到前舱发生了火灾。克里威利号立刻浮上水面并关闭了所有通风管挡板，而且消防队离开之后所有的舱门都插上了门闩，之后一切都很顺利。不过这次大火让艇长变得喜怒无常，他不愿再参加军官室里热闹的闲谈，变得十分严肃，我还记得，以前他经常在闲谈时跟大家讲一些有趣的故事，大多是关于战前亚洲潜艇基地里潜艇艇员们的一些事情。

当克里威利号越来越接近赤道时，天气也越来越炎热，让人躁动不安。潜艇上的空调系统变得很不稳定，并且终于在离开弗里曼特尔港的两天后彻底瘫痪。空调系统坏掉的部分由珀斯的补给军官取走并送往达尔文港，这样克里威利号到达尔文港时就可以拿到修好的部件。坏掉的部分貌似不是一般的磨损而是受到了某种撞击。

9 月 7 日，克里威利号在排查过水雷的海峡外遇到驶往达尔文港的斯丁格瑞号潜艇。斯丁格瑞号上搭载着前往达尔文港的飞行员，因此克里威利号跟随斯丁格瑞号行驶了大约 500 码。

当到达围绕达尔文港的一个大海湾时，发现在克里威利号三个月前离开达尔文港后又有 5 艘沉船出现在这里，它们的桅杆伸出水面。此外，一些顺着码头上方悬崖靠海的一面建造的房屋被大火烧焦，并且炸弹的弹片在房屋上崩开很大的口子。这种毁坏是非常令人吃惊的，因为曾帮助不列颠战役取胜的英国皇家空军保证过他们的喷火式战机可以轻松地对付空袭达尔文港的日本零式战机。

当克里威利号停靠在潜艇救援船库卡号外侧时，吉姆 · 布莱德正在码头上等候着。吉姆脸上露出狡猾的笑，并且向艇员们挑逗似地挥动空调系统坏掉的零件。吉姆的蜜月结束了，艇长向吉姆挥手欢迎，随后吉姆做了个手势，仿佛在说：“上岸来把你们的雷达修好。”然后，艇长和英国皇家空军的飞行员们一起去了机场去做一些“娱乐活动”。

在克里威利号连接到一个燃料管为它的油箱加满油时，我检查了鱼雷的情况，10 枚 MK-14 型鱼雷已经装载入舱。

之后，克里威利号和鹦鹉螺号举行了一场棒球比赛。库卡号的艇长大卫 · 柏纳利为比赛捐赠了 50 夸脱啤酒，又为岸上克里威利号的艇员们捐赠了另外 50 夸脱。很明显这场球赛会非常热闹，想赢下这场啤酒狂欢至少得大战 15 个回合了。

当鱼雷从驳船上装载到潜艇上后，我向负责达尔文港的惠特福德司令保证，克里威利号会在午夜前穿过港口防护网。

但是沃克艇长直到午夜才回到克里威利号。他和10个喝醉了的皇家空军飞行员一起，他们“要去看艇长的潜艇”。因此又过了半小时克里威利号才重新踏上往北的行程，而管理港口的人不得不被从床上叫醒去把防护网打开。

8日一整天，克里威利号经过长途跋涉到达了帝汶岛东侧海域。有两次敌机逼近到6英里以内时，克里威利号不得不潜入水中躲避。之后在午夜前，收到了从菲律宾返航的独角鲸号的雷达信号。它是鹦鹉螺号的姐妹艇，甲板上也有2门152毫米甲板炮，而且，它的甲板炮击沉过1艘日本货船。但它的常规工作是接送难民，为游击队提供补给并且协助突击队员登陆。

9日没有发现空中巡逻的敌机。很显然，来自达尔文外的空军对西里贝斯岛上的日军空军基地的重创起了作用。克里威利号在白天经过班达海前往望加锡海峡时露出海面航行，这是克里威利号前往西菲律宾群岛并与那里的2艘潜艇会合进行狼群战术演练的地方。

9月10日，克里威利号慢慢地驶往位于卡比亚岛以北，西里贝斯岛以南的赛里特萨拉加海峡。克里威利号穿过一片漆黑的赛里特萨拉加海峡只是为了消磨些时间。

当克里威利号穿过这个没有月色一片漆黑的海峡时，雷达兵发现了2个雷达信号并开始追踪。当我们到距离它们不到4000码时还是看不到它们。克里威利号很好地避免了与它们的雷达接触，尽量对它们敬而远之。尽管它们的速度很快，很可能是装有鱼雷和重机枪的巡逻艇，但这并没有引起我们的恐慌。

然而在11日的黎明，进行了一次潜水后，麻烦开始了！

由于接近望加锡市，而且很有可能来自那里的日军飞机会进行清晨巡逻，克里威利号很快浮出水面。发动机全速前进并且保持10度上角，完全不同于常规。由舰桥的第一个人进行快速巡视看起来很重要，如果发现海上或空中有威胁，克里威利号会在几秒之内潜回水下。让潜艇露出水面行驶很冒险，但我们从敌机可能出现的地方向陆地行进时，这种做法还是行得通的。

浮出水面的雷达扫视没有发现异常信号，而用比平时放大四倍的潜望镜观察之后也证实了这一点。

“一切安全，浮出水面！”的命令被转达到控制室里的潜水站，之后指挥塔里的舵手拉响“全速前进”的命令。

当克里威利号浮过水下 25 英尺（约 7.5 米）深度时，潜水军官迪克·鲍先说道：“25 英尺。”克里威利号直冲水面。然后，“19 英尺（约 5.7 米）”。

通过潜望镜观测我看到潜艇浮出了水面。此时，当舵手用深度仪证实了上半部的舱口都已完全露出水面后，他将上舱盖打开。舱门一打开，流出的全是水，火炮手弗力金敏捷地从梯子顶部爬上舰桥，甲板军官吉姆·布莱德紧随其后。正当第三个人——一个瞭望哨兵上舰桥时，另一个瞭望哨兵向上部爬去，突然从上舱口里流出一股激流，将他和另一名瞭望哨冲下梯子，流往下面的舱口，直奔控制室。

当看到大水冲向指挥塔时，我第一时间大喊道：“排空压载舱！”我知道舱体已经发生了严重的倾斜。

我用潜望镜向船身看去，只见潜艇艇首已经消失在海水里，整个潜艇大角度朝下，高速前进的克里威利号开始下沉。

舵手马上在水流里摸索起了系索。他希望用系索将舱口关上。但是他也被水流冲进了控制室里。其他两个人也下落不明，只剩下我和舵手还在指挥塔里。

除非在指挥塔里把其中一个舱口关掉，否则克里威利号将会很快沉入海底。当灯灭掉之前我瞥了一眼深度仪，克里威利号已经沉至水下 85 英尺（约 25.5 米），并且还在迅速下沉中。我快速打开应急战斗灯，在它们微黄的灯光里，我看到指挥塔里灌满了海水，冰冷的海水灌入原本温暖的指挥塔，使我全身打冷战，但这并不是因为害怕，因为我根本没有时间害怕。

我隐隐约约能看到舵手由于潜艇突然朝下栽入水中而被困在前部的搁板上，他的双手正在湍急的水里摸索着打开上部舱口门闩的绳索。我紧紧抓住潜望镜的管壁阻止我的身子向水墙里冲去。我周围的水已经到我膝盖那么深，并且在继续上升，必须把上面的舱口关上才行。

但如果关上下面的舱口会怎么样？我没有想到如果当时关掉下面的舱口，我们两个都会被淹死。

很显然，控制室里的人无法将舱口的门闩关上。不断灌进来的水冲掉了他们一次次的努力。

蹲伏在水里，我可以看到刚刚铺上的地板垫被冲到下面的舱口处，并阻止了水往下面的船舱里流。垫子又厚又大，无法穿过舱口，阻挡住了水流，导致指挥塔里的水快速地上涨。很快，我和舵手将会被完全淹没，因缺氧而挣扎。

我徒劳地一次次拉拽那个厚垫子。

我伸直身子露出没过我脖子的水面深吸一口气。在水下的应急战斗灯发出微弱的光，像游泳池下的灯一样昏暗，但它的亮度足够让我看到深度仪。深度仪显示深度为水下 130 英尺（约 39 米），并且我可以勉强看到它的指针上升的速度开始放慢。我像看着一条危险的毒蛇一样看着深度仪。

脚下的甲板依然向下倾斜，并由于发动机的巨大力量开始剧烈地震动。此时克里威利号正在用最大马力返回水面。

直到那一刻我脑子里除了想着关上舱口根本没有机会去想其他的事情。但在短短一瞬我想起了托尼 · 马雷给我讲过的故事，他曾是 1941 年在地中海活动的英国潜艇托贝号的艇长，他曾在克里威利号休假时，在勒克瑙告诉了我们一些他在战争中使用成功的战术而获得维多利亚十字勋章的的故事。故事是关于当时为了躲避炸弹袭击，潜艇紧急下潜，他放在托贝号指挥塔椅子上的枕头是怎样被冲到上舱口的锁定装置的。尽管马雷说在指挥塔被灌满水之前，他摸索着走到控制室，关上了下面的舱口，但潜艇还是涌进去近 10 吨水，这增加了托贝号的重量，让它出乎意料地迅速下沉。“但下潜时的速率掌握得非常不错。”他总结道。

但我当时觉得克里威利号遇到的麻烦远比托贝号严重得多。随后的几秒钟，我眼前没有闪现出我以前的人生画面，我仿佛看到的是马雷那该死的枕头，正卡在他的潜艇的上舱口门上。

然后我突然觉得这是跟我的卡尔和两个孩子开的一个非常糟糕的玩笑，我就像一个降落伞打不开的飞行员一样，在之后的几秒钟之后必定失去生命。

由于受到指挥塔里逐渐积聚的水压影响，我的耳朵开始感到灼痛。

我又一次尝试把地板垫从下舱口拉开。我蹲伏在水里，摸索垫子上可以抓住用力的地方。

突然，伴随一声巨响，上舱口的门猛地关闭了，水流声也停止了。上帝帮我关上了它！

深度仪显示 150 英尺（约 45 米），并且潜艇下沉的速度变慢了下来，倾角仪显示潜艇呈 42 度向下倾斜的角度。寂静的指挥塔里可以听到压载舱里的压载物撞击的声音。

深度仪的指针最终停留在 190 英尺（约 57 米），并开始慢慢回升。然而，克里威利号往水面上浮的过程中，依然尾部朝上，呈现非常大的向下的倾斜角度。克里威利号正逐渐解除紧急状态。

当深度仪指针越过 19 英尺（约 5.7 米）时，克里威利号巨大的倾斜角开始消失，并最终稳稳地浮在海面上。之后，我把上舱口的门掀开，并向上仔细凝视，寻找弗力金和吉姆 · 布莱德的踪迹，但舰桥上又空又静，像被遗弃的牢房。

到舰桥上时，我快速巡视了一下，发现在艇首右舷 20 码处，吉姆的头一动不动，弗力金在他正前方很远的位置，他正在用力地挥舞双臂。我的第一反应就是大喊一声："全部停下来！！"

向前扫视过去，发现克里威利号的主甲板沉在水里，这说明尽管压载舱已经被排空，但克里威利号也就是勉勉强强地浮在水面上。之后，我注意到潜艇尾部运动依然很剧烈，我大喊道："向右舷方向全速前进！"令人担忧的是，克里威利号离弗力金和吉姆越来越远。

跟我去舰桥的艇长接管了一切，他估测了下当时的情况，然后命令我快速跑到下面把马佐尼带来，马上去救水里的艇员。于是我滑下梯子就像下火海一样冲向控制室。

马佐尼就在我旁边，他听到我这么一说，第一反应就是赶紧上到舰桥上去，因为这确实是事关生死。

艇首的升降舵手，鲍勃 · 耶格尔正戴着一副声动力电话。其他的内部通信设施都已被大水淹没。因此，雅戈将我的“全部停下来”的命令传达给了操纵室，同样把我的“全速前进”的命令传达给了发动机的值班人员。很快，就能感受到发动机带动螺旋桨时发出的震颤。

在潜水室里的迪克·鲍看起来很茫然，他全身被水浸透，看起来像是受到了惊吓一样。他嘴里嘟囔说，艇尾水平舵的一些部件在下潜时塞住了，主压载舱的通风口在排空压载舱时是开着的。那就意味着，进入压载舱的高压气体正好从通风口里放出来，几乎无法阻止克里威利号下沉到 1200 英尺（约 360 米）的海底。

操作潜水歧管的霍华德，身子颤抖得厉害，看起来被这一系列事故吓得不轻。他结结巴巴地说他也记不清排空压载舱时通风口是不是开着的。他没有听到我“排空压载舱”的命令，是鲍命令他排空的。

压载舱的通风口通常在潜艇可能遇到敌机攻击而在浮出水面时打开的。这通常是惯例，因为克里威利号如果通风口关闭的话，下方爆炸的深水炸弹会让它的压载舱充满气体，增加它的浮力，从而让它无法平稳地浮在水面上且无法下潜。

艇尾的升降舵手，是在克里威利号上执行过战斗巡逻任务的老兵，很有名，因为他面对各种来自敌方的威胁也能从容不迫地执行任务。他承认，当他听到上舱口被打开后，他把艇首的舵转到中间位置以便于睡眠中的航行。他说虽然他把倾斜力去掉，舵还是继续向前呈下潜的姿态。但它们被卡在那里，而且只有手动才能移动它们。但他无法把艇尾的舵拉到中间位置，因为涌进舱口的水差点淹死他，同时由于潜艇巨大的倾斜，他被挂在倾斜盘上，无法滑到控制室前面。

无论怎么说，控制室的甲板上多了几厘米深的水，而且下面的泵房也灌满了水。因此，此刻如果克里威利号想要下潜，潜艇内部多余的 40 多吨水会让它像石头一样沉到海底。这种情况比脖子上有一只死去的信天翁还糟糕。由于控制室、泵房和指挥塔里的电力设备都被大水冲毁，克里威利号只好待在水面上直到人工把水排干。而在那之前，如果遇到敌机，也只能用甲板上的 20 毫米机关炮来应付。因此我告诉乔治把他的炮手集合起来，尽快部署到甲板上以便在克里威利号被手工排干水之前能够抵御来袭的敌机。

指挥塔里手工掌舵的舵手戴着一副声动力电话，当克里威利号返回去救落水艇员时，艇长所有的操作命令都被他高效地执行。艇长指挥着潜艇打算去把最近的吉姆·布莱德救上来，但之后他抱怨说他看不到吉姆的头，然后询问正在主甲板上执行救援工作的马佐尼。马佐尼指给艇长看他看见吉姆的地方，但那里并没有吉姆在水下挣扎呼吸的迹象。令人难以置信的是，吉姆之前承认他从没学过游泳。战时潜艇学校的课程不包括水下逃生，这简直难以想象。

很快，艇长把潜艇开到正在水里挣扎以保持漂浮状态的弗力金那里。马佐尼跳到水里去帮助弗力金，但弗力金拒绝这么做，并和马佐尼一起游回克里威利号，之后马佐尼又把弗力金拉上了潜艇。

艇长担心弗力金由于潜艇在他下方猛烈下沉而受伤。但从他长长的倒吸气里能看出他在逃离下沉的克里威利号时很轻松。他先是爬上瞭望台，然后顺着梯子一直往剪状物的顶部爬，直到潜艇顶部剪状物完全淹没才下水。“首先，我把望远镜和鞋子扔了，然后在水里小心地摸索着、等着。我知道克里威利号会回来并把我接走的。”他确实有一个“我有什么好担心的”的好心态。他很兴奋，看起来这样危险的经历对他并没有多大的影响。

弗力金被大家照顾着，随后艇长命令在吉姆消失的位置附近搜索，搜索了大约 5 小时。但还是没有发现吉姆的任何踪迹。

更多的瞭望人员和 20 毫米炮手上了舰桥。乔治是甲板军官，而且在击退敌机时会变得非常凶猛。他会毫无疑问地拿起机枪打下一个“日本鬼子”。乔治被命令待在指挥塔上，直到泵房里多余的海水被排出，克里威利号能再度下潜为止。这或许会用好几个小时，检查高压气体库存时发现它们基本上已经空了。因为压载物的猛烈撞击持续了太长时间，以至于气体顺着通风管流失了很多。

克里威利号处在一个非常危险的状态，高压气体没了，后来发现低压气体的鼓风机也被水冲毁，而将水排到潜艇外的细长的排水泵也被毁掉了。没有便携式排水泵的克里威利号再次令人沮丧地面对了一次紧急情况。

很容易回忆起来克里威利号是如何陷入如此无助的困境，但是如何在没有办法撞击或抽出压载舱里的水的情况下，让克里威利号再次下潜，这是个非常紧急的问题。乔治想到了一个办法："把我们的 M-14 鱼雷连接到高压气体的装载线，然后将它们的 3000 磅高压气体输送到高压气体库。这样我们就有足够的高压气体驶向回家的路了。"好吧，现在我们潜艇上还有 16 枚 M-14 鱼雷，这个问题似乎可以解决了。下个问题就是如何把多余的海水排出潜艇外，为此我们组成了水桶传递队，从泵房一直延伸到舰桥上。

当罗尼·洛夫兰来到指挥塔上协助乔治进行防空观察时，艇长下到舱体下方去了解情况。

他发现指挥塔里包括雷达在内的所有设备都不能运行了。控制室后面的广播室也灌满了水，所有的广播设备都浸在海水里不能用了。因此根本没有办法寻求外界帮助。控制室里的所有电力设备都短路了。这迫使潜艇首部和尾部以及掌舵室里的设备不得不手动运行。潜望镜的起降发动机也被冲毁，潜望镜掉到较低的位置，回转罗盘也不能运行了，但好在我们仍有 1 架老式的备用装甲坦克罗盘。我们在第三次巡逻时，就是依靠它才顺利踏上归途。

最令人担心的是在控制室的门关上之前大量的海水流到前电池舱。如果蓄电池槽里渗入太多海水，我们将不得不应付产生的氯气，这也将严重威胁克里威利号的安全。此外，蓄电池槽里的淡水箱，由于受到剧烈向下俯冲的角度的影响，撞击到前隔墙后裂开了。军官室里的人感受到水箱撞击隔墙的冲击后，认为克里威利号已经到了海底。因此，把电池槽里的水清出来是非常重要的，电工们忙着把水桶递给走廊里的人，走廊里的人又把水桶递给控制室里的水桶传递队。

当马佐尼加入到水桶传递队时他还告诉我，当水流进走廊时他正在军官室里。瞭望哨被水冲到鱼雷舱的门口伤了腿。防水门被关上了，而且当我回到艇尾时水已经涨到控制室的玻璃假眼处。我当时想"这一刻到了"，然后开始祈祷。

但令人不解的是究竟是谁下达了进入紧急状态的命令。我问迪克·鲍，他说不知道，于是我打电话给操控室，他们也不知道。这时，潜艇下潜时的艇首升降舵手鲍勃·耶格尔怯懦地说："当克里威利号失去控制下沉时，声动力电话里没有一个人通知。所以我就问：'电话里有哪个军官在线吗？'可是电话里没有回应，因此我觉得克里威利号出大事了，于是我就说：'进入紧急状态！'我环顾四周想找到鲍先生并获得他的同意，但此时他和霍华德正淹在水里并靠在前隔墙那里，那时深度仪的指针也早已指向 130 英尺（约 39 米），而且还在继续快速上升，所以我不得不这么做。"雅戈对这种先斩后奏的行为感到很抱歉。但我对他宽容地赞许并笑着说："好小子！"这让他觉得自己确实判断正确，做了一件非常值得称赞的事。

艇员们都挤在控制室里急着想加入水桶传递队。他们想做一些事情把他们的注意力从刚刚经受的可怕险情中转移开。只有少数的艇员是全神贯注地投入与水流的搏斗里：把门，通风管道紧紧地关死，或者把鱼雷这样向下倾斜时容易被弹射出去的东西固定住。这些人是比较幸运的了。而那些只觉得"一切都一起坠入地狱"的艇员，只能在那里无能为力地傻站着，他们的脸看起来紧张而又憔悴，似乎正处于一种极度恐慌状态。

水桶传递队里那些由于体力不支而掉队的人，马上被另外一些人换下。大家干得十分起劲，向上传递水桶的速度近乎疯狂，其中一个艇员的手臂因为用力过度而受了伤，这让他看起来痛苦不已。我只坚持了半小时就掉队了，但体能俱乐部里的大部分人都坚持了更长的时间。值得注意的是，挂在梯子中央的马佐尼，一手抓住梯子，一手提水桶，却在他的位置坚持了差不多两小时。偶尔，有些水桶会在运到塔上的途中碰到突出物然后水会浇到下面的艇员身上，不过这样的失误反而让他们更加清醒凉爽。

经过 5 小时紧张忙乱的抢救工作，泵房里的水位已经足够低，艇长决定再次让克里威利号下潜。

由于没有敌机出现，20 毫米机炮炮手们也被命令回到下面，准备手动下潜。潜艇的平衡掌握工作可以用少量的高压气体缓慢推动平衡水舱里的水来完成。

最终，当所有负责下潜的艇员在声动力电话上报告"就位"之后，"下潜"的命令被传达到所有的船舱。发动机在操控员们的操纵下，慢速开动，压载水舱里健壮的艇员们也把顽固的通风口拧开了。

克里威利号下潜得非常平稳。因为之前惨痛的教训，我比以往任何时候都觉得克里威利号更像是个掌握着我们命运的和蔼的女人。

一旦下潜至水下200英尺（约60米）处，我们的工作重心就转移到了恢复电力上。泵房里的水位已经降到了足以能用淡水冲刷纵倾泵，并把发动机线圈里的海盐冲掉的程度。当纵倾泵被很好地清洗并呈现出良好的导电性时，电力就可以从安装在艇首鱼雷舱里发动机的电缆上得到。和泵房下水道连在一起的纵倾泵排了大约半小时舱底的水后，发动机烧掉了。

在排水过程中，我听说第二名瞭望哨被海水从梯子上冲到舰桥上，重重地摔到控制室的甲板上，摔碎了尾骨。我去看望他时，发现他正在舱室里痛苦地哀号，奥斯博恩负责照料他。奥斯博恩给他打了针吗啡，他就昏睡过去了。

令人吃惊的是，并没有其他重大伤亡的报告。虽然当时在克里威利号大角度地向下沉的过程中，大部分艇员都没有站稳并且撞向了舱房里混乱的设备，但他们看起来并无大碍。

因为没有海水涌到电池舱里，所以潜伏在水下一整天是没有问题的。电池储存室运行正常并且能提供足够的电力。但如果想安全升上水面就需要升起潜望镜先观测周围的情况。由于雷达无法运行，所以没有其他办法知道附近是否有潜在的威胁。因此我们的工作重点在于，如何使充满海水的起重发动机重新运行。尽管它们已经用淡水冲洗过但仍然无法运行。泵房里的其他设备都一样，仍旧无法启动运行。

负责维修工作的乔治对目前这种毫无进展的情况非常厌恶，于是他命令辅助人员将潜望镜提升到一个较高的位置。完成这一项工作需要极其小心地用手钳扳动发动机电枢一端的锁定螺母，而且扳手每次只扳八分之一圈。泵房里设备排列紧密，只能允许起重发动机在垂直通道里在如此有限的范围活动。因此我们花费了两天时间上千次地扳动扳手旋转螺母，才使潜望镜上升到一个较高的位置。

同时，天黑后我们浮出水面的工作也是盲目进行。克里威利号幸运地在一片空旷的海域中浮出水面，借助不易辨别的海平面，我及时地观测了星象对我们所处的位置进行定位。这次定位效果良好，克里威利号得以顺利穿过赛里特萨拉加海峡驶向达尔文港。

3 台发动机用于推动螺旋桨前进，第四台进行充电以防不测。给前面的电池充电不太靠谱，因为电池的接地线大约 220 伏，和电池正常情况下的传输数额相当。但尽管如此电池还在正常运行。

以每小时 17 节的速度行驶，并且舰桥上另外又增加了几名瞭望哨，克里威利号到达了没有珊瑚干扰的深水区并加速向东行驶以便在黄昏时顺利进入下潜位置。又干又冷的空气灌进指挥塔的舱口，让精疲力竭的艇员们感到一丝凉爽。没有了空调装置，潜艇里的空气暴涨到 100 华氏度（约 38 摄氏度）。尽管潜艇下部的情况好一些，大家没有急着恢复工作，但艇员们还是像僵尸一样慢腾腾地走来走去。他们无法入睡，而且看起来毫无生气。他们拉长着脸，目光呆滞，还没有从刚才的恐怖中回过神来。

夜晚时，我们发现在潜艇旁边有 1 艘小船。在暗淡的银色月光下可以很清楚地观测到这艘小船，我们保持一定的距离避开了它。但不论在多近距离来看，克里威利号都不容易被发现，灰色的油漆外表让它有很好的隐蔽性。

在天破晓时，克里威利号被手动减速下潜至 200 英尺处。以 2.5 海里时速行驶的克里威利号预计会安全通过航海图上的水下珊瑚区。克里威利号还会在海面航行几英里经过一座从海中高高耸起的小火山的南部。巴图阿塔岛是一个非常棒的地标。

艇员们四班倒对潜艇进行维修和清理。一些艇员比如通信兵皮茨、雷达兵比赫还有乔治一刻没有停下来过。他们困了时也会靠在他们工作的仪器上睡觉，但醒来后会继续克服困难，解决问题。这对他们来说是十分劳累的，但他们仍然坚持这样。

整个白天，我们对声呐员从勉强还能运行的 JP 听音器上探听的信息保持严格的检查。如果克里威利号盲目行驶撞向珊瑚礁的话，那么声呐员应该至少能收集到潜艇周围露出水面的珊瑚礁沙沙的声音，那样就能为我们改变路线提供足够的信息，从而避免撞击到石头般坚硬的珊瑚上。班达海的沿海飞行员告诉我们一股时速 1 海里的东风正吹来，我感觉这在白天的潜行中并不少见。我认为坦克罗盘非常可靠，因此我们根据坦克罗盘选择了一条能让克里威利号安全驶过巴图阿塔岛的路线。

黄昏刚过，而 1 号潜望镜仍没有到达足够高的位置并且无法使用，此时声呐员向我汇报说：“JP 听音器上很安静。”接着他又说道，“没有检测到珊瑚的声音，长官。”这似乎预示直接上升至水面很安全，因此我们手动关闭了通风口，但当克里威利号从水下 200 英尺处减速上升时，一小股高压气体渗进了主压载舱里。

指挥塔里的深度探测仪运行令人满意。因此当它显示 19 英尺（约 5.7 米）深时，艇长打开上舱口第一个来到塔上。我跟在他后面。作为领航员，我最关心的还是巴图阿塔的位置，因此我急切地看了看克里威利号前方的海域，试图寻找巴图阿塔这一独特的地标。我能看到的海域里什么也没有，也没有露出海面的火山岛。“巴图阿塔岛到底在哪里？”我向站在后面的艇长喊道。

“看看你身后，鲁赫。”他嘲笑般地呵斥道。

我朝艇尾望去，那景象实在不敢相信。我眨了眨眼睛并屏住呼吸，原来巴图阿塔岛就在克里威利号正后方 1 英里处。岛的庞大体积和克里威利号呈 20 度角并且周围非常险峻，这说明克里威利号在接近它的时候很有可能会搁浅。

但克里威利号在岛的东侧，正好避开它行驶而不是朝它的方向行驶。貌似克里威利号刚刚毫发无损地穿过了一个火山的地下隧道。这让我们感到非常困惑不解。

唯一可能的解释是克里威利号在浮出水面几分钟前就已经非常接近巴图阿塔岛，但恰好被一股经过巴图阿塔岛的强大的海流冲到了安全的位置。

“你是怎么搞的，鲁赫？”艇长那粗鲁的语气暗示“伟大的领航员鲁赫”这次是真的搞砸了。“再有几次这样的情况，我们就都小命不保了！”他咆哮道。

至少小岛的出现，为我们在夜间启用 3 台发动机执行上浮任务，提供了非常棒的参照点。

艇长心情非常糟糕，但仍带着几分幽默。

灌满海水的装置至今还没有一个能运行。皮茨保证能在克里威利号上升到水面之前让广播传输装置恢复运行，但那只是乐观的猜测，因为他无法得到足够的电力让广播传输装置以 600 转的频率运行，而且不按这一频率运行的话，设备根本无法往达尔文港发送信号。皮茨发现前舱发动机发电器里的速度继电站无法正常运行，因此他的电力来源不可靠。这是因为受到深水炸弹的破坏吗？比赫仍然没有放弃将雷达恢复运行的想法，但仍没有迹象表明他能在到达港口之前修好1台雷达。如果没有水面探测雷达，克里威利号可能会被驶往北方进行巡逻的美国潜艇堵住。我们的2艘潜艇本应该在克里威利号离开后的一天到达达尔文港，并且应该在一天前去巡逻。

我们又在水下200英尺（约60米）处航行了一天。下午4点时，潜望镜终于被升到一个较高的位置，并且一直保持到回到达尔文港。从好的一面说，从水面通过维特尔海峡东面是可行的，因为用潜望镜观察水面可以让克里威利号避开岛礁。因此在回港口的途中可以节省一天的时间，并且非常安全。

舱内是令人压抑的闷热，加上艇员们已经精疲力竭并且十分沮丧，像这样士气低沉是具有毁灭性的。当发现毁坏的设备经过费力的维修并重新组装仍无法运行时，一些艇员显得非常虚弱，无精打采。克里威利号的艇员们仍怀着绝望、低沉、听天由命的心情。在和死神擦肩而过后他们的想象力变得非常丰富。他们预言，当克里威利号接近达尔文港时，它会被澳大利亚防卫部队误当作敌人潜艇，遭到轰炸并被击沉。

艇员们真实地袒露自己的情绪。他们频繁地互相辱骂。他们通过这种方式发泄由于无法克服困难产生的紧张情绪。

平时非常淡定的瓦尔特·马佐尼情绪也非常糟糕，并且会对向他提出愚蠢要求的艇员生气地大吼。更糟糕的是当艇长催促他“让设备运行时”他也会破口大骂，大吵大闹。艇长却变得十分能言善辩，他对任何一个人提出来的能提高克里威利号生还率的建议，都会嗤之以鼻。但最后，他都会不情愿地接受建议。现在艇长的态度，似乎有点“是你给我惹的麻烦，现在你要负责帮我摆脱麻烦”的味道。

天亮之后不久，仍然在水面航行的克里威利号进入了维特尔和罗芒群岛之间的海峡。很快，我们发现了向南飞往达尔文港的飞机。是我方还是敌方？这不重要。因为被发现的概率很大，所以克里威利号继续向南行驶。

到了晚上6点，皮茨让无线电装置恢复了运行，但运行频率非常低。他试图发送 450 千字符 / 秒频率的求救信号。但在信号被接收之前，无线电装置又瘫痪了，因此皮茨不得不重新开始维修。

9 月 15 日，就在一个美丽的日出后，1 艘潜艇驶向了克里威利号。明显这艘潜艇不是敌人，因此沃克艇长下令靠近那艘潜艇。原来那艘潜艇是拉里 · 艾驰的北梭鱼号。

通过双方艇员互相的叫喊得知，原来在珀斯的总部过去四天里一直想通过无线电信号与克里威利号取得联系，但都没有成功。而且拉里 · 艾驰会向达尔文港方面发送信息，提醒他们克里威利号会在中午时到达外海域，然后达尔文港方面的广播站会通知珀斯方面的人员，由于克里威利号的广播传输装置被海水冲坏，因此无法接收信号。

珀斯的人员很有可能在失去克里威利号信号之后认为克里威利号沉没了。但尽管如此，他们四天来都没有从杳无音信的克里威利号那里收到过任何信号后，还是没有宣布克里威利号已经延误到达或已经沉没。

当克里威利号开始向南驶往达尔文港时，所有人都松了一口气。甚至当有人害怕克里威利号仍有可能被误认为是敌方潜艇而被炸沉时，他们会大笑。我们在艇首和艇尾的主甲板上用白色油漆涂上了“美国”两个大大的字样，并在甲板上升起了两面美国国旗。我们发出了识别信号弹，并且我们为 9 月 15 日选择了两种合适的颜色，同时我们对舰桥观测进行了演练。

不幸的是，在到达港外浮标之前，当 2 架飞机径直飞向克里威利号时我们发出了识别信号弹。这 2 架飞机的炸弹舱门都是开着的，并且是从达尔文港方向飞过来的。这让我们感到非常害怕。好像是日军执行完轰炸任务后的返航飞机。

在进入已被清扫过的航道之前，位于达尔文港东北方向的信号台就准确无误地转换着识别信号。

克里威利号一路畅通无阻地驶向它的最后一站。

可是，到了港口后却看不到入口浮标。我怀疑是克里威利号那粗糙的坦克罗盘没能指引一个非常准确的航向。幸运的是，在右舷边就是澳大利亚的扫雷艇。它正在搜寻着几天前日本潜艇在这附近投放的水雷。

敌军潜艇可能会轻而易举地潜入克里威利号航道的水底，这是个用鱼雷袭击它的好机会。克里威利号是不是又要遭到致命重创?

扫雷艇的艇长指导沃克艇长驾驶着克里威利号驶向已清扫的航道的中心，然后向南入口驶去。从那时起，“我们被照顾着”。

在入口等了一小时之后，1 艘拖船带着领航员来引导着克里威利号驶进海港，停泊在鸦鹃号旁边。

鸦鹃号的舰长柏利中校，与其说是惊奇不如说是十分高兴地看到克里威利号安然无恙地返回。他兴奋地向沃克艇长喊道：“嘿！伙计，我还以为永远见不到你们了呢！”他对北梭鱼号带来的关于克里威利号到达的信息很迷惑，直到几小时后他收到珀斯传来的确切消息：克里威利号将于 12 点到达入口浮标，护送它驶入港口。

艇长当然是迫不及待地冲去见他英国皇家空军的朋友们，准备大醉一场把他所有的烦心事都抛开。

柏利中校安排他所有的人手去全面修复克里威利号，以便它顺利地返回珀斯。他在前舱里安装了集成电路的电力发动机，然后他递给皮茨一个小的 5 安培的无线电发射机。在克里威利号的发射机彻底修好之前，皮茨不得不凑合着用这个。他又给了马佐尼一个便携式排水泵，要是早有这个泵，那我们用不了三小时就能把舱里所有的水都排出来。柏利很抱歉地说他对克里威利号破损的空调系统无能为力。

下午，柏利中校拉我到一旁，告诉我克里威利号的水手们看起来很憔悴，身体情况不太好，他感觉我可能没有意识到克里威利号的人员伤亡对水手们的影响，他强烈建议在水手们从他们的痛苦状态中恢复过来之前，先让克里威利号在达尔文港短暂停留几天。

当艇长在接近午夜回到潜艇上时，我跟他讲了一下工作的进展不是很乐观，柏利中校对水手们的担心还有他的建议：让水手们多休息，稳定一下情绪。

艇长对这个令人沮丧的消息几乎没有什么反应，他只是咕哝道：“明天我们下午 6 点启程回家。”当他向他的床铺走去时，他又说了一句，“我们到现在为止一切都正常，剩下的旅程也将会很轻松。”除此之外他没再多说一句。

克里威利号就像预先计划的那样，在天黑前不久驶向了已扫除水雷的航道。还是用着那个坦克罗盘，但是现在舵手有一个电动的舵角指示器来帮他确定航向。

在绕过查尔斯角向南航行的时候，收到了来自达尔文港的电报，让克里威利号返回到达尔文港的入口，与将要护送它到弗莱曼特尔的鸦鹘号会合。柏利对水手们的情况甚是担心，坚信克里威利号没有他的帮助不可能顺利到家。

被鸦鹘号护送时，没有被日本飞机轰炸的危险，跟着鸦鹘号也意味着坦克罗盘不再被派上用场。然而，在 18 日，鸦鹘号带着克里威利号冲向一个危险的暗礁。这表明他们的航海技术并不比我们高。通过观测星象，认真地修正之后检测克里威利号的位置，我才能够指挥转向，让克里威利号又避免了一次灾难。

水手们心中的紧张感和恐慌感明显减弱了，我也很放松，我是如此幸运，在克里威利号遇难争取存活时，我一直忙到现在，心理上的创伤没有对我的性格产生影响。因此，我不像大部分人那样，包括马佐尼和艇长，在事故之后莫名其妙地易怒与发脾气。

我应该料想到回家前的最后一次巡逻是最危险的，英国海军托尼 · 米尔斯上校曾经以他最后一次，第 11 次巡逻死里逃生的经历为例提醒过我。他也跟我说过英国排名第一的潜艇王牌，支持者号的 M.D. 万克林艇长，击沉 6 艘军舰和 15 艘商船后，在他的第 25 次也是最后一次巡逻中毫无踪迹地消失了。难道支持者号像克里威利号一样遇到了操作事故？我也想到了美国最出色的王牌哈德号潜艇的山姆艇长和卧虎号潜艇的莫顿艇长，同样也是在他们回家前的最后一次巡逻中失踪。

可能克里威利号的五次战斗巡逻对它的水手们来说太轻松了，水手们伙食一直不错。艇员们生活很惬意，也没有苦恼，大家都觉得自己是成功的勇士，并且他们似乎对他们的未来都无忧无虑，非常乐观。他们是不是觉得形势对他们太有利了？

为了摆脱压抑的气氛，我离开了舱室爬上了舰桥。站在舰桥上，我回忆着这次事故的整个过程，当我察觉到艇首下倾的时候我是否应该立即下令“进入紧急状态”呢？而且也许更理智的尝试是应该将舱盖关紧，以此来拯救吉姆·布莱德的生命，并避免海水涌入潜艇。

在舰桥上，我因为海面飘来的凉爽的清风和南半球天空中闪亮的群星而有些兴奋。星星很稠密，像是枝形吊灯一样挂在头上。而且在这令人兴奋的时刻我发现了猎户座3颗明亮的星星。

19日，鸦鹃号履行了它作为护航舰的责任，超过了阿德莱德号巡洋舰返回达尔文港。在印度洋执行了多日的任务后，阿德莱德号正返回弗里曼特尔港，似乎很着急地想赶在22日到达港口。因为在它停靠在弗里曼特尔之后的几小时，军官室的军官都想参加一个鸡尾酒舞会。

克里威利号将会在9月23日早上在人们开始工作前到达。我觉得它一定会因为这次不体面的巡航而偷偷溜进港口。

然而，克里威利号正在以有限的航速向前开进时，急着去参加鸡尾酒舞会的阿德莱德号马上将我们超越了。海浪很大，小山一样的海浪不断地拍打在克里威利号的舰桥上，将舰桥顶部都淹没了。在舰桥上，有一种冰冷的且被浸湿的不愉快的感觉。瞭望哨穿着油布雨衣紧紧地贴在他们的岗位上，以避免被漫过舰桥的大浪打湿。尽管舰桥上面的人不停地遭受着海浪的折磨，阿德莱德号的舰长还是不断地要求我们加快航速。要知道他们待在密不透风而又干爽的军舰上，对于加快航速这样的建议完全是不假思索。作为水面舰艇的舰长，他必然不欣赏潜艇上的生活，尤其是在这种大风大浪的日子里。但是也许这是一件好事。水面舰艇对于反潜的努力看起来总是不那么机智。

20日，阿德莱德报告有一个很明显的雷达接触，但是在接近4英里的时候消失了。由于有报告称有2艘纳粹德国潜艇正在驶离澳大利亚西海岸，所以很可能阿德莱德号发现的是1艘德国潜艇。因此我们对在雷达上发现的可疑地点敬而远之。

22日天刚亮，阿德莱德号就脱离了克里威利号，以至少25海里的时速急忙驶向弗里曼特尔港。澳大利亚人似乎过于急于摆脱残废的克里威利号，因为这可能会耽搁他们赶上非常重要的鸡尾酒会。我曾想过，澳大利亚军舰一直都提供着可以在巡逻时少量发放的烈性酒，但也许澳大利亚海军进行战时酒类限量供应，不像美国潜艇部队在港口时那样可以豪饮。

下午 1 点，克里威利号进入弗里曼特尔港，正好工人午休结束。大家都围在码头上组成了隆重的欢迎队伍。他们围着我们欢呼、鼓掌，这是克里威利号自巡逻归来受到的最大的欢迎仪式，也是我见过的返航潜艇中接受欢迎的最壮观场面。如此热烈的欢迎让我觉得有些害羞。让人欣慰的是，对澳大利亚人来说，克里威利号的艇员有一种可爱的亲和力。

有一个大型的乐队正在演奏《上帝保佑》《起锚》《华尔兹明德》等乐曲，都是一些欢乐明快的曲调。“你们当然用尽了你们所有的九条命”，这句被着重演奏，我们都听得一清二楚。我觉得《华尔兹明德》实际上已经在潜艇上成为第二国歌了。

在潜艇抵达之后，工作会议召开，决定让克里威利号的艇员继续留在潜艇上，任何人不许离开。“远航修理”的工作被分配到克里威利号的艇员和码头工人身上。“不许离开”的命令让大家开始发牢骚，尤其是那些可以看到情侣的男性。其实，在修理接近尾声的时候，艇员已经被允许离开潜艇和他们盼望已久的恋人重逢。

给玛丽 · 布莱德传递吉姆的死讯，真是个痛苦和可怕的任务，艇长请我陪他一起到她家。玛丽已经猜到我们此次探访的目的。玛丽的脸色苍白，我们可以看得出她的心情很悲痛。

她若有所思地听着弗兰克解释吉姆如何为国捐躯。但她似乎有一丝怀疑，她的眼里显示，她不太相信所听到的这一切。我密切注视着她，觉得她的眼睛里藏着些许的指责。当时我在指挥塔没能迅速关闭上舱盖，这使我感到内疚。此外，我意识到作为艇长，需要承担每一个悲剧后面推卸不掉的责任，副艇长也是。大家都理所当然地认为，任何灾难的发生都是由于人或者机械导致的。

玛丽没有问关于艇长描述的吉姆牺牲经过的任何问题。然而，她告诉我们，在我们和她的父母聊天时，他们会想知道吉姆的死因，他们对此很谨慎。后来也证实他们的问题比玛丽多得多。但当他们听到吉姆在潜艇大战中英雄般的英勇行为时，似乎很满意了。

调查委员会在第七舰队司令海军上将克里斯蒂的建议下组成，他们将负责对克里威利号的调查。这位海军上将还说，当远航维修圆满完成后，克里威利号将直接返回马雷岛大修。

委员会由各个潜艇的艇长组成。就在我讲述整个故事的来龙去脉之前，海军上将克里斯蒂在我旁边低声说："我们只是想确保这样的事情不会在我们的另一艘潜艇上再次发生。所以请告诉我们，当危险发生时，你自己的感受。"我觉得这么做有点受侵犯的感觉，但还是积极配合了他们，恭敬地回答了这些我一点也不在乎的问题，我也不能确定是不是任何人都有过错。但我一直不明白上舱盖是如何关闭的。

委员会似乎并不想对发生的事情处罚任何人。于是他们决定，艇尾水平舵的故障可能由物体故障和通过压载舱的出水孔吹出来的大部分高压空气造成，因为克里威利号就是这样产生了一个急剧下降态势。他们还认为，"进入紧急状态"拯救了潜艇，并且想知道是谁下达了进入紧急状态的指令。雅戈做证时，他解释说，他经常听到当一切都错了的时候，所有人都应该撤退。所以他没有通过声动力电话听到是谁下了命令，他就提前下令，说："进入紧急状态。"这个行动并没有被委员会质疑，委员会觉得克里威利号艇员的表现是非常出色的。

委员会最重要的发现，是先前的记录证明："有强有力的证据支持这样的看法，吉姆中尉一直在指挥塔直到用舱盖堵住水流，从而使潜艇里的水手将潜艇带回到海面上，这使他牺牲了自己的生命。"

这个勇敢的行动，让吉姆后来被追授海军十字勋章。

1944 年 10 月 18 日，克里威利号从弗里曼特尔港前往加州的马雷岛进行大修，穿过澳大利亚南墨尔本的巴斯海峡时，与美国自由轮的武装护航船相遇。因为不知道识别信号，他们用 127 毫米火炮向克里威利号开火。但因为射程太近并没有造成伤害。克里威利号继续航行，躲开了这艘护航船。在马雷岛附近，克里威利号又遇到了日本的 1 艘商船。我们想击沉它，但观察到其主甲板上有不少火炮，如果硬碰硬，用我们的甲板炮击沉它是不现实的，所以我们放弃了。

在抵达美国后，我被调离了克里威利号，担任鲟鱼号潜艇的艇长，这是1艘老式潜艇，因为在1942年2月击沉第一艘敌船后，艇长发布了“鲟鱼号不再是处女”的消息而闻名。

鲟鱼号的大修在1944年12月结束，在测试中它被证明各项性能都还不是很可靠，因此它被转移到新伦敦而不是去遥远的太平洋进行战斗巡逻，在战争结束之前一直被作为教练潜艇来使用。

对我来说，在1944年，潜艇战已经结束。

1945年5月大西洋的战争结束，德国U型潜艇结束了在长岛海域进行的骚扰活动。鲟鱼号继续保持警觉，防止德国潜艇的攻击，但是实际上什么也没发生。然而，有两次鲟鱼号的声呐兵发现水下有身份不明潜艇的噪声。显然，U型潜艇也发现了鲟鱼号正在接近，所以它躲藏了起来让我们难以发现。此外，鲟鱼号还执行过清理海底埋设的水雷的任务，但显然，德国已经在欧洲战争结束后停止了攻势。

在1945年5月4日结束与德国的战争时，当地没有任何的庆祝活动。我们在大西洋的潜艇几乎没有注意到欧洲战争已经停止了，似乎并没有感到自身的压力减轻了。

当1945年8月15日宣布和日本达成停战协议后，我走上宾夕法尼亚州艾伦镇的街头，加入了由千万民众自发举行的欢庆游行队伍。我让2岁的女儿骑在我的脖子上，同时拉着不情愿跟我出来的3岁的儿子（我的妻子拒绝加入我们的行列），面对大家歇斯底里的拥抱逗乐，我也感到很开心。大家实在是太热情了。幸运的是，我穿着夏威夷沙滩汗衫，在疯狂地庆祝这一历史性的时刻的时候，并未被认出是被大家追捧着的对象。而此刻想到自己太多潜艇上的亲密战友已经在太平洋战争中失去了宝贵的生命，在我的心里，已经没有那种酣畅淋漓的喜悦之情了。